工业和信息化普通高等教育
"十三五"规划教材立项项目

高等院校
会计学新形态 · 系列教材
ACCOUNTING

审计学
理论、案例与实务

微课版

张雪梅 / 主编

AUDITING

人民邮电出版社
北 京

图书在版编目（CIP）数据

审计学：理论、案例与实务：微课版 / 张雪梅主
编. -- 北京：人民邮电出版社，2022.1
　高等院校会计学新形态系列教材
　ISBN 978-7-115-56561-7

　Ⅰ. ①审… Ⅱ. ①张… Ⅲ. ①审计学－高等学校－教
材 Ⅳ. ①F239.0

中国版本图书馆CIP数据核字(2021)第093715号

内 容 提 要

　　本书以注册会计师审计为主线，兼顾政府审计与内部审计，内容新颖、全面，充分体现现代风险导向审计的特点。全书分为 14 章，内容包括总论、审计的分类和方法、注册会计师的职业道德和法律责任、会计师事务所业务质量控制、审计证据和审计工作底稿、审计抽样、审计计划和重要性、风险评估与风险应对、货币资金审计、销售与收款循环审计、采购与付款循环审计、筹资与投资循环审计、存货与仓储循环审计、完成审计工作与审计报告。

　　本书既可作为普通高等院校和职业院校会计学、财务管理学、审计学等专业，以及工商管理学科的非会计学专业相关课程的教材，也可作为会计从业人员的自学参考书。

♦ 主　　编　张雪梅
　　责任编辑　刘向荣
　　责任印制　李　东　胡　南

♦ 人民邮电出版社出版发行　　北京市丰台区成寿寺路 11 号
　　邮编　100164　　电子邮件　315@ptpress.com.cn
　　网址　https://www.ptpress.com.cn
　　天津千鹤文化传播有限公司印刷

♦ 开本：787×1092　1/16
　　印张：14.5　　　　　　　　　2022 年 1 月第 1 版
　　字数：402 千字　　　　　　　2022 年 1 月天津第 1 次印刷

定价：49.80 元

读者服务热线：(010)81055256　印装质量热线：(010)81055316
反盗版热线：(010)81055315
广告经营许可证：京东市监广登字 20170147 号

前 言 Preface

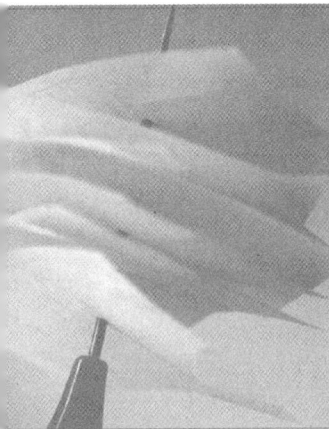

进入 21 世纪，伴随着社会主义市场经济体制的不断发展和完善，审计在社会监督中的作用越来越重要。随着我国新的企业会计准则和审计准则的颁布实施，审计理论和审计实务中的很多内容发生了重大变化。为了解决目前教材多但内容未能及时更新而导致的可用教材有限的问题，我们总结多年教学实践的经验编写了本书。

本书在 2012 年《审计学》第二版的基础上，充分借鉴国内外出版的审计学经典教材的优点，结合现代审计理论和实践的新成果编写而成。本书共 14 章，可分为三个部分：第一部分为第一章至第四章，介绍审计的基本知识和相关准则；第二部分为第五章至第八章，介绍注册会计师审计的基本理论和基本方法；第三部分为第九章至第十四章，介绍注册会计师财务报表审计实务。

本书的主要特点如下。

（1）内容新颖，适时性强。本书充分体现最新审计准则和规范的修改内容，以注册会计师审计为主线，兼顾政府审计与内部审计，内容新颖、全面，充分体现现代风险导向审计的特点。

（2）精选案例，启发性强。本书注重理论与实务相结合，每章均有精选案例。有关案例的陈述具体生动，与理论内容的关联性强，并进行了深入的审计分析，帮助读者理论联系实际，提高实践能力。

（3）简洁易学，实用性强。本书充分考虑了审计教学的现实需要，力求简洁生动地表述审计基本原理和方法。本书难易适中，定位准确，基本根据审计学的内在逻辑规律和初学者的认知规律来安排，可以很好地服务于高等学校学生及广大会计审计实务工作者。

（4）习题丰富，实操性强。本书附有形式多样的思考与练习题，供读者进行练习，提高动手能力。

本书由中国地质大学（北京）经济管理学院 MPAcc 教育中心主任张雪梅主编。

由于编者水平有限，书中难免有疏漏或者不足之处，敬请读者批评指正。

编者

2021 年 11 月

微课视频列表说明

下表为《审计学：理论、案例与实务（微课版）》（ISBN：978-7-115-56561-7）的配套微课视频资料。

1　审计与市场经济	2　现代审计特征	3　审计的目标和对象	4　审计方法的选用	5　民间审计人员的职业道德
6　货币资金审计	7　短期、长期借款的审计	8　实收资本审计	9　注册会计师执业准则和审计依据	10　审计证据
11　重要性	12　企业会计报表审计的必要性	13　无形资产与长期待摊费用审计	14　审计报告	

目 录 Contents

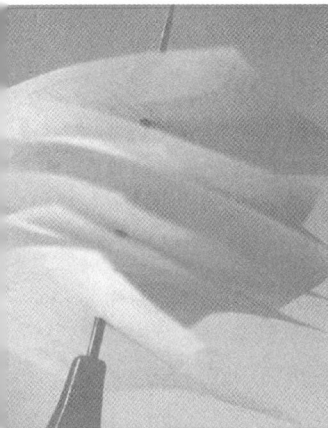

総论 第一章

【学习目标】

了解我国审计行业的发展历史、国外审计行业的发展历史以及市场经济的重要特征是各种权利与责任的分离；

掌握审计的定义、特征、目标和范围及审计对现代市场经济的作用；

熟练掌握审计与财务会计的区别与联系。

审计是一个经济范畴，又是一个历史范畴。审计的历史几乎与会计的历史一样悠久。它是在社会经济发展到一定阶段产生的，并伴随着经济的发展而发展。它经历了由简单到复杂、由低级到高级的发展过程。

第一节 中外审计行业的发展历史

一、我国审计行业的发展历史

我国审计行业经历了一个漫长的发展过程，大体上可分为六个阶段：西周初期，初步形成阶段；秦汉时期，最终确立阶段；隋唐至宋，日臻健全阶段；元、明、清，停滞不前阶段；中华民国，不断演进阶段；中华人民共和国，振兴阶段。

（一）西周初期，初步形成阶段

据《周礼》记载，西周不仅设有行使就地稽查之权的审计职能官员——宰夫，而且还建立了较为科学的原始计财牵制制度。宰夫是独立于财计部门之外的官职，发现违法乱纪者可越级向天官冢宰或周王报告。该官职是我国政府审计初步形成阶段的标志之一。

（二）秦汉时期，最终确立阶段

秦汉时期是我国审计的确立阶段，主要表现在以下三个方面。一是初步形成了统一的审计模式。秦汉时期是我国封建社会的建立和成长时期，封建社会经济的发展，促进了秦汉时期逐渐形成全国审计机构与监察机构相结合、经济法制与审计监督制度相统一的审计模式。二是"上计"制度日趋完善。所谓"上计"，就是皇帝亲自参加听取和审核各级地方官吏的财政会计报告，以决定赏罚的制度。这种制度始于周朝，至秦汉时期日趋完善。三是审计地位提高，职权扩大。御史制度是秦汉时代审计建制的重要组成部分，秦汉时期的御史大夫不仅行使政治、军事的监察之权，还行使经济的监察之权，控制和监督财政收支活动，勾稽总考财政收入情况。

（三）隋唐至宋，日臻健全阶段

隋唐至宋，审计在制度方面日臻健全。隋开创一代新制，设置比部。这是我国最早的独立于财政机关的审计监督机关。唐代的比部审查范围极广、项目众多，而且具有很强的独立性和较高的权威性。比部审计之权通达国家财经各领域，而且一直下伸到州、县。宋太宗淳化三年（公元922年）设"审计院"。宋高宗建炎元年（公元1127年）在太府寺中设"审计司"，审查财政的收支。宋审计司（院）的建立，标志着我国对"审计"正式命名，对后世中外审计建制具有深远的影响。

（四）元、明、清，停滞不前阶段

元、明、清，君主专制日益强化，审计虽有发展，但总体上停滞不前。元明两代均未设置独立审计机构。清代直至光绪年间，拟定单独设立审计院，并草订《审计院官职条例》二十条，但未能实施，因为不久后清政府即被推翻。

（五）中华民国，不断演进阶段

中华民国成立后，1912年，中华民国国务院下设审计处；1914年，北洋政府将该部门改为审计院，同年颁布了《审计法》；1918年9月，北洋政府农商部颁布了我国第一部注册会计师法规——《会计师暂行章程》，并于同年批准著名会计学家谢霖先生为中国的第一位注册会计师，谢霖先生创办的中国第一家会计师事务所——"正则会计师事务所"也获准成立。国民党政府也于1928年颁布了《审计法》和实施细则，次年还颁布了《审计组织法》。1930年，国民党政府颁布了《会计师条例》，确立了会计师的法律地位，之后，上海、天津、广州等地也相继出现了多家会计师事务所。1925年，"全国会计师公会"在上海成立。1933年，"全国会计师协会"成立。至1947年，全国注册会计师已达2619人。但是，注册会计师职业在当时未能得到很大的发展，注册会计师审计也未能充分发挥应有的作用。政府审计由于国民党政府政治腐败，致使审计徒具形式，起不到应有的监督作用。

（六）中华人民共和国，振兴阶段

中华人民共和国成立后，尤其是党的十一届三中全会以后，审计工作迅速发展。1980年12月，财政部颁布了《中华人民共和国中外合资经营企业所得税法实施细则》，规定外资企业财务报表要由注册会计师进行审计。这为恢复我国注册会计师制度提供了法律依据。1981年1月1日，"上海会计师事务所"宣告成立，成为中华人民共和国第一家由财政部批准独立承办注册会计师业务的会计师事务所。1984年9月25日，财政部印发《关于成立会计咨询机构问题的通知》，明确了注册会计师应该办理的业务。1985年1月实施的《中华人民共和国会计法》（以下简称《会计法》）规定："经国务院财政部门批准组成会计师事务所，可以按照国家有关规定承办查账业务。"1986年7月3日，国务院颁布《中华人民共和国注册会计师条例》，同年10月1日起实施。1988年11月15日，财政部领导下的中国注册会计师协会正式成立。1993年10月31日，第八届全国人民代表大会常委会第四次会议审议通过了《中华人民共和国注册会计师法》（以下简称《注册会计师法》），自1994年1月1日起实施。在国家法律、法规的规范下，我国注册会计师行业得到了快速发展。2006年2月15日，财政部发布《中国注册会计师执业准则》，标志着我国已建立起一套适应社会主义市场经济发展要求、顺应国际趋同大势的中国注册会计师执业准则体系。

1982年，修改的《中华人民共和国宪法》中明确规定建立政府审计机构，实施审计监督。1983年9月，我国政府审计的最高机关——审计署成立，在县以上各级人民政府设置各级审计机关。1985年8月，《国务院关于审计工作的暂行规定》发布；1988年11月，《中华人民共和国审计条例》发布；1994年10月，《中华人民共和国审计法》发布，这从法律上进一步确立了政府审计的地位，为其进一步发展奠定了良好基础。进入21世纪，在经济全球化的影响下，我国政府审计发展迅速，特别是近几年的审计风暴，使政府审计的发展进入一个新的阶段。

为完善审计监督体系，加强部门、单位内部经济监督和管理，我国于1984年在部门、单位内部成立了审计机构，实行内部审计监督。1985年10月，《审计署关于内部审计工作的若干规定》发布，在各级政府审计机关、各级主管部门的积极推动下，内部审计蓬勃发展。2003年3月，审计署颁发了《内部审计条例》，进一步规范了我国的内部审计工作。目前大多数政府部门、企事业单位均设置了内部审计机构，实行内部审计制度。至此，我国形成了政府审计、注册会计师审计和内部审计三位一体的审计监督体系，审计制度和审计工作进入了振兴时期。

二、国外审计行业的发展历史

在其他国家，随着生产力的发展和经济关系的变革，审计行业也经历了一个漫长的发展过程，政府审计的产生早于注册会计师审计和内部审计的产生。

（一）国外政府审计发展概况

据考证，早在奴隶制度下的古罗马、古埃及和古希腊时代，已经有官厅审计机构。如在古埃及政府机构设置中，监督官行使审查监督权，会计官员的收支记录、各级官吏是否尽职守法均置于监督官的严格监督之下。监督官的职权大，地位高，管理权限也不限于经济监察，没有形成独立的审计机构，审计处于萌芽时期。此外，在古罗马和古希腊，也有相应的负责经济监察的机构，通过"听证"方式，对掌管国家财务和赋税的部门进行审查和考核，成为具有审计性质的经济监督工作。在世界各国的历代封建王朝中，也设有审计机构和人员，对国家的财政收支进行监督，但当时的审计，不论从组织机构上，还是方法上，都还处于很不完善的阶段。

在资本主义时期，随着经济的发展和资产阶级国家政权组织形式的完善，政府审计也有了进一步的发展。为了监督政府的财政收支，切实执行财政预算法案，以维护统治阶级的利益，现代资本主义国家大多在议会下设有专门的审计机构，对政府及相关机构的财政财务收支进行独立的审计监督。

（二）国外注册会计师审计发展概况

注册会计师审计起源于 16 世纪的意大利。当时地中海沿岸的商业城市已经比较繁荣。由于单个的业主难以向企业投入巨额资金，为适应筹集所需大量资金的需要，合伙制企业应运而生。尽管当时合伙制企业的合伙人都是出资者，但是有的合伙人参与企业的经营管理，有的合伙人则不参与，所有权与经营权开始分离。这在客观上产生了需要一个与任何一方均无利害关系的第三者能对合伙企业进行监督、检查的需求，人们开始聘请会计专家来担任查账和公证的工作。这可以说是注册会计师审计的起源。

注册会计师审计虽然起源于意大利，但它对后来注册会计师审计事业的发展影响不大。英国在创立和传播注册会计师审计职业的过程中发挥了重要的作用。18 世纪下半叶，英国的资本主义经济得到了迅速发展，生产的社会化程度大大提高，企业的所有权与经营权进一步分离。股份有限公司的兴起，使绝大多数股东完全脱离经营管理。他们出于自身的利益，非常关心公司的经营成果，以便做出是否继续持有公司股票的决定。证券市场上潜在的投资人同样十分关心公司的经营情况，以便决定是否购买公司的股票。因此，在客观上产生了由独立会计师对公司财务报表进行审计，以保证财务报表真实可靠的需求。值得一提的是，注册会计师审计产生的"催化剂"是 1721 年英国的"南海公司破产案"（详见本章后附案例）。

为了监督经营管理者，防止其徇私舞弊，保护投资者、债权人利益，避免"南海公司破产案"重演，英国于 1844 年颁布了《公司法》（The Stock Companies Act），规定股份公司必须设监察人，负责审查公司的账目。1845 年，英国又对《公司法》进行了修订，规定股份公司的账目必须经董事以外的人员审计。于是，独立会计师业务得到迅速发展。1853 年，苏格兰爱丁堡创立了第一个注册会计师的专业团体——爱丁堡会计师协会。该协会的成立标志着注册会计师职业的诞生。1862 年，英国《公司法》确定注册会计师为法定的破产清算人，奠定了注册会计师审计的法律地位。

1844 年到 20 世纪初，是注册会计师审计形成的时期。在这一时期内，由于英国的法律规定了股份公司和银行必须聘请注册会计师审计，英国注册会计师行业得到了迅速发展，并对当时的欧洲各国、美国及日本等产生了重要影响。这一时期英国注册会计师审计的主要特点是：注册会计师的法律地位得到了认可；审计的目的是查错防弊，保护企业资产的安全和完整；审计的方法是对会计账目进行详细审计；审计报告使用人主要为企业股东等。

从 20 世纪初开始，全球经济发展重心逐步由欧洲转向美国，因此，美国的注册会计师审计得到了迅速发展，且对注册会计师职业在全球的迅速发展发挥了重要的作用。1887 年，美国公共会计师协会（The American Association of Public Accountants）成立，1916 年，该协会改组为美国注册会计师协会，后来成为世界上最大的注册会计师职业团体。在 20 世纪初期，由于金融资本对产业资本更为广泛的渗透，企业同银行的利益关系更加紧密，银行逐渐把企业资产负债表作为了解企业信用的主要依据，于是帮助贷款人及其他债权人了解企业信用的资产负债表审计在美国产生了，即美国注册会计师审计。审计方法也逐步从单纯的详细审计过渡到初期的抽样审计。在这一时期，美国注册会计师审计的主要特点是：审计对象由会计账目扩大到资产负债表；审计的主要目的是通过对资产负债表数据的检查，判断企业信用状况；审计方法从详细审计初步转向抽样审计；审计报告使用人除企业股东以外，还包括了债权人。

1933 年，美国《证券法》规定，在证券交易所上市的企业的财务报表必须接受注册会计师审计，向社会公众公布注册会计师出具的审计报告。因此，审计报告使用人也扩大到整个社会公众。在这一时期，注册会计师审计的主要特点是：审计对象转为以资产负债表和利润表为中心的全部财务报表及相关财务资料；审计的主要目的是对财务报表发表审计意见，以确定财务报表的可信性，查错防弊转为次要目的；审计的范围已扩大到测试相关的内部控制，并以控制测试为基础进行抽样审计；审计报告使用人扩大到股东、债权人、证券交易机构、税务、金融机构及潜在的投资者；审计准则开始拟定，审计工作向标准化、规范化过渡；注册会计师资格考试制度广泛推行，注册会计师专业素质普遍提高。

第二次世界大战以后，跨国公司得到空前发展。国际资本的流动带动了注册会计师审计行业的跨国界发展，形成了一批国际会计师事务所。随着会计师事务所规模的扩大，"八大"国际会计师事务所形成了，20 世纪 80 年代末合并为"六大"，之后又合并为"五大"。2001 年，美国出现了安然公司会计造假丑闻。出具审计报告的安达信会计师事务所，因涉嫌舞弊和销毁证据受到美国司法部门的调查，之后宣布关闭，世界各地的安达信成员所也纷纷与其他国际会计师事务所合并。因此，时至今日，尚有"四大"国际会计师事务所，即普华永道（Pricewaterhouse Coopers）、安永（Ernst&Young）、毕马威（KPMG）、德勤（Deloitte Touche Tohmatsu）。与此同时，审计技术也在不断发展：抽样审计方法得到普遍运用，风险导向审计方法得到推广，计算机辅助审计技术得到广泛采用。

（三）国外内部审计的发展历史

国外内部审计产生的准确时间已无从考证。一般认为，内部审计是伴随政府审计而产生和发展的。在 11 世纪到 12 世纪，西方国家产生了"行会审计"，其类似于内部审计工作。当时的行会，每年要召开几次总会，议事内容包括选举产生理事和审计人员。理事会是行会的执行机关，它必须在召开总会时将行会账簿提交审计人员审查。审计人员审查的重点是作为受托人的理事在处理经济业务方面的诚实性。它体现了内部审计的本质是由于"两权分离"，即生产资料所有权与管理权分离而产生的受托责任关系。到中世纪，内部审计进一步发展，主要标志是出现了独立的内部审计人员。这一时期，内部审计主要采取寺院审计、城市审计、行会审计、银行审计和庄园审计等形式。

近代内部审计产生于 19 世纪末期，随着资本主义经济的发展，企业之间的竞争日益激烈，跨国企业也迅速崛起，引起了企业内部管理层次增加，从而产生了对企业内部经济管理控制和监督的需要。

现代西方内部审计是自 20 世纪 40 年代，随着大型企业管理层次的增多和管理人员控制范围的扩大，基于企业单位内部经济监督和管理的需要产生的。20 世纪 40 年代以后，大型企业的内部结构和外部环境进一步复杂化，跨国公司迅速崛起，管理层次快速发展。1941 年，维克多·Z.布瑞克（Victor Z. Brink）出版了第一部内部审计著作《内部审计学》，宣告了内部审计学科的诞生。约翰·B.瑟斯顿（John B. Thurston）联合一群有识之士在美国纽约创立了"内部审计师协会"（The Institute of Internal Auditors），后来，该协会发展为国际性的内部审计组织，为推动内部审计事业的发展做了大量有益的努力。这两件大事的完成，促使内部审计行业发生了翻天覆地的变化，使内部审计行业成为一种社会力量且有了自身的理论体系，由此也就揭开了现代内部审计的序幕。

现代内部审计的发展经历了三个阶段：（1）以保护财产、查错防弊为主要目标，以事后监督为主，是现代内部审计发展的初级阶段；（2）以加强企业内部控制制度为目标，以评价活动为主要内容，是现代内部审计的发展阶段；（3）以提高企业经营管理水平和经济效益为主要目标，以经营及效益评价为主要内容，是现代内部审计发展的新阶段。在现代内部审计的发展中，内部审计逐步被细分为经营审计、管理审计和效益审计；内部审计的职能，也从监督、控制转向评价，由事后审计发展到事前监督和评价。

第二节 | 审计与市场经济

一、市场经济的重要特征是各种权利与责任的分离

（一）会计是传递权利与责任信息的工具

市场经济是一个经济权利与责任的网络。在这个网络中，各经济组织与集团的权利与责任既相互独立，以保证自己权利的行使或责任的负担，又相互联系，以保证为其他组织或团体提供行使权利与责任的基础。因此，要保证市场经济的权利与责任网络平衡，重要的一条就是：各方都要保证自己是按既定的规则来运行的。为了实现这一保证，各种经济组织就必须把自己行使权利与责任的经济行为，用一种系统方法记录下来，并以最简明的方法传递给有关方面，以保证市场经济秩序的稳定。这种系统的记录方法就是会计，而简明的传递方法就是财务报表。

（二）审计是保证权利与责任信息可靠传递的工具

虽然各种经济组织将自己的经济行为记录下来，并传递给有关团体，但这种记录行为毕竟是自己行使的。因此，这种记录是否可靠、是否真正反映了其所发生的经济行为，其他经济组织未必能确定。所以，为了保证记录经济行为的会计信息的真实、可靠，就需要有一批独立的专家，通过专门的方法来对会计信息进行鉴定。为此，作为稳定市场经济秩序的一个重要环节——审计应运而生。

我们可以将审计定义为：以会计信息为主要媒介，通过独立的第三者，来评价有关经济组织的经济行为与既定权利、责任标准是否一致的程度，并将结果以专门的方法传递给利益相关者的一种学科。

根据审计的概念，可以概括出审计的两个基本特征：独立性和权威性。

1. 独立性

审计的独立性可表现在以下几个方面。

（1）机构独立。这是保证审计工作独立性的关键，其主要内容为审计机构不能受制于其他部门和单位，尤其不能成为国家财政部门和各机构财务部门的下属机构，否则，对财政、财务收支进行审计就会失去意义。审计机构的独立性还表现为审计应独立于被审计单位之外，与被审计单位没有任何组织上的行政隶属关系。

（2）人员独立。这是指审计人员应保持精神上的独立，其审计工作不能受任何部门、单位和个人的干涉，应独立的对被审查的事项进行评价和鉴定。审计原始的意义就是查账，即由会计人员以外的第三者，对会计账目和报表进行审查，借以验证其公允性、真实性和合法性。现代审计理论中的三种审计关系人就是据此而产生的。第一关系人，即审计主体（审计机构或人员），他们根据审计委托者的委托就被审计单位的财务收支及有关人员履行受托经济责任情况进行验证、审查，并提出审查报告书或证明书；第二关系人，即被审计单位，他们对审计委托者承担的委托经济责任，须经审计机构或人员验证审查后才能确定或解除；第三关系人，即审计委托者，被审计单位对他承担某种受托经济责任，他们之间存在一定的权责关系。审计关系必须由委托审计者、审计者和被审计单位这三方面构成，缺少任何一方，独立的、客观公正的审计将不复存在。这是由财产所有权与经营权相分离而决定的，一些财产所有者对企业拥有所有权但不亲自参加经营管理，为了保护自身的利益，财产所有者迫切希望了解与自己有经济联系的经济组织的财务收支和经济状况。这就需要对负有受托经济责任的经营管理者进行审查，而这种审查只有独立于他们之外的第三者进行，才能得到正确的、公允的、可靠的结果。这就是审计人员所谓的超然独立性。

（3）经济独立。这是保证审计机构独立和人员独立的物质基础。试想，审计机构若没有一定的经费或收入，其业务活动就无法开展；但若其经费或收入受制于被审计单位或与其相关的其他单位，审计的独立性就难以保证。这一方面要求各级审计机构（如政府审计机构和内部审计机构）的经费要有一定的标准，不得随意变更；另一方面又要求会计师事务所的收入要受国家法律的保护，使其公正、合理。

2. 权威性

审计机构的权威性是审计监督正常发挥作用的重要保证。审计机构的独立性，决定了它的权威性。审计机构或人员以独立于企业所有者和经营者的"第三者"身份进行工作，他们对企业财务报表的经济鉴证，恪守独立、客观、公正的原则，按照有关法律、法规，根据一定的准则、原则、程序进行；加上取得注册会计师资格必须通过国家统一规定的严格考试或考核，因而注册会计师掌握了专业的审计知识，这就保证了其所从事的审计工作具有准确性、科学性。正因为如此，注册会计师的审计报告具有一定的社会权威性，并使经济利益不同的各方乐于接受。各国为了保障审计的权威性，分别通过《公司法》《商法》《证券交易法》《破产法》等，从法律上赋予审计在整个市场经济中的经济监督、经济评价和经济鉴证的职能。一些国际性的组织为了增强审计的权威性，也通过协调各国的审计制度、准则、标准，使审计成为一项世界性的专业服务，增强各国会计信息的一致性和可比性，以利于加强国际经济贸易往来，促进国际经济的繁荣。

（三）审计对现代市场经济的作用

审计虽然能够在一定程度上保证会计信息传递的可靠性，以稳定市场经济的秩序，但由于审计活动的多样性，在不同的范围内，所起的作用是不同的。

1. 国家审计的制约性作用

在国家财政分配关系中，审计主要起着制约性作用。国家的财政收入与支出是由政府及社会各个集团来实施的，因此，这些不同的组织及集团之间就形成了一些权利与责任关系。这些权利与责任关系如果不给予必要的约束与控制，就容易出现问题。国家审计的制约性作用如下。

（1）揭示差错和弊端

审计通过审查取证可以揭示差错和弊端，不仅可以纠正核算差错，提高会计工作质量，还可以保护国家财产、堵塞漏洞、防止损失。

（2）维护财经法纪

一些经济组织可能不愿主动执行国家财政规定，挪用财政资金为自己的小集团谋利益。审计通过审查取证，可以揭示各种类似的违法行为，对违法者进行查处，提交司法、监察部门进行处理，有助于纠正或防止违法行为，维护财经法纪。

2．注册会计师审计的鉴证性作用

注册会计师审计在市场经济契约关系中，主要起着鉴证作用。所谓契约关系，是指契约各方通过协商所形成的一种经济关系，如股东对有限公司的投资、银行为企业提供贷款、企业之间的经济往来等。这种契约关系与财政分配关系最大的区别就是其具备非强制性，是一种横向的经济关系。市场经济越发达，这种契约关系就越普遍。只要订约各集团不违反契约，各集团之间就不得干预对方的行动。为了保证各方遵循契约关系，契约各方彼此之间必须提供执行契约的各种信息。由于这些信息是提供方自己编制的，而且信息数量巨大，内容复杂，其他各方很难在合理的时间或成本范围内来确定这些信息的可靠性，以保证自己的权利不被侵犯，因此，常常需要一个不参与契约关系的第三者，站在公正、客观的立场上，以其专业知识来判断、验证这些信息的可靠性，并据此得出结论。这个第三者就是市场经济中的注册会计师。会计师事务所的审计，就是通过对相关集团提供的财务报表进行查验、审核，提出对信息检验结果的意见，并报告给契约关系的各方集团这些信息是否可靠，各方集团根据审计报告自己判断对方是否违反契约，自己决定是否采取相应的行动。会计师事务所的审计工作以出具审计报告为结束点。因此，注册会计师审计主要起着鉴证作用。

3．内部审计的促进性作用

内部审计的促进性作用主要表现在以下几个方面。

（1）内部审计促进内控制度健全

内部审计人员通过对被审计单位的经营管理制度和内部控制制度进行检查评价，指出其缺点，促进其扬长避短、建立健全内控制度。

（2）内部审计促进管理协调

在经济管理关系中，内部审计主要起着协调的作用。一些巨型组织，由于管理的跨度在时间上与空间上的扩大，在要求有更多的职能部门、更多的管理层来执行各种不同的管理职能时，这种管理关系就变得复杂化，一些得不到制约与控制的职能部门往往可能偏离原先约定的规范来执行其权利或履行其义务。因此，需要内部审计部门来代替总经理或董事长来协调、沟通不同层次的管理关系，保证各职能部门遵守约定的规范，以达到管理控制的作用。国际上有一句比较著名的话来形容内部审计，即"内部审计主要是做了总经理想做而又没有做到的事情"。

（3）内部审计促进效益提高

内部审计人员通过对被审计单位财务收支及其有关经营管理活动效益性的审查，指出效益低下的环节，提出改进意见和建议，促进其进一步挖掘潜力，进一步加强经营管理、提高经济效益。

第三节 审计的目标和范围

一、审计目标的层次

审计目标是在一定历史环境下，审计主体通过审计实践活动所期望达到的境界或最终结果，包括审计总体目标和审计具体目标两个层次。审计目标构成了审计理论结构的基础，是整个审计监督系统运行的定向机制。

审计总体目标是指注册会计师为完成整体审计工作而达到的预期目的。审计具体目标是指注册会计师通过实施审计程序以确定管理层在财务报表中确认的各类交易、账户余额、披露层次认定是否恰当。

（一）审计总体目标

在执行财务报表审计工作时，注册会计师的总体目标是：（1）对财务报表整体是否不存在由于舞弊或错误导致的重大错报获取合理保证，使注册会计师能够对财务报表是否在所有重大方面按照适用的财务报告编制基础编制发表审计意见；（2）按照审计准则的规定，根据审计结果对财务报表出具审计报告，并与管理层和治理层沟通。在任何情况下，如果不能获取合理保证，并且在审计报告中发表保留意见也不足以实现向预期使用者报告的目的，注册会计师应当按照审计准则的规定出具无法表示意见的审计报告，或者在法律法规允许的情况下终止审计业务或解除业务约定。

注册会计师是否按照审计准则的规定执行了审计工作，取决于注册会计师在具体情况下实施的审计程序，由此获取的审计证据的充分性和适当性，以及根据总体目标和对审计证据的评价结果而出具审计报告的恰当性。

审计准则作为一个整体，为注册会计师执行审计工作以实现总体目标提供了标准。审计准则规范了注册会计师的一般责任及在具体方面履行这些责任时的进一步考虑。每项审计准则都明确了规范的内容、适用的范围和生效的日期。在执行审计工作时，除遵守审计准则外，注册会计师可能还需要遵守法律法规的规定。

每项审计准则均包含一个或多个目标，这些目标将审计准则的要求与注册会计师的总体目标联系起来。每项审计准则规定目标的作用在于使注册会计师关注每项审计准则预期实现的结果。这些目标足够具体，可以帮助注册会计师：（1）理解所需完成的工作，以及在必要时为完成这些工作使用的恰当手段；（2）确定在审计业务的具体情况下是否需要完成更多的工作以实现目标。注册会计师需要将每项审计准则规定的目标与总体目标联系起来进行理解。

（二）审计具体目标

注册会计师需要确定每个报表项目的审计具体目标，并以此作为评估重大错报风险及设计和实施进一步审计程序的基础。

1. 与各类交易和事项及相关披露相关的审计目标

（1）发生：确认已记录的交易是真实的。

（2）完整性：确认所有已发生的交易确实已经记录。

（3）准确性：确认已记录的交易是按正确金额反映的。

（4）截止：确认接近于资产负债日的交易记录于恰当的期间。

（5）分类：确认被审计单位记录的交易经过适当分类。

（6）列报：确认被审计单位的交易和事项已被恰当地汇总（或分解）且表述清楚，相关披露在适用的财务报告编制基础下是相关的、可理解的。

2. 与期末余额及相关披露相关的审计目标

（1）存在：确认记录的金额确实存在。

（2）权利和义务：确认资产归属于被审计单位所有，负债属于被审计单位的义务。

（3）完整性：确认所有已存在的金额均已记录。

（4）准确性、计价和分摊：确认资产、负债和所有者权益以恰当的金额包括在财务报表中，与之相关的计价和分摊调整已恰当记录。

（5）分类：资产、负债和所有者权益已记录于恰当的账户。

（6）列报：资产、负债和所有者权益已被恰当地汇总（或分解）且表述清楚，相关披露在适用的财务报告编制基础下是相关的、可理解的。

二、审计范围

审计范围是指审计对象涉及的领域及内容。审计对象可以概括为被审计单位的经济活动，而经济活动的载体主要是会计资料，因此，反映经济活动的会计资料应是审计的大致范围。凡与被审计单位的财务报表有关、与注册会计师的审计意见有关的资料，均属于财务报表的审计范围。具体来说，审计范围如下。

（一）确定会计信息的可靠性

确定会计信息的可靠性即确定基础性会计记录和其他资料中所包含的信息是否可靠，是否能够成为编制财务报表的依据。注册会计师判断时可以采用以下三种方式：第一，风险评估，即对被审计单位及其环境进行了解，确定被审计单位的错报风险是否重大；第二，控制测试，即对被审计单位与生成会计信息有关的内部控制设计和执行的有效性，特别是一贯遵循情况加以测试，初步评价被审计单位提供的基础性会计记录等资料的可靠性和充分性，同时确定实质性审计程序的性质、时间和范围；第三，实质性测试，即在控制测试的基础上，运用检查、监盘、观察、查询及函证、计算、分析性复核等方法，对被审计单位的财务报表的项目余额进行实质性测试。实质性测试通常按照业务循环，采用抽样方法进行。

（二）确定会计信息反映的恰当性

确定有关信息、资料是否在财务报表中得到恰当反映，可以通过以下几点来进行：确定被审计单位没有将未发生的交易、事项或与被审计单位无关的交易和事项包括在财务报表中；确定披露的完整性；确定所披露的信息表述清楚、恰当分类且金额正确。

（三）确定审计范围是否受限

如果审计在范围上受到重要的局部限制，致使注册会计师不能或难以确定所发现的问题对财务报表的影响，则注册会计师应根据被限制审计的范围对财务报表整体反映影响程度等具体情况，出具保留意见或无法表示意见的审计报告。

第四节 审计与财务会计的关系

一方面，审计与财务会计存在血缘关系，一个产生并输出会计信息，另一个对这些会计信息进行审查，以验证这些信息的真实与公允。另一方面，审计又与财务会计在目的、方法、职能及对外承担的责任方面存在区别。

一、联系

（一）工作对象均是会计资料

会计要根据《企业会计准则》和会计制度，对相关组织日常发生的经济业务进行会计记录，包括填制原始凭证、编制记账凭证、登记有关明细账和总账，定期结账，编制财务报表。所以会计的工作对象是这些凭证、账簿、报表构成的会计资料。审计的直接对象是财务报表，但要验证这些报表数据，就要审查相关的原始凭证、记账凭证、有关的明细账和总账，所以审计的工作对象还是这些会计资料。

（二）工作范围都要涉及内部控制制度

会计核算工作要有效运行，必须建立健全会计管理的内部控制制度，以防止或及时发现有关人员的舞弊、贪污及其他违纪、违法活动，保证企业资产的完整和安全。而注册会计师为了提高审计效率，确定审计重点，同样要审计被审计单位的内部控制制度。现代审计是建立在评价内部控制制度基础上的抽样审计。如果内部控制制度存在且有效运行，就可以简化相关的审计程序。

（三）都要对经营管理活动进行监督

会计的一项很重要的职能是在会计核算中监督经济业务是否合理、合法，是否偏离企业的经营管理目标，是否符合企业的各项内部控制制度，一旦发现有不合理、不合法的经济业务，应向有关部门及时反映，并进行必要的纠正。而注册会计师同样要根据国家有关法律、法规和被审计单位的内部控制制度，对会计资料及其所反映的经济业务进行检查。所以审计实质是对财务会计监督的内容进行再监督，对财务会计认定的内容进行再认定。

（四）都要促使企业改善经营管理，提高经济效益

会计人员在日常工作中发现企业的管理问题，要提出改进建议。注册会计师在审计中发现内部控制的薄弱环节及被审计单位管理的弱点，也要向被审计单位的管理当局出具管理建议书，提出改进建议。

二、区别

（一）目的不同

会计的基本目的是为报表使用者提供信息，提供关于企业资源和企业义务的信息，提供企业盈利能力的信息，提供与净资源变动相关的信息等。而审计是根据审计准则的要求，对被审计单位财务报表的合法性、公允性及会计处理方法的一贯性表示意见，帮助报表使用者确定财务报表的可靠程度。

（二）方法不同

会计的基本方法：设置会计科目、复式记账、填制和审核凭证、登记账簿、成本计算、财产清查、编制财务报表等。审计方法主要有：检查文件记录、检查实物资产、观察、查询及函证、重新计算、分析程序等方法。

（三）职能不同

财务的最基本职能是反映。反映的过程，就是会计把经济活动中产生的各种财务数据转换为会计信息的过程。现代审计理论认为，审计的最基本职能是鉴证。鉴证职能是指注册会计师通过审计，对被审计单位财务报表编制的合法性、公允性进行评价，并出具书面的法定证明文件。

（四）责任不同

财务会计承担的是会计责任，注册会计师承担的是审计责任。会计责任包括三个方面：一是建立、健全相关的内部控制制度；二是形成和保持真实、合法、完整的会计资料，包括财务报表、会计凭证、总账及明细账，以及其他各种资料和信息；三是保护企业各项资产的安全和完整。审计责任是指注册会计师应对出具的审计报告的真实性、合法性负责。审计报告的真实性是指审计报告应如实反映注册会计师的审计范围、审计依据、实施的审计程序和应表示的审计意见。审计报告的合法性是指审计报告的编制和出具必须符合国家有关法律、行政法规及专业标准的规定。会计责任和审计责任不能相互替代、减轻或者免除。

精选案例

英国"南海公司"破产案

英国南海公司始创于1710年，主要从事海外贸易业务。

该公司成立10年经营业绩平平。1719年至1720年之间，公司趁股份投机热在英国方兴未艾之机，发行巨额股票，同时公司董事对外散布公司利好消息，致使公众普遍看涨股价，带动了公司股价上升。1719年，南海公司的股价为114英镑，到1720年3月股价升至300英镑。1721年7月，该公司的股价高达1 050英镑，公司老板不伦特决定以高于面值数倍的价格发行新股。一时间南海公司股价扶摇直上，一场股票投机浪潮席卷英国。

英国议会为了制止英国国内"泡沫公司"的膨胀，于1720年6月通过了《泡沫公司取缔法》，随之一些公司被解散。许多投资者开始清醒，并抛售手中所持股票。股票投资热的降温，致使"南海公司"股价一路下滑，到1720年12月，"南海公司"股价跌至124英镑。当年年底，英国政府对"南海公司"资产进行清理，发现其实际资本所剩无几。而后，"南海公司"宣布破产。

"南海公司"破产，犹如晴天霹雳，震惊了公司投资人和债权人，数以万计的股东及债权人蒙受损失。这些人当证实了百万英镑的损失落在自己头上时，纷纷向英国议会提出严惩欺诈者并给予赔偿损失的要求。

英国议会面对舆论压力，为平息"南海公司"破产引发的风波，于1720年9月成立了由13人组成的特别委员会，秘密查证"南海公司"破产事件。该委员会在查证中发现该公司的会计记录严重失真，并有明显的舞弊行为。为此，特别委员会特聘请伦敦市霍斯特·莱恩学校的会计教师查尔斯·斯内尔对"南海公司"账目进行审查。斯内尔应特别委员会的要求，通过对"南海公司"会计账目的审核，于1721年编制了一份名为《伦敦市霍斯特·莱恩学校的习字教师兼会计查尔斯·斯内尔对索布里奇商社会计账簿检查的意见》的查账报告书，指出了公司存在的舞弊行为，但没有对公司编制虚假账目的目的表示自己的意见。英国议会根据斯内尔的审计报告书，没收了公司全部董事的个人财产，将公司一名直接责任经理押进了英国伦敦塔监狱。为此，查尔斯·斯内尔成为世界民间审计的最早先驱者，他编制的查账报告是世界最早由会计师编制的审计报告。

过去英政府颁布《泡沫公司取缔法》的主要目的是防止不正常的股份投机，对股份公司的成立严加限制，以维护资本市场的稳定，保护投资者及债权人的利益不受侵害。1828年，英国政府根据国内经济发展对资金的高度需求，重新认识股份公司的经济意义，撤销了1720年的《泡沫公司取缔法》，1834年以后又通过了由国王授予特许证来设立股份公司的法案。英国议会又于1844年颁布了《公司法》，从而促进并规范了股份公司的发展。

分析："南海公司"破产案的作用是什么？

重要概念

审计（Audit）　　　　　　　　　政府审计（Government Audit）
注册会计师审计（Nongovernmental Audit）　内部审计（Internal Audit）
受托经济责任（Accountability）　　会计责任（Accounting Responsibility）
审计责任（Audit Responsibility）

思考与练习

一、单选题

1. 1844年到20世纪初，是注册会计师审计的形成时期。关于这一时期英国式注册会计师审计特点的下列说法中，不正确的是（　　　）。

　　A. 注册会计师审计的法律地位得以确认

　　B. 审计的目的是查错防弊，保护资产的安全、完整

　　C. 审计方法为详细审计，即对会计账目进行逐笔审查

D. 审计报告的使用人突出了债权人

2. 审计对象可以概括为被审计单位的（　　　）。

A. 经济管理活动 　　　　　　　B. 财务收支及其经营管理活动

C. 财务收支 　　　　　　　　　D. 财务收支及其经济管理活动

3. 在市场经济环境中，审计的主要作用是（　　　）。

A. 通过对经济活动的监督，保证市场经济的有序进行

B. 以会计信息为媒介，强化会计信息的可靠性，保证市场经济的有序进行

C. 通过对会计信息的检查，保证会计信息的真实、正确与完整

D. 上述答案都对

4. （　　　）年，北洋政府农商部颁布了我国第一部注册会计师法规《会计师暂行章程》。

A. 1912 　　　　B. 1918 　　　　C. 1921 　　　　D. 1929

5. 注册会计师职业诞生的标志是（　　　）。

A. 1845 英国修改《公司法》　　　　B. 1853 年爱丁堡会计师协会成立

C. 1721 年英国"南海公司事件"　　　D. 有关苏格兰会计师协会成立

6. 审计业务的三方关系人是（　　　）。

A. 审计委托人、受托人和被审计单位

B. 审计主体、委托人和被审计单位

C. 注册会计师、被审计单位管理层（责任方）和财务报表预期使用者

D. 被审计单位、审计主体和审计委托人

二、多选题

1. 审计的独立性主要表现在（　　　）。

A. 经济独立 　　B. 机构独立 　　C. 人员独立 　　D. 制度独立 　　E. 工作独立

2. 与各类交易、事项相关的审计目标包括（　　　）。

A. 发生 　　　　B. 完整性 　　　C. 准确性 　　　D. 截止

3. 20 世纪三四十年代注册会计师审计的主要特点是（　　　）。

A. 审计的主要目的是查错防弊，保护企业资产的安全和完整

B. 审计对象是以资产负债表和损益表为中心的全部财务报表及相关财务资料

C. 审计报告使用人是股东和债权人

D. 已广泛采用抽样审计

三、填空题

1. 我国审计经历了一个漫长的发展过程，大体上可分为六个阶段：西周初期，_____阶段；秦汉时期，_____阶段；隋唐至宋，_____阶段；元、明、清，_____阶段；中华民国，_____阶段；中华人民共和国，_____阶段。

2. 审计产生和发展的客观依据是：（1）_____；（2）_____；（3）_____。

3. 现代审计的主要特征表现在以下四个方面：_____；_____；_____；_____。

4. 审计具有_____、_____、_____的职能。

5. 为了充分体现审计的属性，在审计机构的设置和审计的工作过程中，必须遵循独立性原则，具体包括：（1）_____；（2）_____；（3）_____。

6. _____审计和_____审计侧重于审查真实性，而_____审计则侧重于审查公允性。

四、判断题

1. 商品经济的发展，促使注册会计师审计由初期的详细审计发展为资产负债表审计，进而发展为财务报表审计。审计目标也由查错防弊发展到对财务报表发表审计意见。(　　　)

2. 会计资料和其他相关资料的审计对象的本质，其所反映的被审计单位的财务收支及其有关的经营管理活动是审计对象的现象。(　　　)

3. 注册会计师审计是商品经济发展到一定阶段的产物，其产生的直接原因是财产所有权与经营权的分离。(　　　)

4. 审计也能促使企业改善经营管理，提高经济效益。(　　　)

5. 只要注册会计师的审计报告是真实的，即说明财务报表是真实的。(　　　)

五、思考题

1. 审计的范围是什么？

2. 审计总体目标是什么？

3. 审计具体目标包括哪几个？

六、案例分析题

李明是一家公司的承包经营负责人。在承包经营2年期结束之后，他请了当地一家会计师事务所对其经营期内的财务报表进行了审计。该会计师事务所经过审计，出具了无保留意见的审计报告，即认为该公司在承包期内的财务报表已公允地反映其财务状况。不久，检察机关接到举报，有人反映李明在承包经营期内，勾结财务经理与出纳，暗自收受回扣，侵吞国家财产。为此，检察机关传讯了李明。李明到检察机关后，手持会计师事务所的审计报告，振振有词地说："会计师事务所已出具了审计报告。证明我没有经济问题。如果不信，你们可以去问注册会计师。"

要求：试分析李明的话是否正确，如果有错，错在哪里？如果你是那家会计师事务所的负责人，你将如何回答这一问题？

第二章 审计的分类和方法

【学习目标】
掌握审计的基本分类、其他分类及审计方法的演进和主要的审计技术方法；
熟练掌握调节法等方法，理解审计方法的概念及发展历史和选用技巧。

第一节 审计的分类

对审计分类是为了从不同的角度进行理解和认识审计，从而更好地把握审计实质，做好审计工作。审计可以按照不同的标准分成若干类别。

一、审计的基本分类

说明审计本质的分类称为基本分类。审计按其主体分类和按其内容、目的分类，属基本分类。基本分类中的审计类别，分别从不同角度说明审计的本质。

（一）按审计主体分类

审计主体是指执行审计的一方。根据国内外审计的发展和现状，审计按其主体分类，可分为政府审计、注册会计师审计和内部审计。

1. 政府审计

政府审计是指由政府审计机关执行的审计。政府审计，在我国亦称国家审计。政府审计机关包括：按我国宪法规定由国务院设置的审计署，由各省、自治区、直辖市、市、县等地方各级政府设置的审计局和政府在地方或中央各部委设置的派出审计机关。国家审计机关主要是依法对本级人民政府各部门和下级人民政府、国家财政金融机构、国有企事业单位和其他有国有资产的单位的财政、财务收支及其经济效益进行审计监督。

2. 注册会计师审计

注册会计师审计是指由经有关部门审核批准成立的民间审计组织所实施的审计，如目前有经财政部门审核批准成立的会计师事务所和审计部门审核批准的审计事务所实施的审计。注册会计师审计的特点是受托审计。民间审计组织接受政府审计机关、国家行政机关、企业事业单位和个人的委托，依法对被审计单位的财务收支及其经济效益承办审计鉴证、经济案件鉴定、注册资本验证和年检、管理咨询服务等项业务。注册会计师审计，在我国亦称社会审计、民间审计。

3. 内部审计

内部审计是指由本部门和本单位内部专职的审计机构或人员所实施的审计，包括部门内部审计和单位内部审计两大类。这种专职的审计机构或人员，独立于财会部门之外，直接接受本部门、本单位主要负责人的领导，依法对本部门、本单位及其下属单位的财务收支、经营管理活动及其经济效益进行内部审计监督。内部审计的主要目的是纠错防弊，促使改善经营管理，提高经济效益。

4. 注册会计师审计与政府审计的关系

相对于审计客体而言，政府审计和注册会计师审计均是外部审计，都具有较强的独立性。从我国情况看，两者在许多方面存在区别。

（1）两者的审计目标不同

政府审计是对单位的财政收支或者财务收支的真实、合法和效益依法进行的审计；注册会计师审计是注册会计师对财务报表是否按照适用会计准则和相关会计制度编制进行的审计。

（2）两者的审计标准不同

政府审计是审计机关依据《中华人民共和国审计法》（以下简称《审计法》）和国家审计准则等进行的审计；注册会计师审计是注册会计师依据《注册会计师法》和中国注册会计师审计准则进行的审计。

（3）两者的经费或收入来源不同

政府审计所必需的经费列入财政预算，由本级人民政府予以保证；注册会计师的审计收入来源于审计客户，由注册会计师和审计客户协商确定。

（4）两者的取证权限不同

审计机关在取证时，有关单位和个人应当支持、协助审计机关工作，提供有关证明材料；注册会计师在取证时，很大程度上有赖于被审计单位及相关单位的配合和协助，对被审计单位及相关单位没有行政强制力。

（5）两者对发现问题的处理方式不同

审计机关对发现的违反国家规定的财政收支、财务收支行为，在法定职权范围内做出审计决定或者向有关主管机关提出处理、处罚意见。注册会计师对在审计过程中发现的问题，只能提请被审计单位进行调整和披露，并视情况确定出具的审计报告的意见类型。

5. 注册会计师审计与内部审计的关系

内部审计是由各部门、各单位内部设置的专门机构或人员实施的审计。从我国情况看，注册会计师审计与内部审计在许多方面存在很大区别。

（1）两者的审计目标不同

内部审计主要是对内部控制的有效性、财务信息的真实性和完整性及经营活动的效率、效果所开展的一种评价活动；注册会计师审计主要对被审计单位财务报表的合法性和公允性进行审计。

（2）两者的独立性不同

内部审计为组织内部服务，接受总经理或董事会的领导，独立性较弱；注册会计师审计为需要可靠信息的第三方提供服务，不受被审计单位管理层的领导和制约，独立性较强。

（3）两者接受审计的自愿程度不同

内部审计是代表总经理或董事会实施的组织内部监督，是内部控制制度的重要组成部分，单位内部的组织必须接受内部审计人员的监督；注册会计师审计是以独立的第三方对被审计单位进行的审计，委托人可自由选择会计师事务所。

（4）两者遵循的审计标准不同

内部审计人员遵循的是内部审计准则；注册会计师遵循的是注册会计师审计准则。

（5）两者审计的时间不同

内部审计通常对单位内部组织采用定期或不定期的审计，时间安排比较灵活；注册会计师审计通常是定期审计，每年对被审计单位的财务报表审计一次。

注册会计师审计与内部审计虽然存在很大的差别，但是注册会计师审计作为一种外部审计，在工作中要利用内部审计的工作成果，原因如下。

第一，内部审计是单位内部控制的一个重要组成部分，而风险导向审计要求注册会计师必须了解包括内部控制在内的被审计单位情况及其环境，以评估和应对重大错报风险。

第二，内部审计和注册会计师审计在审计内容、审计方法等方面具有一致性。

第三，利用内部审计工作成果可以提高注册会计师的工作效率，节约审计费用。

（二）按审计内容和目的分类

我国审计按其内容和目的分类，可分为财务报表审计、经营审计和合规性审计。

1. 财务报表审计

财务报表审计的目的是注册会计师通过执行审计工作，对财务报表是否按照规定的标准编制发表审计意见。所谓规定的标准，通常是指企业会计准则和相关会计制度。当然对按照计税基础、收付实现制基础或监管机构的报告要求编制的财务报表，注册会计师进行的审计也比较普遍。

2. 经营审计

经营审计是注册会计师为了评价被审计单位经营活动的效率和效果，而对其经营程序和方法进行的评价。在经营审计结束后，注册会计师一般要向被审计单位管理层提出经营管理的建议。在经营审计中，审计对象不限于会计，还包括组织机构、计算机信息系统、生产方法、市场营销及注册会计师能够胜任的其他领域。在某种意义上，经营审计更像是管理咨询。

3. 合规性审计

合规性审计的目的是确定被审计单位是否遵循了特定的程序、规则或条例。例如，确定会计人员是否遵守了财务主管规定的手续，或者审查被审计单位与银行签订的合同，以确信被审计单位遵守了法定要求。合规性审计的结果通常报送给被审计单位管理层或外部特定使用者。

二、审计的其他分类

除了审计的基本分类以外，审计还有其他分类法。

（一）按审计范围分类

审计按其范围分类，可以分为全部审计、局部审计和专项审计。

1. 全部审计

全部审计，又称全面审计，是指对被审计单位一定期间的财政财务收支及有关经济活动的各个方面及其资料进行全面的审计。这种审计的优点是审查详细彻底，缺点是工作量太大、花费时间太多。全部审计一般适用规模较小、业务较简单、会计资料较少的企事业单位，或适用于内部控制制度存在缺陷及会计核算工作质量差等情况的被审计单位。

2. 局部审计

局部审计，又称部分审计，是指对被审计单位一定期间的财务收支或经营管理活动的某些方面及其资料进行部分的、有目的、重点的审计。这种审计时间较短，耗费较少，能及时发现和纠正问题，达到预定的审计目的和要求，但容易遗漏问题，具有一定的局限性。

3. 专项审计

专项审计，又称专题审计，是指对某一特定项目所进行的审计。该种审计的业务范围比局部审计要小，针对性较强，有利于及时围绕当前的中心工作和重点开展审计工作，有针对性地提出意见和建议，为宏观调控和决策提供真实、可靠的信息。

（二）按审计实施时间分类

按照实施审计的时间进行分类，审计可以分为事前审计、事中审计和事后审计。

1. 事前审计

事前审计是指在被审计单位经济业务发生以前所进行的审计。一般是对预算或计划的编制、对经济事项的预测及决策进行的审计，目的是提高预算、计划、预测和决策的准确性、合理性和可行性。这种审计对于预防错弊，防患于未然，保证经济活动的合理性、有效性，都具有积极的作用，故也称为预防性审计。

2. 事中审计

事中审计是指在被审计单位经济业务执行过程中进行的审计。通过对被审计单位的费用预算、费用开支标准、材料消耗定额等执行过程中有关经济业务进行事中审计，便于及时发现并纠正偏差，保证经济活动的合法性、合理性和有效性。

3. 事后审计

事后审计是指在被审计单位经济业务完成以后所进行的审计。财务报表审计和全部审计这类传统的审计均属事后审计。政府审计、注册会计师审计大多实施事后审计，内部审计也经常进行事后审计。

（三）按审计动机分类

审计按其动机分类，可以分为强制审计和任意审计。

1. 强制审计

强制审计是指审计机构根据法律、法规的规定，对被审计单位行使审计监督权而进行的审计。这种审计是按照审计机关的审计计划进行的，不管被审计单位是否愿意接受审查，都应依法进行。

2. 任意审计

任意审计是根据被审计单位自身的需要，要求审计组织对其进行的审计。一般注册会计师接受委托人的委托，按照委托人的要求对其进行的财务审计或经济效益审计，即属于这种审计。

（四）按审计是否通知被审计单位分类

审计按照实施前是否预先告知被审计单位进行分类，可以分为预告审计和突击审计。

1. 预告审计

预告审计，是指在进行审计以前，把审计的目的、主要内容和日期预先通知被审计单位的审计方式。

2. 突击审计

突击审计是指在对被审计单位实施审计以前，不预先把审计的目的、主要内容和日期通知被审计单位而进行的审计。这种审计方式主要用于对违法乱纪行为所进行的合规性审计。

第二节 审计方法

一、审计方法的发展历史和选用技巧

审计方法是指注册会计师检查和分析审计对象，收集审计证据，并对照审计依据，形成审计结论和意见的各种专门手段的总称。

一百多年来，虽然审计的目的没有发生重大变化，但审计环境却发生了很大的变化。注册会计师为了实现审计目标，一直随着审计环境的变化调整着审计方法。审计方法从账项基础审计发展到风险导向审计，都是注册会计师为了适应审计环境的变化而做出的调整。

（一）账项基础审计

在审计发展的早期（19世纪以前），由于企业组织结构简单，业务性质单一。注册会计师的审计重心在资产负债表上，旨在发现和防止错误与舞弊，审计方法是详细审计。详细审计又称账项基础审计，由于早期获取审计证据的方法比较简单，注册会计师将大部分精力投向会计凭证和账簿的详细检查。从方法论的角度讲，这种审计方法就是账项基础审计方法。

（二）制度基础审计

19世纪即将结束时，会计和审计步入快速发展的时期。注册会计师的审计重点从检查受托责任人对资产的有效使用转向检查企业的资产负债表和利润表，判断企业的财务状况和经营成果是否真实和公允。由于企业规模日益扩大，经济活动和交易事项内容不断丰富、复杂，注册会计师的审计工作量迅速增大，使得详细审计难以实施，审计费用不符合成本效益原则。为了进一步提高审计效率，注册会计师将审计的视角转向与会计信息紧密相关的内部控制环节，从而将内部控制与抽样调查审计结合起来，因为设计合理并且执行有效的内部控制可以保证财务报表的可靠性，防止重大错误和舞弊的发生。从20世纪50年代起，以控制测试为基础的抽样审计在西方国家得到广泛应用，从方法论的角度，该种方法被称作制度基础审计方法。

（三）风险导向审计

审计风险受到固有风险、控制风险和检查风险的影响，审计风险模型是审计风险的一种表达方式，反映审计风险的组成要素间的关系及其对审计风险的影响。具体公式为：审计风险=重大错报风险×检查风险，重大错报风险=固有风险×控制风险。审计风险模型的出现，从理论上解决了注册会计师以制度为基础采用抽样审计的随意性问题，又解决了审计资源的分配问题，要求注册会计师将审计资源分配到最容易导致财务报表出现重大错报的领域。从方法论的角度，注册会计师以审计风险模型为基础进行审计的方法，称为风险导向审计方法。

所以现代审计方法已经超越了传统的事后查账技术，发展到广泛运用审计调查、审计分析、内部控制制度审计、风险导向审计及抽样审计等技术方法，并日益多样化和现代化，已经形成一个完整的审计方法体系。

在审计过程中，如果选用合理的审计方法，便能提高审计工作的效益，收到事半功倍的效果。相反，如果采用的审计方法不合理，不但不能以一定的人力、物力，取得必要的审计证据，而且可能误入歧途，导致错误的审计意见和结论。因此，审计方法的选用，应当符合以下要求。

1. 审计方法的选用要适用审计的目的

审计方法是达到审计目的的手段，达到不同的审计目的，要用不同的审计方法。例如，在合规性审计中，可根据有关线索，对有关方面进行详细审查；在财务报表审计中，则在评价被审计单位内部控制制度基础上，决定进行详查还是抽查等。

2. 审计方法的选用要符合审计方式

不同的审计方式，所需审计证据不同，可以取证的途径不同，就要采取不同的审计方法。如对被审计单位进行财务审计采用报送审计的方式时，就无法采用盘点法、观察法，而在采取实地审计方式时，这些方法就可以选用。

3. 审计方法的选用要联系被审计单位的实际

被审计单位经营管理良好，内部控制比较健全有效，就可采用抽查的方法。相反，被审计单位经营管理较差，内部控制不完善，财会工作混乱，则应选用详查的方法。

所以，科学、合理地选用审计方法，对做好审计工作，提高审计工作质量具有重要意义。

二、审计的技术方法

注册会计师选用合理、科学的审计技术方法是提高审计工作质量和工作效率的前提。注册会计师选择审计技术方法时，要考虑被审计单位的实际情况、审计的具体目标及审计的方式等因素。

（一）审阅法

审阅法是财务审计中运用的最基本并被广泛运用的方法，它是指仔细地审查和翻阅凭证、账簿和报表及计划、预算、决策方案、合同等书面资料，借以查明资料和经济业务的公允性、正确性、合法性、合规性，从中发现错弊或疑点。审阅法重点审阅会计凭证、会计账簿和财务报表。

1. 原始凭证的审阅

主要看原始凭证上反映的经济业务是否符合规定；凭证上记载的抬头、日期、数量、单价、金额等方面的字迹是否清晰、数字是否正确；原始凭证的单位名称、地址和签章是否符合规定；原始凭证的各项手续是否完备。

2. 记账凭证的审阅

主要审阅记账凭证是否附有合法的原始凭证；记账凭证的记载是否符合会计制度的规定，是否依据会计原理，所记账户名称和会计分录是否正确，有无错用账户和错记方向的情况。

3. 账簿的审阅

主要审阅总账、明细记录的内容是否真实、正确，其账户对应关系是否合理、正确，有无错误或舞弊，特别是注意审阅应收应付账款、材料成本差异、管理费用、财务费用、销售费用等容易掩盖错弊和经常反映会计转账事项的账簿。

4. 财务报表的审阅

主要审阅报表项目是否按制度规定编制；其对应关系是否正确，双方合计数是否相符，并按各报表之间有关项目的勾稽关系，核对相关的数据是否一致，审阅各项目是否合理、合法、合规，有无违反财经纪律的现象，有无异常变化现象。

（二）核对法

核对法是指对凭证、账簿和报表等书面资料之间的有关数据进行相互对照检查，借以查明账证、证证、账账、账表、表表之间是否相符，从而取得有无错弊的书面证据的一种复核查对的方法。

核对的主要内容如下。

（1）记账凭证与其所附原始凭证是否相符，原始凭证的合计数是否与记账凭证的合计数相符，原始凭证的张数与金额是否相符。

（2）记账凭证是否已过入有关明细账和总账并与有关的账簿记录一致。

（3）各明细账户、日记账的余额合计数与总账中有关账户的余额是否相符。

（4）总账各账户的期初余额、本期发生额和期末余额的计算是否正确，各账户的借方余额与贷方余额合计是否平衡。

（5）财务报表的数字是否与总账余额或明细账余额相符。

（6）银行对账单、客户往来清单等外来对账单是否与本单位有关账项的记载相符。

（7）核对资产负债表、损益表、现金流量表上的数字计算是否正确无误。

（8）核对资产负债表、损益表和现金流量表之间及利润表与利润分配表、主营业务收支明细表之间的相关数字是否相符。

通过上述详细核对之后，可以发现会计资料中存在的差错和问题，然后再进一步分析其性质。有的可能是一般工作的差错，有的可能是违法乱纪行为导致的差错，要根据问题的性质及其严重程度进行处理。

注册会计师在核对过程中应细致认真、有条不紊，这样才能不致遗漏和重复。要使这项工作井然有序，就需要使用一些符号，如"√"表示已经核对、"×"表示所核对的资料有错误、"？"表示所核对的资料可能有问题和待查等。

（三）查询法

查询法是指注册会计师通过向被审计单位内部或外部有关人员调查、询问，从而取得审计证据的一种方法。查询法一般分为面询和函询两种。面询是指注册会计师向被审计单位内外的有关人员当面征询意见，核实情况。征询意见的方式可采用面谈，也可采用书面回答。函询是指通过向有关单位发函来了解情况，一般用于往来款项的查证。

（四）比较法

比较法是指对被审计单位的被审项目的书面资料同相关的标准进行比较，确定它们之间的差异，经过分析从中发现问题的一种审计方法。比较法包括指标绝对数比较和指标相对数比较两种。

指标绝对数比较，适用于同质指标数额的对比。指标绝对数比较的主要内容有：实际指标和计划指标相比；本期实际指标和上期实际指标或历史最好水平比较；被审计单位的指标与国际同行业的企业的指标比较等。比较后得出的差异，可用作审计证据，并推动进一步分析。

指标相对数比较是指对于不能直接比较的指标，可先将对比的指标数值换算为相对数，然后比较各种比率。如考核和比较各种规模不同的企业之间的利润水平时，可计算企业资本金利润率进行比较。

（五）分析法

分析法是通过对会计资料的有关指标的观察推理、分析和综合，以揭示其本质和了解其构成要素的相互关系的审计方法。分析法在审计过程中运用较为广泛。通过分析发现存在的问题和差距，找出差距及影响的因素。审计分析法按其分析的技术分类，可以分为比较分析、比率分析、账户分析、账龄分析、平衡分析和因素分析等方法。

（六）盘存法

盘存法，又称实物清查法，是指对被审计单位各项财产物资进行实地盘点，以确定其数量、品种、规格及其金额等实际状况，借以证实有关实物账户的余额是否真实、正确，从中收集实物证据的一种方法。盘存法按其组织方式，分为直接盘存和监督盘存两种。

直接盘存是由注册会计师亲自到现场盘点实物，证实书面资料同有关的财产物资是否相符的方法。对于容易出现舞弊行为的现金、银行存款和贵重的原材料，注册会计师应突击性盘点。突击性盘点是指事先不告知经营财产的人员在什么时间进行盘点，以防止经营人员在盘点前，将财产保管工作中的挪用、盗窃及其他弊端加以掩饰。对于大宗的原材料、产成品等，注册会计师应采用抽查性的盘点，以便检查日常盘点工作质量的优劣，检验盘点记录是否真实和正确，查明财产物资是否安全、完整。

监督盘存是指为了明确责任，注册会计师不亲自进行盘点，而是由经管财产人员及其他有关人员进行实物盘点清查，注册会计师只是在一旁对实物盘点进行监督，如发现疑点可以要求复盘核实。在监督盘存方式下，也可以采用突击性盘点和抽查性盘点形式。监督盘存一般用于数量较大的实物，如厂房、机器设备等。

（七）调节法

调节法是指在审查某个项目时，通过调整有关数据，从而求得需要证实的数据的方法。在审计过程中，往往出现现成的数据和需要证实的数据在表面上不一致，为了证实数据是否正确，可用调节法。如对银行存款实存数的审查，通常运用调节法编制银行存款余额调节表，对企业单位与开户银行双方所发生的"未达账项"进行增减调节，以便根据银行对账单的余额来验证银行存款账户的余额是否正确。

运用调节法还可以证实财产物资账实是否相符。当盘存日同书面资料结存日不同时，结合实物盘存，将盘存日期与结存日期之间新发生的出入数量用来对结存日期有关财产物资的结存数量进行调节，以验证或推算结存日期有关财产物资的应结存数。与该方法相关的计算公式如下。

结存日（书面资料日期）数量=盘存日盘点数量+结存日至盘存日发出数量−结存日至盘存日收入数量

（八）观察法

观察法是指注册会计师进入被审计单位后，对于生产经营管理工作、财产物资的保管、内部控制制度的执行等，亲临现场进行实地观察检查，借以查明被审计单位经济活动的事实真相，核实是否符合有关标准和书面资料的记载，取得审计证据的方法。

进行财务报表审计和经营审计时，注册会计师应深入被审计单位的仓库、车间、科室、工地等现场，对其内部控制制度的执行情况、财产物资的保管和利用情况进行直接观察，从中发现薄弱环节和所存在的问题，以便收集审计证据，提出建议和意见。

除上述主要的审计方法外，鉴定法也是常用方法。鉴定法是指对书面资料、实物和经济活动等的分析、鉴别，超过一般审计人员的能力和知识水平而邀请有关部门和人员运用专门技术进行确定和识别的方法，如笔迹的鉴定、经济活动的合理性鉴定等。

通常我们把审阅法、核对法、查询法、分析法和比较法统称为审阅书面资料的方法，而把盘存法、调节法、观察法和鉴定法统称为证实客观事物的方法。

精选案例

A 公司经理离任审计案

注册会计师王胜和李明接受 A 公司董事会的委托，对本公司经理于某实施离任审计。A 公司是一家拥有 5 000 名员工的大中型企业，内部控制较为健全、有效，公司效益逐年递增，经营业绩较为显著。于某在任 5 年，相关工作得到了董事会及员工的一致好评。在上述背景下，王胜和李明从于某上任的年度开始，对所有部门的所有业务采取以会计凭证、会计账簿、财务报表为主线的审查方法，尽管两个人付出了辛勤的劳动，但在审计约定书规定的一个月时间内只审查了一年的业务，于是，A 公司董事会与王胜和李明的会计师事务所解除了审计合同。

分析：不同审计方法的适用条件是什么？王胜和李明本次审计失败的原因是什么？

重要概念

账项基础审计（Accounting Number-Based Audit）

制度基础审计（System-Based Audit）

风险导向审计（Risk Leading Audit）

思考与练习

一、单选题

1. 事前审计、事中审计和事后审计是按（　　　）分类的。

　　A. 审计实施时间　　B. 审计范围　　C. 审计动机　　D. 审计主体

2. 注册会计师仔细审核阅读各种会计资料及各种文件的审计方法是（　　　）。

　　A. 核对法　　B. 审阅法　　C. 调节法　　D. 复核法

二、多选题

1. 按目的、内容不同，审计分为（ ）。

   A. 政府审计　　　B. 财政财务审计　C. 财经法纪审计　　D. 经济效益审计

2. 我国审计监督体系是由（ ）组成的。

   A. 政府审计　　　B. 内部审计　　　C. 注册会计师审计　　D. 部门审计

3. 按主体的不同，审计分为（ ）。

   A. 财务报表审计、财经法纪审计、经营审计

   B. 政府审计、注册会计师审计

   C. 法定审计、任意审计

   D. 内部审计

4. 注册会计师证实客观事物的方法包括（ ）。

   A. 盘存法　　　　B. 调节法　　　　C. 观察法　　　　D. 比较分析法

5. 审阅法在财务审计中的运用最为广泛，主要审阅（ ）。

   A. 财务报表　　　B. 审计约定书　　C. 会计凭证　　　D. 会计账簿

三、填空题

1. 审计方法是指注册会计师检查和分析_____，收集_____，并对照审计依据，形成_____的各种专门手段的总称。

2. 审计按其执行地点分类，可分为_____和就地审计。

3. 审计按范围分类，可以分为_____、_____、_____。

4. 审计按其主体分类，可分为_____、_____和_____。

5. 按审查书面资料的技术，可将审查书面资料的方法分为_____，_____，_____，_____，_____。

6. 查询法又分为_____和_____两种。

7. 分析法（分析性复核）包括_____，_____。

四、思考题

1. 简述审计方法分为哪几类？审计方法的选用应当符合哪些要求？

2. 审阅原始凭证的基本要点是什么？

3. 核对法主要核对哪些方面？

五、案例分析题

某企业 2008 年 12 月 31 日账面结存甲材料 3 000 吨，通过审阅和核对并无错弊；2009 年 1 月 1 日至 15 日期间，收入 1 500 吨，发出 2 000 吨；1 月 1 日，期初余额及收发余额经核对、审阅和复算无误；2009 年 1 月 15 日下班后监督盘存实存量为 2 800 吨。

要求：请判断 2008 年年底的账面记录是否正确？

【学习目标】

理解注册会计师职业道德的基本原则；

掌握注册会计师职业道德的概念框架、法律责任的构成；

熟练掌握注册会计师职业道德概念框架的具体运用、法律责任的相关司法解释。

第一节 | 职业道德基本原则

注册会计师的职业道德基本原则包括：诚信、独立性、客观和公正、专业胜任能力和应有的关注、保密、良好的职业行为。

一、诚信

诚信原则要求注册会计师应当在所有的职业关系和商业关系中保持正直和诚实，秉公处事、实事求是。

注意

第一，如果认为业务报告、申报资料等信息存在不实问题，注册会计师不应与这些信息发生牵连。

第二，注册会计师如果注意到已与有问题的信息发生牵连，应当采取措施消除牵连，但出具了恰当报告的除外。

二、独立性

在执行鉴证业务时，注册会计师从实质上和形式上保持独立性，不得因任何利害关系影响自身的客观态度。

注意

第一，独立性通常是对注册会计师提出的要求，而非非执业会员；注册会计师执行鉴证业务时必须保持独立性。

第二，实质上的独立性是一种内心状态，要求注册会计师在提出结论时不受有损于职业判断的因素影响，能够诚实公正行事，并保持客观和职业怀疑态度。

第三，形式上的独立性，要求注册会计师避免出现重大的事实和情况，使得一个理性且掌握充分信息的第三方在权衡这些事实和情况后，很可能推定会计师事务所或项目组成员的诚信、客观或职业怀疑态度已经受到损害。

三、客观和公正

客观和公正原则要求注册会计师应当公正处事、实事求是，不得由于偏见、利益冲突及他人的不当影响而损害职业判断。

⏰ **注意**

如果某一情形或关系导致偏见或者对职业判断产生不当影响，注册会计师不应提供相关专业服务。

四、专业胜任能力和应有的关注

（一）专业胜任能力

注册会计师应当保持专业胜任能力，将专业知识和技能始终保持在应有的水平之上，以适应当前实务、法律和技术的发展，确保为客户提供具有专业水准的服务。

⏰ **注意**

第一，不应承接不能胜任的业务。

第二，胜任能力包括获取和保持。

第三，利用专家工作。

（二）应有的关注

应有的关注，要求注册会计师勤勉尽责，按照执业准则和职业道德规范的要求，认真、全面、及时地完成工作任务。在审计过程中，注册会计师应当保持职业怀疑态度，运用专业知识、技能和经验，获取和评价审计证据。

五、保密

保密原则要求注册会计师应当对在职业活动中获知的涉密信息予以保密，避免出现下列行为。

（1）未经客户授权或法律法规允许，向会计师事务所以外的第三方披露其所获知的涉密信息。

（2）利用所获知的涉密信息为自己或第三方谋取利益。

⏰ **注意**

第一，注册会计师在社会交往中应当履行保密义务，应当警惕无意泄密的可能性。

第二，保密义务的豁免。

注册会计师在下列情况下可以披露客户的有关信息。

① 取得客户的授权；

② 根据法律法规的要求为法律诉讼准备文件或提供证据，以及向监管机构报告发现的违反法规行为；

③ 接受同业复核及注册会计师协会和监管机构依法进行的质量检查。

在决定披露客户的有关信息时，注册会计师应当考虑以下因素。

① 是否了解和证实了所有相关信息；

② 信息披露的方式和对象；

③ 可能承担的法律责任和后果。

在所有情况下，注册会计师都应当考虑是否需要咨询法律顾问和职业组织。

第三，在终止客户关系后，仍应对获知的信息保密。

六、良好的职业行为

注册会计师应当遵守相关法律法规，避免发生任何损害职业声誉的行为。

在推介自身和工作时，注册会计师不应损害职业形象。注册会计师应当诚实、实事求是，不应存在下列行为。

（1）夸大宣传提供的服务、拥有的资质和获得的经验；

（2）贬低或无根据地比较其他注册会计师的工作。

第二节 职业道德概念框架

一、职业道德概念框架的内涵

职业道德概念框架旨在为注册会计师提供解决职业道德问题的思路，要求注册会计师：（1）识别对遵循职业道德基本原则的不利影响；（2）评价不利影响的严重程度；（3）采取必要的防范措施消除不利影响或将其降至可接受水平。

二、对职业道德基本原则的不利影响及防范措施

对注册会计师职业道德基本原则的不利影响及相应的防范措施如表 3-1 所示。

表 3-1　　　　　　　　　　　对职业道德基本原则的不利影响及其防范措施

对职业道德基本原则的不利影响	对职业道德基本原则产生不利影响的具体情形	防范措施
自身利益	（1）鉴证业务项目组成员在鉴证客户中拥有直接经济利益； （2）会计师事务所的收入过分依赖某一客户； （3）鉴证业务项目组成员与鉴证客户存在重要且密切的商业关系； （4）会计师事务所担心可能失去某一重要客户； （5）审计项目组成员正与审计客户协商受雇于该客户； （6）会计师事务所与客户鉴证业务达成或有收费的协议； （7）注册会计师在评价其所在会计师事务所的人员以往提供专业服务的结果时，发现了重大错误	（一）会计师事务所层面的防范措施 （1）领导层强调遵循职业道德基本原则的重要性； （2）领导层强调鉴证业务项目组成员应当维护公众利益； （3）制定有关政策和程序，实施项目质量控制，监督业务质量； （4）制定有关政策和程序，识别对职业道德基本原则的不利影响，评价不利影响的严重程度，采取防范措施消除不利影响或将其降低至可接受的水平； （5）制定有关政策和程序，保证遵循职业道德基本原则； （6）制定有关政策和程序，识别会计师事务所或项目组成员与客户之间的利益或关系； （7）制定有关政策和程序，监控对某一客户收费的依赖程度； （8）向鉴证客户提供非鉴证服务时，指派鉴证业务项目组以外的其他合伙人和项目组，并确保鉴证业务项目组和非鉴证业务项目组分别向各自的业务主管报告工作； （9）制定有关政策和程序，防止项目组以外的人员对业务结果施加不当影响； （10）及时向所有合伙人和专业人员传达会计师事务所的政策和程序及其变化情况，并就这些政策和程序进行适当的培训； （11）指定高级管理人员负责监督质量控制系统是否有效运行； （12）向合伙人和专业人员提供鉴证客户及其关联实体的名单，并要求合伙人和专业人员与之保持独立； （13）制定有关政策和程序，鼓励员工就遵循职业道德基本原则方面的问题与领导层沟通； （14）建立惩戒机制，保障相关政策和程序得到遵守。

续表

对职业道德基本原则的不利影响	对职业道德基本原则产生不利影响的具体情形	防范措施
自身利益		（二）具体业务层面的防范措施 （1）对已执行的非鉴证业务，由未参与该业务的注册会计师进行复核，或在必要时提供建议； （2）对已执行的鉴证业务，由鉴证业务项目组以外的注册会计师进行复核，或在必要时提供建议； （3）向客户审计委员会、监管机构或注册会计师协会咨询； （4）与客户治理层讨论有关的职业道德问题； （5）向客户治理层说明提供服务的性质和收费的范围； （6）由其他会计师事务所执行或重新执行部分业务； （7）轮换鉴证业务项目组合伙人和高级员工
自我评价	（1）会计师事务所在对客户提供财务系统的设计或操作服务后，又对系统的运行有效性出具鉴证报告； （2）会计师事务所为客户编制原始数据，这些数据构成鉴证业务的对象； （3）鉴证业务项目组成员担任或最近曾经担任客户的董事或高级管理人员； （4）鉴证业务项目组成员目前或最近曾受雇于客户，并且所处职位能够对鉴证对象施加重大影响； （5）会计师事务所为鉴证客户提供直接影响鉴证对象信息的其他服务	
过度推介	（1）会计师事务所推介审计客户的股份； （2）在鉴证客户与第三方发生诉讼或纠纷时，注册会计师担任该客户的辩护人	
密切关系	（1）项目组成员的近亲属担任客户的董事或高级管理人员； （2）项目组成员的近亲属是客户的员工，其所处职位能够对业务对象施加重大影响； （3）客户的董事、高级管理人员或所处职位能够对业务对象施加重大影响的员工，最近曾担任会计师事务所的项目合伙人； （4）注册会计师接受客户的礼品或款待； （5）会计师事务所的合伙人或高级员工与鉴证客户存在长期业务关系	
外在压力	（1）会计师事务所受到客户解除业务关系的不利影响； （2）审计客户表示，如果会计师事务所不同意对某项交易的会计处理，则不再委托其承办拟议中的非鉴证业务； （3）客户威胁将起诉会计师事务所； （4）会计师事务所受到降低收费的影响而不恰当地缩小工作范围； （5）由于客户员工对所讨论的事项更具有专长，注册会计师面临服从其判断的压力； （6）会计师事务所合伙人告知注册会计师，除非同意审计客户不恰当的会计处理，否则将影响晋升	

三、道德冲突的解决

注册会计师应当确定采取适当的措施，并权衡各种可能采取的措施产生的后果。如果问题仍无法解决，则注册会计师应当向会计师事务所或工作单位内部的适当人员进行咨询，寻求帮助解决问题。如果道德问题涉及注册会计师与某一组织的冲突或是组织内部的冲突，则注册会计师还应当确定是否向该组织的治理层（如董事会）咨询。

如果某项重大冲突未能解决，注册会计师可以考虑向相关职业团体或法律顾问获取专业建议。如果以不提及相关方的方式与相关职业团体讨论所涉事项，或在法律特权保护下与法律顾问讨论所涉事项，则注册会计师通常能够在不违反保密原则的条件下获得解决道德问题的指导。在考虑所有相关可能措施后，如果道德冲突仍未解决，则注册会计师应当在可能的情况下拒绝继续与产生冲突的事项发生关联。注册会计师可视情况确定是否解除业务约定或退出某项特定任务，或完全退出该项业务，或向所在会计师事务所或者工作单位辞职。

第三节 注册会计师对职业道德概念框架的具体运用

一、专业服务

专业服务的具体情况及防范措施如表 3-2 所示。

表 3-2　　　　　　　　　　　专业服务的具体情况及防范措施

具体情况	防范措施
（一）接受客户关系 在接受客户关系前，注册会计师应当考虑客户的主要股东、关键管理人员和治理层是否诚信，以及客户是否涉足非法活动（如洗钱）或存在可疑的财务报告问题等	主要防范措施如下。 （1）对客户及其主要股东、关键管理人员、治理层和负责经营活动的人员进行了解； （2）要求客户承诺完善公司治理结构或内部控制
（二）承接业务 注册会计师应当遵循专业胜任能力和应有的关注原则，仅向客户提供能够胜任的专业服务。如果项目组不具备或不能获得执行业务所必需的胜任能力，则注册会计师应当评价不利影响的严重程度，并在必要时采取防范措施消除不利影响或将其降低至可接受的水平	主要防范措施如下。 （1）了解客户的业务性质、经营的复杂程度，以及所在行业的情况； （2）了解专业服务的具体要求和业务对象，以及注册会计师拟执行工作的目的、性质和范围； （3）了解相关监管要求或报告要求； （4）分派足够的具有胜任能力的员工； （5）必要时利用专家的工作； （6）就执行业务的时间安排与客户达成一致意见； （7）遵守质量控制政策和程序，以合理保证仅承接能够胜任的业务
（三）客户变更委托 如果应客户要求或考虑以投标方式接替前任注册会计师，注册会计师应当从专业角度或其他方面确定应否承接该业务。由于客户变更委托的表面理由可能并未完全反映事实真相，根据业务性质，注册会计师可能需要与前任注册会计师直接沟通，核实与变更委托相关的事实和情况，以确定是否适宜承接该业务。 注意： 注册会计师可能应客户要求在前任注册会计师工作的基础上提供进一步的服务。如果缺乏完整的信息，可能对专业胜任能力和应有的关注原则产生不利影响	主要防范措施如下。 （1）当应邀投标时，在投标书中说明，在承接业务前需要与前任注册会计师沟通，以了解是否存在不应接受委托的理由； （2）要求前任注册会计师提供已知悉的相关事实或情况，即前任注册会计师认为，后任注册会计师在做承接业务的决定前，需要了解的事实或情况； （3）从其他渠道获取必要的信息。 注意： 采取的防范措施主要包括将拟承担的工作告知前任注册会计师，提请其提供相关信息，以便恰当地完成该项工作。在与前任注册会计师沟通时应遵循相关准则

二、利益冲突

产生利益冲突的具体情况和防范措施如表 3-3 所示。

表 3-3　　　　　　　　　　　产生利益冲突的具体情况和防范措施

具体情况	防范措施
注册会计师与客户存在直接竞争关系，或与客户的主要竞争者存在合资或类似关系，可能对客观和公正原则产生不利影响 注册会计师为两个以上客户提供服务，而这些客户之间存在利益冲突或者对某一事项或交易存在争议，可能对客观和公正原则或保密原则产生不利影响	注册会计师应当根据可能产生利益冲突的具体情形，采取下列防范措施。 （1）如果会计师事务所的商业利益或业务活动可能与客户存在利益冲突，注册会计师应当告知客户，并在征得其同意的情况下执行业务； （2）如果为存在利益冲突的两个以上客户服务，注册会计师应当告知所有已知相关方，并在征得他们同意的情况下执行业务；

续表

具体情况	防范措施
	（3）如果为某一特定行业或领域中的两个以上客户提供服务，注册会计师应当告知客户，并在征得他们同意的情况下执行业务。 除采取上述防范措施外，注册会计师还应当采取下列一种或多种防范措施。 （1）分派不同的项目组为相关客户提供服务； （2）实施必要的保密程序，防止未经授权接触信息； （3）向项目组成员提供有关安全和保密问题的指引； （4）要求会计师事务所的合伙人和员工签订保密协议； （5）由未参与执行相关业务的高级员工定期复核防范措施的执行情况

三、应客户的要求提供第二次意见

应客户要求提供第二次意见产生的不利影响和防范措施如表 3-4 所示。

表 3-4　　　　　　　　应客户要求提供第二次意见产生的不利影响和防范措施

不利影响	防范措施
在某客户运用会计准则对特定交易和事项进行处理，且已由前任注册会计师发表意见的情况下，如果注册会计师应客户的要求提供第二次意见，可能对职业道德基本原则产生不利影响。 注意： 如果第二次意见不是以前任注册会计师所获得的相同事实为基础，或依据的证据不充分，可能对专业胜任能力和应有的关注原则产生不利影响	主要防范措施如下。 （1）征得客户同意与前任注册会计师沟通； （2）在与客户沟通中说明注册会计师发表专业意见的局限性； （3）向前任注册会计师提供第二次意见的副本。 注意： 如果客户不允许与前任注册会计师沟通，注册会计师应当在考虑所有情况后决定是否适宜提供第二次意见

四、收费

收费是否对职业道德基本原则产生不利影响，取决于收费报价水平和所提供的相应服务。注册会计师应当评价不利影响的严重程度，并在必要时采取防范措施消除不利影响或将其降至可接受的水平。防范措施主要包括让客户了解业务约定条款，特别是确定收费的基础及在收费报价内所能提供的服务，安排恰当的时间和具有胜任能力的员工执行任务。

在承接业务时，如果收费报价过低，可能导致难以按照执业准则和相关职业道德要求的要求执行业务，从而对专业胜任能力和应有的关注原则产生不利影响。

注意

第一，如果收费报价明显低于前任注册会计师或其他会计师事务所的相应报价，会计师事务所应当确保在提供专业服务时，遵守执业准则和相关职业道德要求的要求，使工作质量不受损害并使客户了解专业服务的范围和收费基础。

第二，除法律法规允许外，注册会计师不得以或有收费方式提供鉴证服务，收费与否或收费多少不得以鉴证工作结果或实现特定目的为条件。

主要防范措施如下。

（1）预先就收费的基础与客户达成书面协议。

（2）向预期的报告使用者披露注册会计师所执行的工作及收费的基础。

（3）实施质量控制政策和程序。

（4）由独立第三方复核注册会计师已执行的工作。

第三，注册会计师收取与客户相关的介绍费或佣金，可能对客观和公正原则及专业胜任能力和应有的关注原则产生非常严重的不利影响，导致没有防范措施能够消除不利影响或将其降低至可接受的水平。

五、专业服务营销

注册会计师通过广告或其他营销方式招揽业务，可能对职业道德基本原则产生不利影响。在向公众传递信息时，注册会计师应当维护职业声誉，做到客观、真实、得体。

注册会计师在营销专业服务时，不得有下列行为。

（1）夸大宣传提供的服务、拥有的资质或获得的经验。

（2）贬低或无根据地比较其他注册会计师的工作。

（3）暗示有能力影响有关主管部门、监管机构或类似机构。

（4）发出其他欺骗性的或可能导致误解的声明。

注册会计师不得采用强迫、欺诈、利诱或骚扰等方式招揽业务。注册会计师不得对其能力进行广告宣传以招揽业务，但可以利用媒体刊登设立、合并、分立、解散、迁址、名称变更和招聘员工等信息。

【例3-1】某报纸刊登一家会计师事务所的开业启事，其中的部分内容为："本所是在国家工商行政管理局登记注册的全国第一家中外合作会计师事务所，值此开业之际，向多年来与我所合作并给予支持的国内外各界朋友致以深切的谢意，并愿继续为各界人士提供会计、审计、企业咨询、税务等方面世界一流的专业服务。"

请问，这则开业启事是否有悖于会计师事务所的职业道德要求？为什么？

六、礼品和款待

注册会计师不得向客户索取、收受委托合同约定以外的酬金或其他财物，或者利用执行业务之便，谋取其他不正当的利益。

如果款待超出业务活动中的正常往来，则注册会计师应当拒绝接受。

七、保管客户资产

除非法律法规允许或要求，注册会计师不得提供保管客户资金或其他资产的服务。注册会计师保管客户资金或其他资产，应当履行相应的法定义务。

注册会计师如果保管客户资金或其他资产，应当符合下列要求。

（1）将客户资金或其他资产与其个人或会计师事务所的资产分开。

（2）仅按照预定用途使用客户资金或其他资产。

（3）随时准备向相关人员报告资产状况及产生的收入、红利或利得。

（4）遵守所有与保管资产和履行报告义务相关的法律法规。

⏰ **注意**

如果某项业务涉及保管客户资金或其他资产，则注册会计师应当根据有关接受与保持客户关系和具体业务政策的要求，适当询问资产的来源，并考虑应当履行的法定义务。

八、对客观和公正原则的要求

在提供专业服务时，注册会计师如果在客户中拥有经济利益，或者与客户董事、高级管理人员或员工存在家庭和私人关系或商业关系，应当确定是否对客观和公正原则产生不利影响。

主要防范措施如下。

（1）退出项目组。

（2）实施督导程序。

（3）终止产生不利影响的经济利益或商业关系。

（4）与会计师事务所内部较高级别的管理人员讨论有关事项。

（5）与客户治理层讨论有关事项。

如果防范措施不能消除不利影响或将其降低至可接受的水平，则注册会计师应当拒绝接受业务委托或终止业务。

第四节 注册会计师的法律责任

一、产生注册会计师法律责任的社会原因

从目前看，注册会计师涉及法律诉讼的数量和金额都呈上升趋势，究其社会原因，可归纳如下。

（一）审计期望差距的存在是注册会计师法律责任产生的社会因素

审计期望差距指的是社会公众对审计应起作用的理解与注册会计师行为结果及审计职业界自身对审计业绩的看法之间的差异。这种双方在目标上存在的差距，常常使注册会计师卷入不愉快的责任诉讼纠纷。社会公众的过高期望和注册会计师审计能力之间的差距是导致注册会计师法律责任增加的社会原因。

（二）审计组织的经济压力是注册会计师法律责任产生的经济因素

注册会计师组织一方面要履行社会鉴证和经济监督的职责，另一方面又必须同服务对象进行合作，寻求一定的经济利益，以满足自身的生存和发展需要。在我国，由于审计收费不规范，个别会计师事务所为了招揽业务，压低收费，甚至不惜血本相互杀价，导致注册会计师不得不降低审计成本，降低服务质量，或者片面追求创收而迎合被审计单位的不合法要求，这成为注册会计师承担法律责任的又一因素。

（三）内部控制审计模式的内在局限是注册会计师法律责任产生的技术因素

现代审计是以评价被审计单位内部控制制度为基础的抽样审计。由于内部控制的固有限制，并不能保证将所有的错误事项都揭示出来。例如，管理当局的蓄意舞弊、公司高级管理人员的内部勾结及非常规业务的发生等，都会导致以内控评价为基础的抽样审计模式的失败。同时，从主观因素上讲，这种模式要求注册会计师的判断贯彻始终。而判断能力的强弱不仅需要拥有所需的各种专业知识，还需要有实务能力和丰富经验。所以内部控制审计模式本身存在的局限，是在技术上导致注册会计师审计失败甚至需要承担法律责任的又一因素。

（四）审计风险的增加是注册会计师法律责任产生的风险因素

随着经济环境的日益复杂，各种经济组织之间的交易类型、交易工具都在不断变化。例如，破产、兼并收购、关联方交易、或有事项等业务的发生，衍生金融工具等交易工具的不断发展变化。另外，企业规模的扩大、运作的复杂及电子通信技术的广泛应用，一方面使企业经营风险增加，企业的偿债能力变化莫测，企业破产的可能性及投资人遭受意外损失的可能性增加。另一方面，注册会计师的业务在范围不断扩大的过程中日趋复杂，而会计准则和审计准则可能滞后，所以审计风险

不断提高，注册会计师的法律责任日益沉重。

（五）社会公众的自我保护意识及法院的判例示范是注册会计师法律责任产生的法律因素

随着法制化教育的广泛普及，社会公众的法律意识逐步强化，日益注重用法律手段来解决利益冲突和纠纷。而法院可能在某段时期出现明显倾向于保护投资者利益的趋势，法院判例又具有示范作用，这就会鼓励原告对注册会计师追加诉讼。

（六）某些注册会计师素质低下是注册会计师法律责任产生的道德因素

某些审计人员在指导思想上存在片面追求收入、怕失去客户的错误认识，弄虚作假，谋取利益；还有的审计人员缺乏应有的敬业精神，不遵循必要的工作程序和质量，以致对比较明显的错误问题，也未及时向被审计单位指出或予以揭露。

二、注册会计师法律责任的构成

注册会计师在审计过程中，应始终保持独立、客观、公正，不可玩忽职守。一般来说，会计师事务所负责人对审计报告的结论及审计工作的组织负有直接责任，会计师事务所主要工作人员及所有现场审计工作人员也对自己的工作负有直接责任。注册会计师只要严格遵守专业标准的要求，保持职业上应有的认真和谨慎，并通过实施必要的审计程序，是可以将财务报表中存在的重大错误、舞弊和违法行为检查出来的。由于审计测试及被审计单位内部控制的固有限制，不能苛求注册会计师发现和披露财务报表中所有的错报和遗漏。但是，如果注册会计师未能查出财务报表的所有错报和遗漏，并不意味着注册会计师没有任何责任，关键是看注册会计师本身是否有过失、过失是否重大、是否有欺骗动机等。如果由于注册会计师方面的原因给被审计单位或第三者造成损失，注册会计师将承担违约、过失、欺诈等法律责任。

（一）违约

违约是指合同的一方或几方未能达到合同条款的要求。当注册会计师违约并给他人造成损失时，如注册会计师违反了与委托单位签订的保密协议，应负违约责任。

（二）过失

过失是指在一定条件下，缺少应有的合理谨慎。判断注册会计师是否有过失，是以其他合格注册会计师在相同条件下可做到的谨慎为标准的。当过失给他人造成损害时，注册会计师应负过失责任。通常过失按其严重程度分为普通过失和重大过失。

1. 普通过失

普通过失，是指没有完全遵循专业准则或没有按专业准则的主要要求执行审计。例如，注册会计师在对财务报表进行审计时，虽然对有关存货进行监盘，但抽点的数量不够，导致审计结论错误。

2. 重大过失

重大过失，是指根本没有遵循专业准则或没有按专业准则的基本要求执行审计。例如，注册会计师在对财务报表进行审计时，未对有关存货进行监盘，导致审计结论错误。

（三）欺诈

欺诈是以欺骗或坑害他人为目的的一种故意错误。欺诈的重要特征为作案具有不良动机。这也是欺诈与过失的主要区别之一。对于注册会计师而言，欺诈就是为了达到欺骗他人的目的，明知客户的财务报表有重大错误，却出具无保留意见审计报告。如明知客户严重损害他人利益，却为牟取私利，违反注册会计师职业道德，对客户的不法行为事实加以掩饰、缩小甚至完全篡改，使其他人利益受到损失。

注册会计师因违约、过失、欺诈给被审计单位或第三者造成损失的，按照有关法律和规定，可被判负行政责任、民事责任或刑事责任，三种责任可单处也可并处。

三、相关司法解释

（一）关于利害关系人、执业准则和不实报告的规定

利害关系人的定义：因合理信赖或者使用会计师事务所出具的不实报告，与被审计单位进行交易或者从事与被审计单位的股票、债券等有关的交易活动而遭受损失的自然人、法人或者其他组织，应认定为注册会计师法规定的利害关系人。

执业准则的法律地位：《最高人民法院关于审理涉及会计师事务所在审计业务活动中民事侵权赔偿案件的若干规定》（以下简称《司法解释》〔2007〕12号）第二条第二款、第四条第二款、第六条和第七条等明确将执业准则纳入法律程序范畴，将会计师事务所是否遵循了注册会计师执业准则的要求作为判断其有无故意和过失的重要依据。

不实报告的定义：会计师事务所违反法律法规、中国注册会计师协会依法拟定并经国务院财政部门批准后施行的执业准则和规则及诚信公允的原则，出具的具有虚假记载、误导性陈述或者重大遗漏的审计业务报告，应认定为不实报告。

（二）关于诉讼当事人的列置的规定

（1）利害关系人未对被审计单位提起诉讼而直接对会计师事务所提起诉讼的，人民法院应当告知其对会计师事务所和被审计单位一并提起诉讼；利害关系人拒不起诉被审计单位的，人民法院应当通知被审计单位作为共同被告参加诉讼。

（2）利害关系人对会计师事务所的分支机构提起诉讼的，人民法院可以将该会计师事务所列为共同被告参加诉讼。

（3）利害关系人提出被审计单位的出资人虚假出资或者出资不实、抽逃出资，且事后未补足的，人民法院可以将该出资人列为第三人参加诉讼。

（三）关于归责原则和举证分配的规定

会计师事务所因在审计业务活动中对外出具不实报告给利害关系人造成损失的，应当承担侵权赔偿责任，但其能够证明自己没有过错的除外。

会计师事务所在证明自己没有过错时，可以向人民法院提交与该案件相关的执业准则及审计工作底稿等。

（四）会计师事务所的连带责任和补充责任

（1）《司法解释》（〔2007〕12号）第五条规定了事务所在故意情况下，应当与被审计单位承担连带赔偿责任，第六条和第十条规定了事务所在过失情况下，根据过失大小承担补充责任。

（2）注册会计师在审计业务活动中存在下列情形之一，出具不实报告并给利害关系人造成损失的，应当认定会计师事务所与被审计单位承担连带责任。

① 与被审计单位恶意串通。

② 明知被审计单位对重要事项的财务会计处理与国家有关规定相抵触，而不予指明。

③ 明知被审计单位的财务会计处理会直接损害利害关系人的利益，而予以隐瞒或者作不实报告。

④ 明知被审计单位的财务会计处理会导致利害关系人产生重大误解，而不予指明。

⑤ 明知被审计单位的会计报表的重要事项有不实的内容，而不予指明。

⑥ 被审计单位示意其作不实报告，而不予拒绝。

对被审计单位有上述②至⑤项所列行为，注册会计师按照执业准则、规则应当知道的，人民法

院应认定其明知。

（五）关于过失责任和过失认定标准的规定

会计师事务所在审计业务活动中因过失出具不实报告，并给利害关系人造成损失的，人民法院应当根据其过失大小确定其赔偿责任。

注册会计师在审计过程中未保持必要的职业谨慎，存在下列情形之一，并导致报告不实的，人民法院应当认定会计师事务所存在过失。

（1）违反《注册会计师法》第二十条第（二）项、第（三）项的规定。

（2）负责审计的注册会计师以低于行业一般成员应具备的专业水准执业。

（3）制订的审计计划存在明显疏漏。

（4）未依据执业准则、规则执行必要的审计程序。

（5）在发现可能存在错误和舞弊的迹象时，未能追加必要的审计程序予以证实或者排除。

（6）未能合理地运用执业准则和规则所要求的重要性原则。

（7）未根据审计的要求采用必要的调查方法获取充分的审计证据。

（8）明知对总体结论有重大影响的特定审计对象缺少判断能力，未能寻求专家意见而直接形成审计结论。

（9）错误判断和评价审计证据。

（10）其他违反执业准则、规则确定的工作程序的行为。

对于注册会计师侵权责任的法律构成要件，采纳"四要件说"，即存在不实报告、注册会计师的过失、利害关系人遭受了损失、会计师事务所的过失与损害事实之间的因果关系。

（六）事务所免除责任的事由

会计师事务所能够证明存在以下情形之一的，不承担民事赔偿责任。

（1）已经遵守执业准则、规则确定的工作程序并保持必要的职业谨慎，但仍未能发现被审计单位的会计资料错误；

（2）审计业务所必须依赖的金融机构等单位提供虚假或者不实的证明文件，会计师事务所在保持必要的职业谨慎下仍未能发现其虚假或者不实；

（3）已对被审计单位的舞弊迹象提出警告并在审计业务报告中予以指明；

（4）已经遵照验资程序进行审核并出具报告，但被验资单位在注册登记后抽逃资金；

（5）为登记时未出资或者未足额出资的出资人出具不实报告，但出资人在登记后已补足出资。

《司法解释》（〔2007〕12号）在会计师事务所侵权责任认定方面采取过错推定归责原则和举证责任倒置证明责任分配模式，意味着会计师事务所并非在任何时候都承担责任。根据《司法解释》（〔2007〕12号），在会计师事务所可以提出抗辩且能够证明事由成立的情况下，会计师事务所可以不承担民事赔偿责任。

（七）关于减责事由的规定

利害关系人明知会计师事务所出具的报告为不实报告而仍然使用的，人民法院应当酌情减轻会计师事务所的赔偿责任。

（八）关于无效的免责条款的规定

会计师事务所在报告中注明"本报告仅供年检使用""本报告仅供工商登记使用"等类似内容的，不能作为其免责的事由。

（九）关于赔偿顺位和最高限额的规定

确定会计师事务所承担与其过失程度相应的赔偿责任时，应按照下列情形处理。

（1）应先由被审计单位赔偿利害关系人的损失。

（2）被审计单位的出资人虚假出资、不实出资或者抽逃出资，事后未补足，且依法强制执行被审计单位财产后仍不足以赔偿损失的，出资人应在虚假出资、不实出资或者抽逃出资数额范围内向利害关系人承担补充赔偿责任。

（3）对被审计单位、出资人的财产依法强制执行后仍不足以赔偿损失的，由会计师事务所在其不实审计金额范围内承担相应的赔偿责任。

（4）会计师事务所对一个或者多个利害关系人承担的赔偿责任应以不实审计金额为限。

（十）关于会计师事务所与分所的连带责任的规定

《司法解释》（〔2007〕12 号）第十一条规定：会计师事务所与其分支机构作为共同被告的，会计师事务所对其分支机构的责任部分承担连带赔偿责任。

（十一）关于禁止擅自追加被执行人的规定

《司法解释》（〔2007〕12 号）规定：本司法解释所涉会计师事务所侵权赔偿纠纷未经审判，人民法院不得将会计师事务所追加为被执行人。

读者应重点理解注册会计师侵权责任的条件，存在不实报告、注册会计师的过失、利害关系人遭受了损失、会计师事务所的过失与损害事实之间的因果关系。

四、注册会计师避免法律诉讼的措施

我国的注册会计师行业处于发展的初级阶段，随着市场经济的不断发展，法制化的不断完善，注册会计师面临着因社会、经济、技术、风险和道德等各种因素产生的法律责任。要避免或减少法律责任，相关人员或单位就要做到以下几点。

（一）严格遵循职业道德与独立审计准则的要求

判别注册会计师是否有责任，取决于注册会计师本身是否有过失、过失是否重大、是否有欺骗动机等。而这一切的关键是注册会计师是否严格遵守独立审计准则与职业道德的要求。一般情况下，注册会计师严格遵守各项执业标准，执业时保持认真与谨慎，就不会发生过失，至少不会发生重大过失。因此，保持良好的职业道德，严格遵守审计执业规范，对于保护注册会计师有重要的意义。

（二）建立健全会计师事务所质量控制制度

管理会计师事务所不同于一般的企业，很可能会因一个人或一个部门的过失导致整个会计师事务所无法继续生存。这就需要建立一套健全的内部质量控制制度，加强会计师事务所的管理，减少风险。另外，很多审计项目需要会计师事务所招收经验不足的助理人员参加，由此会计师事务所要承担相应的风险。所以，会计师事务所要设定严格的招收条件，并对助理人员进行必要的培训，加强他们的职业道德观念，同时在工作中进行必要的监督与指导。

（三）谨慎选择被审计单位，深入了解被审计单位的业务

国内外发生的注册会计师诉讼案表明，要避免法律诉讼的风险，一定要谨慎选择被审计单位。如果被审计单位一贯对内、对外不讲信誉，则其也势必会蒙骗注册会计师，日后引发法律诉讼的风险就会增加。因此，注册会计师要了解被审计单位的品行，了解他们委托审计的真正目的。

注册会计师执行审计任务时，为避免差错，还要尽可能多地与被审计单位沟通和交流，深入了解其生产经营情况、所在行业情况，尤其对于执行特殊审计任务或陷入财务困境的委托户更要特别注意，这些客户往往是涉及注册会计师诉讼案的"多发地段"。如果感到风险较大，宁可不接受委托。

（四）与委托人签订业务约定书

根据《注册会计师法》第十六条，注册会计师承办业务时，会计师事务所应与委托人签订委托

合同（即业务约定书）。业务约定书具有法律效力，它是确定注册会计师与委托人责任的重要法律文书。会计师事务所不论承接何种业务，都要按业务约定书准则的要求与委托人签订约定书，明确双方的责权利，以减少发生法律诉讼时的冲突。

（五）提取风险基金或购买责任保险

西方国家注册会计师的责任保险为会计师事务所提供了一定的保障，减少了会计师事务所败诉时的损失。我国《注册会计师法》第二十八条也规定，会计师事务所按照国务院财政部门的规定建立职业风险基金，办理职业保险。

（六）聘请熟悉注册会计师法律责任的律师

会计师事务所应尽可能地聘请熟悉相关法规及注册会计师法律责任的律师做法律顾问。在执业过程中如遇重大法律责任问题，注册会计师应随时与法律顾问沟通，仔细分析可能存在的风险，听从法律顾问的建议。一旦发生法律诉讼，会计师事务所也应聘请有经验的律师参与诉讼。

精选案例

长城公司审计案

北京长城机电产业公司（以下简称"长城公司"）以推广节能电机为由，利用签订所谓"技术开发合同"的方式，在半年多的时间里，非法集资十多亿元。中国人民银行等有关部门察觉其所作所为，发出通报，要求该公司立即停止其集资活动并退还集资款。但长城公司置若罔闻，非但不执行通报的要求，反而向法院起诉，状告中国人民银行，同时寻找注册会计师为其资信情况出具审验报告。该公司副总裁王某在朋友的介绍下，与中诚会计师事务所二分所（以下简称"二分所"）取得联系，谎称为了在深圳和香港等地进行集资需要资信证明。于是，二分所派审计人员耿某和刘某去长城公司实地了解情况。两人仅在长城公司转了一圈，随后吃了午饭，拿了小礼品，与该公司约定第二天办理验资手续，便匆匆结束了此次实地调查。

第二天上午，耿某和刘某来到了长城公司，首先与该公司财务经理签订协议书，确定业务内容为验资。但公司总经理提出当天出具报告，理由是公司明后天开董事会要用。于是，耿某和刘某便根据长城公司提供的账表开始工作。中午到烤鸭店吃饭至下午一点多，两人继续工作一会儿后，刘某便开始起草报告，草稿经过长城公司总经理看后即交付打印。这两名审计人员待报告打印、校对完毕后，于下午七点多由长城公司派车送回家，每人获得加班、夜餐费100元。

第三天上午，二分所在100份打印完毕的验资报告上加盖了注册会计师名章和中诚会计师事务所公章后，收取验资费用10万元。该验资报告被长城公司广为散发，对于向长城公司索退集资款的投资者起到了搪塞、欺骗的作用，给国家金融管理带来了不好的影响，造成了严重的后果。

分析：注册会计师的独立性是如何丧失的？会计师事务所应如何加强质量控制工作？

重要概念

职业道德（Professional Ethics）　　　　法律责任（Legal Responsibility）

思考与练习

一、单选题

1. 下列有关职业道德基本原则的表述中，不正确的是（　　　）。

A. 无论是执业会员还是非执业会员均应遵循诚信原则的要求

  B. 注册会计师只要执行业务就必须遵守独立性原则

  C. 客观原则要求会员不应因偏见、利益冲突及他人的不当影响而损害职业判断

  D. 在推荐自身和工作时，注册会计师不应对其能够提供的服务、拥有的资质及积累的经验进行夸大宣传

2. 下列各项关于职业道德的表述中，不正确的是（　　）。

  A. 注册会计师应当在维护社会公众利益的前提下，竭诚为客户提供服务

  B. 注册会计师应当维护职业形象，不得有可能损害职业形象的行为

  C. 注册会计师在任何情况下，应对执业过程中获知的客户信息保密

  D. 会计师事务所、注册会计师不得出借本所和本人的名义

3. 注册会计师在对 ABC 股份有限公司 2007 年度财务报表进行审计时，按照审计准则要求对有关应收账款进行了函证，并实施了其他必要的审计程序，但最终仍有应收账款的重大错报未能查出。你认为下列对注册会计师责任界定得正确的是（　　）。

  A. 没有过失　　　B. 普通过失　　　C. 重大过失　　　D. 欺诈

二、多选题

1. 下列各项描述中，属于对职业道德基本原则产生不利影响的有（　　）。

  A. 审计项目组成员与审计客户进行雇佣协商

  B. 会计师事务所的审计客户甲股份有限公司被 A 公司起诉，事务所的所长王某担任甲股份有限公司的辩护人

  C. 项目组成员张某是审计客户现金出纳的大学校友

  D. 由于对某企业集团财务报表审计的收费大幅降低，事务所决定对集团内组成部分或子公司只选取 10%进行审计

2. 下列有关涉及职业道德的表述中，恰当的有（　　）。

  A. 如果客户涉足非法活动，就有可能对注册会计师的诚信或职业行为构成潜在威胁

  B. 如果注册会计师在缺乏专业胜任能力的情况下提供了专业服务，就构成了一种欺诈

  C. 注册会计师不应为存在利益冲突的两个或多个客户提供服务

  D. 如果注册会计师为存在竞争的不同客户提供服务，注册会计师应当告知客户这一情况，并获得客户同意以在此情况下执行业务

3. 如果被审计单位要求注册会计师提供第二次意见，为了防范对职业道德的威胁，应采取的措施有（　　）。

  A. 征得客户同意，与现任注册会计师进行沟通

  B. 与客户以书面方式预先约定确定报酬的基础

  C. 在与客户的沟通函件中阐述注册会计师意见的局限性

  D. 向现任注册会计师提供第二次意见的复印件

三、判断题

A 会计师事务所对甲股份有限公司 2007 年度财务报表进行审计后于 2008 年 2 月 20 日出具了标准无保留意见的审计报告，同日甲股份有限公司对外披露了财务报表和审计报告。其后，有人披露该公司财务报表中的营业收入有严重虚构问题，经监管机构调查，问题属实。请根据相关司法解释判断下列说法是否正确。

（1）甲股份有限公司的股东决定只对 A 会计师事务所提起诉讼。（　　）

（2）A 会计师事务所提出的抗辩理由是：甲股份有限公司的收入虚构系其舞弊导致，而且会计师事务

所已在收入和应收账款的审计工作底稿中予以记录，因此，不存在过失，不应承担民事赔偿责任。(　　)

四、思考题

1. 注册会计师职业道德的含义及其重要意义是什么？
2. 中国注册会计师相关职业道德要求包括的主要内容有哪些？
3. 注册会计师法律责任的主要成因是什么？
4. 注册会计师如何避免法律诉讼？

五、案例分析题

1. 注册会计师王某在审计 A 公司年度财务报表时，发现一张装修发票上的金额与原合同规定金额有出入，发票比合同金额少了 50 000 元。A 公司接到发票后未曾发现与合同有误，并将款项付讫。以后，执行该装修业务的 B 公司亦未继续来讨账。

要求：假定今后 B 公司也聘请王某审核他们的财务报表，王某能否利用他掌握 A 公司的审计资料，建议 B 公司去 A 公司催讨这一差额款？

2. ABC 会计师事务所负责审计甲公司 20×8 年度财务报表，并委派 A 注册会计师担任审计项目组负责人。在审计过程中，审计项目组遇到下列与职业道德有关的事项。

(1) A 注册会计师与甲公司副总经理 H 同为京剧社票友，经 H 介绍，A 注册会计师从其他企业筹得款项，成功举办个人专场演出。

(2) 审计项目组成员 B 与甲公司基建处处长 I 是战友，I 将甲公司职工集资建房的指标转让给 B，B 按照甲公司职工的付款标准交付了集资款。

(3) 审计项目组成员 C 与甲公司财务经理 J 毕业于同一所财经院校。

(4) 审计项目组成员 D 的朋友于 20×7 年 2 月购买了甲公司发行的公司债券 20 万元。

(5) ABC 会计师事务所原行政部经理 E 于 20×5 年 10 月离开事务所，担任甲公司办公室主任。

(6) 甲公司系乙上市公司的子公司。20×8 年年末，审计项目组成员 F 拥有乙上市公司 300 股流通股股票，该股票每股市值为 12 元。

要求：针对上述 (1) 至 (6) 项，分别指出是否对审计项目组的独立性构成威胁，并简要说明理由。

3. ABC 会计师事务所通过招投标接受委托，负责审计上市公司甲公司 20×8 年度财务报表，并委派 A 注册会计师为审计项目组负责人。在招投标阶段和审计过程中，ABC 会计师事务所遇到下列与职业道德有关的事项。

(1) 应邀投标时，ABC 会计师事务所在其投标书中说明：如果中标，需与前任注册会计师沟通后，才能与甲公司签订审计业务约定书。

(2) 签订审计业务约定书时，ABC 会计师事务所根据有关部门的要求，与甲公司商定按六折收取审计费用，据此，审计项目组计划相应缩小审计范围，并就此事与甲公司治理层达成一致意见。

(3) 签订审计业务约定书后，ABC 会计师事务所发现甲公司与本事务所另一常年审计客户乙公司存在直接竞争关系。ABC 会计师事务所未将这一情况告知甲公司和乙公司。

(4) 审计开始前，应甲公司要求，ABC 会计师事务所指派一名审计项目组以外的员工根据甲公司编制的试算平衡表编制 20×8 年度财务报表。

(5) 审计过程中，适逢甲公司招聘高级管理人员，A 注册会计师应甲公司的要求对可能录用人员的证明文件进行检查，并就是否录用形成书面意见。

(6) 审计过程中，A 注册会计师应甲公司要求协助制定公司财务战略。

要求：针对上述 (1) 至 (6) 项，分别指出 ABC 会计师事务所是否违反中国注册会计师职业道德守则，并简要说明理由。

4. 甲、乙、丙三位出资人共同投资设立丁有限责任公司（以下简称"丁公司"）。甲、乙出资人按照出资协议的约定按期缴纳了出资额，丙出资人通过与银行串通编造虚假的银行进账单，虚构了出资。ABC 会计师事务所的分支机构接受委托对拟设立的丁公司的注册资本进行验资，并委派 A 注册会计师担任项目组负责人。审验过程中，A 注册会计师按照执业准则的要求，实施了检查文件记录、向银行函证等必要的程序，保持了应有的职业谨慎，但未能发现丙出资人的虚假出资情况。A 注册会计师在出具的验资报告中认为，各出资人已全部缴足出资额，并在验资报告的说明段中注明"本报告仅供工商登记使用"。丁公司注册登记半年后，丙出资人补足虚构的出资额。一年后，乙出资人抽逃其全部出资额。两年后，丁公司因资金短缺和经营不善等原因导致资不抵债，无力偿付戊供应商的材料款。戊供应商以 ABC 会计师事务所出具不实验资报告为由，向法院提起民事诉讼，要求 ABC 会计师事务所承担连带赔偿责任。ABC 会计师事务所提出三个抗辩理由，要求免于承担民事责任：一是审验工作乃分支机构所为，与本会计师事务所无关；二是戊供应商与本会计师事务所及分支机构不存在合约关系，因而不是利害关系人；三是验资报告已经注明"仅供工商登记使用"，戊供应商因不当使用验资报告而遭受损失与本会计师事务所无关。

要求：回答下列问题，并简要说明理由。

（1）戊供应商可以对哪些单位或个人提起民事诉讼？

（2）ABC 会计师事务所提供的抗辩理由是否成立？

（3）ABC 会计师事务所是否可以免于承担民事责任？

5. D 注册会计师负责对上市公司丁公司 20×8 年度财务报表进行审计。20×8 年，丁公司管理层通过与银行串通编造虚假的银行进账单和银行对账单，虚构了一笔大额营业收入。D 注册会计师实施了向银行函证等必要审计程序后，认为丁公司 20×8 年度财务报告不存在重大错报，出具了无保留意见审计报告。

在丁公司 20×8 年度已审计财务报告表公布后，股民甲购入了丁公司股票。随后，丁公司财务舞弊案件曝光，并受到证券监管部门的处罚，其股票价格大幅下跌。为此，股民甲向法院起诉 D 注册会计师，要求其赔偿损失。D 注册会计师以其与股民甲未构成合约关系为由，要求免于承担民事责任。

要求：回答下列问题，并简要说明理由。

（1）为了支持诉讼请求，股民甲应当向法院提出哪些理由？

（2）指出 D 注册会计师提出的免责理由是否正确？

（3）在哪些情形下，D 注册会计师可以免于承担民事责任？

会计师事务所业务质量控制 | 第四章

【学习目标】

理解质量控制制度的目标和对业务质量承担的领导责任及相关职业道德要求、客户关系和具体业务的接受与保持、人力资源、业务执行、监控；

掌握注册会计师相关职业道德要求的具体内容、会计师事务所业务质量控制的各要素；

熟练掌握相关职业道德要求、事务所业务质量控制各要素的具体运用方法。

审计准则作为规范注册会计师执行审计业务的权威性标准，对提高注册会计师执业质量、降低审计风险、维护社会公众利益具有重要的作用。执业质量是会计师事务所的生命线，会计师事务所应该按照准则的要求建立自己的质量控制制度。

第一节 质量控制制度的目标和对业务质量承担的领导责任

一、质量控制制度的目标和要素

（一）质量控制制度的目标

《会计师事务所质量控制准则》第 5101 号——业务质量控制（以下简称"质量控制准则"）是旨在规范会计师事务所建立并保持有关财务信息审计和审阅、其他鉴证及相关服务业务的质量控制制度。

会计师事务所应当根据会计师事务所质量控制准则，制定质量控制制度，以合理保证以下内容。

（1）会计师事务所及其人员遵守职业准则和适用的法律法规的规定；

（2）会计师事务所和项目合伙人出具适合具体情况的报告。

注意

第一，质量控制准则适用于注册会计师执行的所有业务。

第二，项目合伙人，是指会计师事务所中负责某项业务及其执行，并代表会计师事务所在出具的报告上签字的合伙人。

（二）质量控制制度的要素

会计师事务所的质量控制制度应当包括针对下列七个要素而制定的政策和程序。

（1）对业务质量承担的领导责任；

（2）相关职业道德要求；

（3）客户关系和具体业务的接受与保持；

（4）人力资源；

（5）业务执行；

（6）业务工作底稿；

（7）监控。

会计师事务所应当将质量控制政策和程序形成书面文件，并传达到全体人员。

二、对业务质量承担的领导责任

（一）对主任会计师的总体要求

会计师事务所应当制定政策和程序，培育以质量为导向的内部文化。这些政策和程序应当要求会计师事务所主任会计师对质量控制制度承担最终责任。

（二）行动示范和信息传达

会计师事务所培育以质量为导向的内部文化，就是要在会计师事务所内形成和传播质量至上的内部文化。

会计师事务所各级管理层应当通过清晰、一致及经常的行动示范和信息传达，强调质量控制政策和程序的重要性以及下列要求。

（1）按照法律法规、相关职业道德要求和业务准则的规定执行工作；

（2）根据具体情况出具恰当的报告。

（三）树立质量至上的意识

会计师事务所的领导层应当树立质量至上的意识。会计师事务所应当通过下列措施实现质量控制的目标。

（1）合理确定管理责任，以避免重商业利益轻业务质量；

（2）建立以质量为导向的业绩评价、薪酬及晋升的政策和程序；

（3）投入足够的资源制定和执行质量控制政策和程序，并形成相关文件记录。

（四）委派质量控制制度运作人员

会计师事务所主任会计师对质量控制制度承担最终责任，为保证质量控制制度的具体运作效果，主任会计师必须委派适当的人员并授予其必要的权限，以帮助主任会计师正确履行其职责。

为此，受会计师事务所主任会计师委派承担质量控制制度运作责任的人员，应当具有足够、适当的经验和能力以及必要的权限以履行其责任。

第二节 | 相关职业道德要求

会计师事务所应当制定政策和程序，以合理保证会计师事务所及其人员遵守相关职业道德要求。会计师事务所及其人员执行任何类型的业务，都应当遵守相关职业道德要求的诚信、独立、客观原则，保持专业胜任能力和应有的关注，并对执业过程中获知的信息保密等。

值得说明的是，执行鉴证业务应当遵守独立性要求。

一、遵守相关职业道德要求的具体措施

会计师事务所制定的政策和程序应当强调遵守相关职业道德要求的重要性，并通过必要的途径予以强化。这些途径如下。

（1）会计师事务所领导层的示范。

（2）教育和培训。

（3）监控。

（4）对违反相关职业道德要求的行为的处理。

二、满足独立性要求

（一）总体要求

会计师事务所应当制定政策和程序，以合理保证会计师事务所及其人员，包括聘用的专家和其他需要满足独立性要求的人员，保持职业道德规范要求的独立性。

（二）具体要求

会计师事务所内部不同层级人员之间相互沟通信息有着重要的作用。为此，会计师事务所制定的政策和程序应当包括如下要求。

（1）项目合伙人向会计师事务所提供与客户委托业务相关的信息，以使会计师事务所能够评价这些信息对保持独立性的总体影响。

（2）会计师事务所人员及时向会计师事务所报告对独立性产生不利影响的情况和关系，以便会计师事务所采取适当行动。

（3）会计师事务所收集相关信息，并向适当人员传达。例如，会计师事务所可以编制并保留禁止本所人员与之有商业关系的客户清单，并将清单信息传达给相关人员，以便其评价独立性。会计师事务所还应将清单的任何变更及时告知会计师事务所人员。

会计师事务所应当及时向适当人员传达收集的相关信息，以帮助其满足独立性要求。

会计师事务所应当制定政策和程序，以合理保证能够获知违反独立性要求的情况，并采取适当行动予以解决。

（三）获取书面确认函

会计师事务所应当每年至少一次向所有受独立性要求约束的人员获取其遵守独立性政策和程序的书面确认函。

当有其他会计师事务所参与执行部分业务时，会计师事务所也可以考虑向其获取有关独立性的书面确认函。

（四）防范关系密切产生的不利影响

长期由同一个高级人员执行某项鉴证业务可能形成的亲密关系对该人员的独立性会产生不利影响。因此，会计师事务所应当制定下列政策和程序，以防范这一情况的出现。

（1）建立适当的标准，以确定是否需要采取防护措施，将由于关系密切产生的不利影响降至可接受的水平；

（2）对所有的上市实体财务报表审计，在规定期限届满时轮换项目合伙人、项目质量控制复核人员，以及受轮换要求约束的其他人员。

会计师事务所在建立适当的标准时，应当考虑下列事项。

（1）鉴证业务的性质，包括涉及公众利益的范围；

（2）高级管理人员提供该项鉴证业务的服务年限。

这里的防护措施包括轮换高级人员或要求进行项目质量控制复核。

由于上市公司财务报表涉及公众利益的范围大，因此，对所有的上市公司财务报表审计，会计师事务所应当按照我国相关法律法规的规定，定期轮换项目合伙人。

第三节 | 客户关系和具体业务的接受与保持

一、总体要求

会计师事务所应当制定有关客户关系和具体业务接受与保持的政策和程序，以合理保证只有在下列情况下，才能接受或保持客户关系和具体业务。

（1）能够胜任该项业务，并具有执行该业务必要的素质、时间和资源；

（2）能够遵守相关职业道德要求；

（3）已考虑客户的诚信，没有信息表明客户缺乏诚信。

⏰ 注意

当在了解被审计单位的过程中已经识别出问题，又决定接受或保持客户关系或具体业务时，会计师事务所应当记录问题如何得到解决。

二、考虑客户的诚信情况

（一）考虑的主要事项

针对有关客户的诚信，会计师事务所应当考虑下列主要事项。

（1）客户主要股东、关键管理人员及治理层的身份和商业信誉；

（2）客户的经营性质（如果行业不景气，舞弊可能性增强）；

（3）客户主要股东、关键管理人员及治理层对内部控制环境和会计准则等的态度；

（4）客户是否过分考虑将会计师事务所的收费维持在尽可能低的水平；

（5）工作范围受到不适当限制的迹象；

（6）客户可能涉嫌洗钱或其他刑事犯罪行为的迹象；

（7）变更会计师事务所的原因；

（8）关联方的名称、特征和商业信誉。

（二）获取相关信息的途径

会计师事务所在评价客户诚信情况时，可以通过下列途径，获取与客户诚信相关的信息。

（1）与为客户提供专业会计服务的现任或前任人员进行沟通，并与其他第三方讨论。

（2）向会计师事务所其他人员、金融机构、法律顾问和客户的同行等第三方询问。询问可以涵盖客户管理层对于遵守法律法规要求的态度。

（3）从相关数据库中搜索客户的背景信息。

如果通过上述途径无法充分获取与客户相关的信息，或这些信息可能显示客户不够诚信，会计师事务所应当评估其对业务风险的影响。如果认为必要，会计师事务所可以考虑利用调查机构对客户的经营情况、管理人员及其他有问题的人员进行背景检查，并评价获取的与客户诚信相关的信息。

会计师事务所对客户诚信的了解程度，通常将随着与该客户关系的持续发展而增加。

三、考虑是否具备执行业务必要的素质、专业胜任能力、时间和资源

会计师事务所在接受新业务前，还必须评价自身的执业能力，不得承接不能胜任和无法完成的业务。

会计师事务所应当考虑下列事项，以评价新业务的特定要求和所有相关级别的现有人员的基本情况。

（1）事务所人员是否熟悉相关行业或业务对象；

（2）事务所人员是否了解相关监管要求或报告要求，或具备有效获取必要技能和知识的能力；

（3）事务所人员是否拥有足够的具有必要胜任能力和素质的人员；

（4）需要时是否能够得到专家的帮助；

（5）如果需要项目质量控制复核，是否具备符合标准和资格要求的项目质量控制复核人员；

（6）事务所人员是否能够在提交报告的最后期限内完成业务。

如果决定接受或保持客户关系和具体业务，会计师事务所应与客户就相关问题达成一致理解，并形成书面业务约定书，将对业务的性质、范围和局限性产生误解的风险降至最低。

四、考虑能否遵守相关职业道德要求

在确定是否接受新业务时，会计师事务所还应当考虑接受该业务是否会导致现实或潜在的利益冲突。

如果识别出潜在的利益冲突，会计师事务所应当考虑接受该业务是否适当。

五、考虑其他事项的影响

（1）在确定是否保持客户关系时，考虑本期或以前业务执行过程中发现的重大事项的影响。必要时，可以考虑终止该客户关系。

（2）考虑接受业务后获知重要信息的影响。会计师事务所在接受业务后可能获知了某项信息，而该信息若在接受业务前获知，可能导致会计师事务所拒绝该项业务。在这种情况下，会计师事务所应当按照规定，制定相应的政策和程序。

会计师事务所针对这种情况制定的政策和程序，应当包括下列内容。

① 适用于该业务环境的职业责任和法律责任，包括是否要求会计师事务所向委托人报告或在某些情况下向监管机构报告；

② 解除该项业务约定，或同时解除该项业务约定及其客户关系的可能性。

（3）解除业务约定或客户关系时的考虑。会计师事务所针对解除业务约定或同时解除业务约定及其客户关系制定的政策和程序应当包括下列要求。

① 与客户适当级别的管理层和治理层讨论会计师事务所根据有关事实和情况可能采取的适当行动；

② 如果确定解除业务约定或同时解除业务约定及其客户关系是适当的，会计师事务所应当就解除的情况及原因，与客户适当级别的管理层和治理层讨论；

③ 考虑是否存在法律法规的规定，要求会计师事务所应当保持现有的客户关系，或向监管机构报告解除的情况及原因；

④ 记录重大事项及其咨询情况、咨询结论和得出结论的依据。

第四节 | 人力资源

一、总体要求

会计师事务所应当制定政策和程序，合理保证拥有足够的具有必要素质和专业胜任能力并遵守相关职业道德要求的人员，以使会计师事务所和项目合伙人能够按照职业准则和适用的法律法规的规定执行业务，并能够出具适合具体情况的报告。

二、人力资源管理的要素

会计师事务所制定的人力资源政策和程序应当解决下列人事问题。

（1）招聘；

（2）业绩评价；

（3）人员素质和专业胜任能力，包括完成所分派任务的时间是否足够；

（4）职业发展；

（5）晋升；

（6）薪酬；

（7）人员需求预测。

解决人员需求预测问题有助于会计师事务所确定完成其业务所需要人员的数量和素质。

三、招聘

招聘是人力资源管理的首要环节，为此，会计师事务所应当制定雇用程序，以选择正直的、通过发展能够具备执行业务所需的必要素质和胜任能力的人员。

四、人员素质、胜任能力和职业发展

会计师事务所应当采取措施确保人员持续保持必要的素质和胜任能力。会计师事务所可以通过下列途径提高人员素质和胜任能力。

（1）职业教育；

（2）职业发展，包括培训；

（3）工作经验；

（4）由经验更丰富的员工提供辅导；

（5）针对受独立性要求约束的人员进行的独立性教育。

会计师事务所应当在人力资源政策和程序中强调对各级别人员进行继续培训的重要性，并提供必要的培训资源和帮助，以使人员能够发展和保持必要的素质和专业胜任能力。

五、业绩评价、工薪和晋升

业绩评价、工薪和晋升是事关每个人员切身利益的重大问题。为此，会计师事务所应当制定业绩评价、工薪及晋升程序，对发展和保持胜任能力并遵守相关职业道德要求的人员给予应有的肯定和奖励。

六、项目组的委派

委派项目组是否得当，直接关系到业务完成的质量。

（一）项目合伙人的委派要求

会计师事务所应当对每项业务委派至少一名项目负责人。会计师事务所应当制定政策和程序，明确下列要求。

（1）将项目合伙人的身份和作用告知客户管理层和治理层的关键成员；

（2）项目合伙人具有履行职责必要的素质、专业胜任能力、权限；

（3）清楚界定项目合伙人的职责，并告知该项目合伙人。

会计师事务所应当根据具体情况委派适当人员担任项目合伙人，并清楚界定和告知项目合伙人的职责，以使其能够发挥对某项业务质量的控制作用。会计师事务所应当制定政策和程序，监控项目合伙人连续服务同一客户的期限及胜任情况。

（二）项目组其他成员的委派要求

会计师事务所应当委派具有必要素质、胜任能力和时间的员工，按照职业准则和适用的法律法规的规定执行业务，以使会计师事务所和项目合伙人能够出具适合具体情况的报告。

会计师事务所应当制定程序，评价员工的素质和专业胜任能力。在委派项目组及确定所需的监督层次时，会计师事务所应当考虑员工具有相关方面的素质和专业胜任能力。

第五节 | 业务执行

业务执行是指会计师事务所委派项目组按照职业准则和适用的法律法规的规定执行业务，使会计师事务所和项目合伙人能够出具适合具体情况的报告。

一、指导、监督与复核

（一）指导的具体要求

（1）使项目组了解工作目标。

（2）提供适当的团队工作和培训。

（二）监督的具体要求

合理有效的监督工作，是提高会计师事务所工作质量，完成各项任务，向客户提供符合质量要求的服务的必要保证。项目负责人对业务的监督内容具体包括下列几个方面的内容。

（1）追踪审计业务进程。要求项目合伙人在业务进行中适时实施必要的监督，以检查各成员是否能够顺利完成业务工作。

（2）考虑项目组各成员的素质和胜任能力，以及是否有足够的时间执行审计工作，是否理解工作指令，是否按照计划的方案执行工作。项目合伙人在考虑这些事项后，可能决定提供进一步的指导，或在各成员之间做适当的工作调整，或要求成员采取补救措施使其执行的工作达到计划方案的要求。

（3）解决在执行业务过程中发现的重大问题，考虑其重要程度并适当修改原计划的方案。

（4）识别在执行业务过程中需要咨询的事项，或需要由经验较丰富的项目组成员考虑的事项。

（三）复核的具体要求

在复核项目组成员已执行的工作时，复核人员应当考虑以下内容。

（1）是否已按照职业准则和适用的法律法规的规定执行业务；

（2）重大事项是否已提请进一步考虑；

（3）相关事项是否已进行适当咨询，由此形成的结论是否得到记录和执行；

（4）是否需要修改已执行工作的性质、时间和范围；

（5）已执行的工作是否支持形成的结论，并得以适当记录；

（6）获取的证据是否充分、适当；

（7）业务程序的目标是否实现。

复核人员应当拥有适当的经验、专业胜任能力和责任感，因此，确定复核人员的原则是由项目组内经验较多的人员复核经验较少的人员执行的工作。

二、咨询

（一）咨询的总体要求

项目组在业务执行中时常会遇到各种各样的疑难问题或者争议事项。当这些问题和事项在项目组内不能得到解决时，有必要向项目组之外的适当人员咨询。因此，会计师事务所应当建立政策和程序，以合理保证以下内容。

（1）就疑难问题或争议事项进行适当咨询；

（2）可获取充分的资源进行适当咨询；

（3）咨询的性质和范围得以记录，经被咨询者认可；

（4）咨询形成的结论得到记录和执行。

咨询包括与会计师事务所内部或外部具有专门知识的人员，在适当专业层次上进行的讨论，以解决疑难问题或争议事项。

（二）咨询的具体要求

（1）形成良好咨询文化。

（2）合理确定咨询事项。

（3）适当确定被咨询者。被咨询者既可以是会计师事务所内部的其他专业人士，在适当情况下，也可以是会计师事务所外部的其他专业人士。但值得注意的是，被咨询者应当具备适当的知识、资历和经验。

（4）充分提供相关事实。项目组在向会计师事务所内部或外部的其他专业人士咨询时，应当提供所有相关事实，以使其能够对咨询的事项提出有见地的意见。

（5）考虑利用外部咨询。

（6）完整记录咨询情况。

项目组就疑难问题或争议事项向其他专业人士咨询所形成的记录，应当经被咨询者认可。

三、意见分歧

会计师事务所应当制定政策和程序，以处理和解决意见分歧。

（一）处理意见分歧的总体要求

会计师事务所处理意见分歧应当符合下列两点要求。

（1）会计师事务所应当制定政策和程序，以处理和解决项目组内部、项目组与被咨询者之间及项目合伙人与项目质量控制复核人员之间的意见分歧；

（2）形成的结论应当得以记录和执行。

会计师事务所应当认识到对业务问题的意见出现分歧是正常现象，只有经过充分的讨论，才有利于意见分歧的解决。会计师事务所应当制定切实可行的政策和程序。例如，向适当的其他执业者、会计师事务所、职业团体或监管机构进行咨询，以解决这些分歧。

（二）对出具报告的影响

只有意见分歧问题得到解决，项目合伙人才能出具报告。

四、项目质量控制复核

（一）项目质量控制复核的总体要求

为了保证特定业务执行的质量，除了需要项目组实施组内复核外，会计师事务所还应当制定政策和程序，要求对特定业务实施项目质量控制复核，并在出具报告前完成项目质量控制复核。

项目质量控制复核，是指会计师事务所挑选不参与该业务的人员，在出具报告前，对项目组做出的重大判断和在准备报告时形成的结论做出客观评价的过程。

对特定业务实施项目质量控制复核，充分体现了分类控制、突出重点的质量控制理念。值得注意的是，项目质量控制复核并不减轻项目合伙人的责任，更不能替代项目合伙人的责任。

（二）项目质量控制复核对象的确定

会计师事务所制定的项目质量控制复核政策和程序应当包括下列要求。

（1）对所有上市公司财务报表审计实施项目质量控制复核；

（2）规定适当的标准，据此评价上市公司财务报表审计以外的历史财务信息审计和审阅、其他鉴证业务及相关服务业务，以确定是否应当实施项目质量控制复核；

（3）对符合适当标准的所有业务实施项目质量控制复核。

在制定用于确定除上市公司财务报表审计以外的其他业务是否需要实施项目质量控制复核的标准时，会计师事务所应当考虑下列事项。

（1）业务的性质，包括涉及公众利益的范围；

（2）在某项业务或某类业务中已识别的异常情况或风险；

（3）法律法规是否要求实施项目质量控制复核。

（三）项目质量控制复核的具体要求

会计师事务所应当制定政策和程序，以规定以下内容。

（1）项目质量控制复核的性质、时间和范围；

（2）项目质量控制复核人员的资格标准；

（3）对项目质量控制复核的记录要求。

（四）项目质量控制复核的性质和方法

会计师事务所应当根据实现项目质量控制复核目标的总体要求，并结合具体情况，合理确定项目质量控制复核的性质。确定复核的性质就是决定采用怎样的方法实施复核。

会计师事务所通常采用的项目质量控制复核方法包括以下几个。

（1）与项目合伙人进行讨论；

（2）复核财务报表或其他业务对象信息及报告，尤其考虑报告是否适当；

（3）选取与项目组做出重大判断及形成结论有关的工作底稿进行复核。

（五）项目质量控制复核的范围

项目质量控制复核的范围取决于业务的复杂程度、客户是否为上市实体和出具不恰当报告的风险。

在对上市公司财务报表审计实施项目质量控制复核时，复核人员应当考虑以下内容。

（1）项目组就具体业务对会计师事务所独立性做出的评价；

（2）在审计过程中识别的特别风险以及采取的应对措施；

（3）做出的判断，尤其是关于重要性和特别风险的判断；

（4）是否已就存在的意见分歧、其他疑难问题或争议事项进行适当咨询，以及咨询得出的结论；

（5）在审计中识别的已更正和未更正的错报的重要程度及处理情况；

（6）拟与管理层、治理层以及其他方面沟通的事项；

（7）所复核的审计工作底稿是否反映了针对重大判断执行的工作，是否支持得出的结论；

（8）拟出具的审计报告的适当性。

（六）项目质量控制复核的时间

会计师事务所的政策和程序应当要求在出具报告前完成项目质量控制复核。项目质量控制复核人员应当在业务过程中的适当阶段及时实施复核，以使重大事项在出具报告前得到满意解决。

如果项目合伙人不接受项目质量控制复核人员的建议，并且重大事项未得到满意解决，则项目合伙人不应当出具报告。只有在按照会计师事务所处理意见分歧的程序解决重大事项后，项目合伙人才能出具报告。

（七）项目质量控制复核人员的资格标准

会计师事务所应当制定政策和程序，明确被委派的项目质量控制复核人员应符合的下列要求。

（1）具有履行职责需要的技术资格，包括必要的经验和权限；

（2）在不损害其客观性的前提下，提供业务咨询的程度。

（八）项目质量控制复核的记录

会计师事务所应当制定政策和程序，要求记录项目质量控制复核情况，具体包括以下内容。

（1）有关项目质量控制复核的政策所要求的程序已得到执行；

（2）项目质量控制复核在出具报告前业已完成；

（3）复核人员没有发现任何尚未解决的事项，使其认为项目组做出的重大判断及形成的结论不适当。

五、业务工作底稿

（一）业务工作底稿的归档要求

（1）遵守及时性原则。

（2）确定适当的归档期限。鉴证业务的工作底稿，包括历史财务信息审计和审阅业务、其他鉴证业务的工作底稿的归档期限为业务报告日后 60 天内。

（3）针对客户同一财务信息执行不同业务时的归档要求。如果针对客户的同一财务信息执行不同的委托业务，出具两个或多个不同的报告，会计师事务所应当将其视为不同的业务，根据制定的政策和程序，在规定的归档期限内分别将业务工作底稿归整为最终业务档案。

（二）业务工作底稿的管理要求

会计师事务所应当制定政策和程序，以满足下列要求。

（1）安全保管业务工作底稿并对业务工作底稿保密；

（2）保证业务工作底稿的完整性；

（3）便于使用和检索业务工作底稿；

（4）按照规定的期限保存业务工作底稿。

（三）业务工作底稿的保密

除特定情况外，会计师事务所应当对业务工作底稿包含的信息予以保密。这些特定情况如下。

（1）取得客户的授权。会计师事务所及其人员对客户的信息负有保密的义务。对此，相关职业道德要求和业务约定书都有规定和要求。未经客户的许可，除下述的（2）、（3）两种情况外，会计师事务所及其人员不得泄露客户的信息给他人或利用客户信息谋取私利，否则将承担相应的法律后果。

（2）根据法律法规的规定，会计师事务所为法律诉讼准备文件或提供证据，以及向监管机构报告发现的违反法规行为。

（3）接受注册会计师协会和监管机构依法进行的质量检查。

（四）业务工作底稿的完整性、使用与检索

会计师事务所应当针对业务工作底稿设计和实施适当的控制，以实现下列目的。

（1）使业务工作底稿清晰地显示其生成、修改及复核的时间和人员；

（2）在业务的所有阶段，尤其是在项目组成员共享信息或通过互联网将信息传递给其他人员时，保护信息的完整性；

（3）防止未经授权改动业务工作底稿；

（4）仅允许项目组和其他经授权的人员为适当履行职责而接触业务工作底稿。

如果原纸质记录经电子扫描后存入业务档案，会计师事务所应当实施适当的控制程序，以保证以下内容。

（1）生成与原纸质记录的形式和内容完全相同的扫描复制件，包括人工签名、交叉索引和有关注释；

（2）将扫描复制件（包括必要时扫描复制件的索引和签字）归整到业务档案中；

（3）能够检索和打印扫描复制件。会计师事务所应当保留已扫描的原纸质记录。

（五）业务工作底稿的保存期限

对鉴证业务（包括历史财务信息审计和审阅业务、其他鉴证业务），会计师事务所应当自业务报告日起，对业务工作底稿至少保存10年。如果法律法规有更高的要求，还应保存更长的时间。

（六）业务工作底稿的所有权

业务工作底稿的所有权属于会计师事务所。会计师事务所可自主决定是否允许客户获取业务工作底稿部分内容，或摘录部分工作底稿，但披露这些信息不得损害会计师事务所执行业务的有效性。对鉴证业务，披露这些信息不得损害会计师事务所及其人员的独立性。

在实务中，客户基于某种考虑和需要可能向会计师事务所提出，获取业务工作底稿部分内容，或摘录部分工作底稿。会计师事务所应当在确保遵守相关职业道德要求、业务准则和质量控制制度规定的前提下，考虑具体业务的特点和分析客户要求的合理性，谨慎决定是否满足客户的要求。如果披露这些信息损害会计师事务所执行业务的有效性，则会计师事务所就不应当满足客户的要求。尤其要注意的是，对鉴证业务，如果披露这些信息损害会计师事务所及其人员的独立性，则会计师事务所就不得向客户提供相关工作底稿信息。

第六节 | 监控

一、监控的总体要求

会计师事务所应当制定监控政策和程序，以合理保证质量控制制度中的政策和程序是相关、适当的，并正在有效运行。

对质量控制政策和程序遵守情况实施监控的目的，是评价以下内容。

（1）遵守职业准则和法律法规的情况；

（2）质量控制制度设计是否适当，运行是否有效；

（3）质量控制政策和程序应用是否得当，以便会计师事务所和项目合伙人能够根据具体情况出具恰当的业务报告。

二、监控人员

对会计师事务所质量控制制度的监控应当由具有专业胜任能力的人员实施。会计师事务所可以委派主任会计师、副主任会计师或具有足够、适当经验和权限的其他人员履行监控责任。

三、监控内容

对会计师事务所质量控制制度实施监控的内容如下。

（1）质量控制制度设计的适当性；

（2）质量控制制度运行的有效性。

会计师事务所应当从下列三个方面对质量控制制度进行持续考虑和评价。

（1）确定质量控制制度的完善措施，包括要求对有关教育与培训的政策和程序提供反馈意见；

（2）与会计师事务所适当人员沟通已识别的质量控制制度在设计、理解或执行方面存在的缺陷；

（3）由会计师事务所适当人员采取追踪措施，以对质量控制政策和程序及时做出必要的修正。

对质量控制制度的持续考虑和评价还包括分析下列事项。

（1）职业准则和法律法规的新变化，以及会计师事务所的政策和程序如何适当反映这些变化；

（2）有关独立性政策和程序遵守情况的书面确认函；

（3）职业发展，包括培训；

（4）与接受和保持客户关系及具体业务相关的决策。

四、实施检查

（1）检查的周期。会计师事务所应当周期性地选取已完成的业务进行检查，周期最长不得超过三年。在每个周期内，应对每个项目合伙人的业务至少选取一项进行检查。

（2）检查的组织方式。会计师事务所应当确定周期性检查的组织方式，包括对单项业务检查时间的安排。

（3）确定检查的时间、人员与范围。会计师事务所在选取单项业务进行检查时，可以不事先告知相关项目组。

参与业务执行或项目质量控制复核的人员不应承担该项业务的检查工作。

在确定检查的范围时，会计师事务所可以考虑外部独立检查的范围或结论，但这些检查并不能替代自身的内部监控。

值得说明的是，选取单项业务进行检查只是监控过程的组成部分，会计师事务所还可以采取其他适当形式和方法实施监控。

（4）小型会计师事务所的特殊考虑。考虑到小型会计师事务所可能缺乏适当的内部资源，小型会计师事务所可以利用具有适当资格的外部人员或其他会计师事务所执行业务检查及其他监控程序。

五、监控结果的处理

（1）确定所发现缺陷的影响与性质。会计师事务所应当评价实施监控程序发现的缺陷的影响，并确定这些缺陷属于下列哪种情况。

① 该缺陷并不必然表明质量控制制度不足以合理保证会计师事务所遵守职业准则和适用的法律法规的规定，以及会计师事务所和项目合伙人根据具体情况出具恰当的报告；

② 该缺陷是系统性的、重复出现的或其他需要及时纠正的重大缺陷。

（2）适时将缺陷及补救措施告知相关人员。

（3）提出改进措施。会计师事务所在评价各种缺陷后，应当提出下列改进措施。

① 采取与某项业务或某个成员相关的适当补救措施；

② 将监控发现的缺陷告知负责培训和职业发展的人员；

③ 改进质量控制政策和程序；

④ 对违反会计师事务所政策和程序的人员，尤其是对反复违规的人员实施惩戒。

（4）监控结果表明出具的报告不适当时的处理。如果实施监控程序的结果表明出具的报告可能不适当，或在执行业务过程中遗漏了应有的程序，则会计师事务所应当确定采取适当的进一步行动，以遵守职业准则和适用的法律法规的规定。同时，会计师事务所应当考虑征询法律意见。

（5）定期告知监控结果。会计师事务所应当每年至少一次将质量控制制度的监控结果，传达给项目合伙人及会计师事务所内部的其他适当人员，以使会计师事务所及其相关人员能够在其职责范围内及时采取适当的行动。

传达的信息应当包括下列内容。

① 已实施的监控程序；

② 实施监控程序得出的结论；

③ 系统性的、重复出现的或其他重大的缺陷。

向相关项目合伙人以外的人员传达已发现的缺陷，通常不指明涉及的具体业务，除非指明具体业务对这些人员适当履行职责是必要的。

六、监控的记录

会计师事务所应当适当记录下列监控事项。

（1）制定的监控程序，包括选取已完成的业务进行检查的程序；

（2）对监控程序实施情况的评价；

（3）识别出的缺陷，对其影响的评价，是否采取行动及采取何种行动的依据。

对监控程序实施情况评价的记录包括下列三个方面的内容。

（1）对职业准则和适用的法律法规的遵守情况；

（2）质量控制制度的设计是否适当，运行是否有效；

（3）质量控制政策和程序是否已得到适当遵守，以使会计师事务所和项目合伙人能够出具适合具体情况的报告。

七、投诉和指控的处理

（一）总体要求

会计师事务所应当制定政策和程序，以合理保证能够适当处理下列事项。

（1）投诉和指控会计师事务所所执行的工作未能遵守职业准则和适用的法律法规的规定；

（2）指控未能遵守会计师事务所质量控制制度。

投诉和指控既可能源自会计师事务所内部，也可能源自会计师事务所外部。

（二）设立投诉和指控渠道

作为处理投诉和指控过程的一部分，会计师事务所应当设立投诉和指控渠道，以使会计师事务所人员能够没有顾虑地提出关心的问题。

对于来自会计师事务所外部的投诉与指控，如来自客户人员和客户的往来方（如客户的供货商）等，由于他们不必担心会因此失去工作，也不涉及明显的个人利益或动机，因此，会计师事务所通常可以认为，他们的投诉和指控具有较高程度的真实性。

如果投诉和指控人要求对其身份保密，则会计师事务所应当予以保密，未经本人许可，不得披露其姓名。只有这样，会计师事务所人员才可能没有顾虑地提出关心的质量问题。

如果收到匿名的投诉和指控，会计师事务所应当以适当的方式向全体人员表明，与实名的投诉和指控相比，匿名的投诉和指控更难调查和反馈，鼓励用实名投诉和指控。

会计师事务所还应当表明所有的投诉和指控都将得到记录、调查并会将结果反馈给投诉和指控人。反馈调查结果通常采取书面形式。

（三）调查、记录投诉和指控事项

会计师事务所应当按照既定的政策和程序调查投诉和指控事项，并对投诉和指控及其处理情况予以记录。

会计师事务所应当委派本所内部不参与该项业务的具有足够、适当经验和权限的人员负责对调查的监督。必要时，会计师事务所应聘请法律专家参与调查工作。

（四）采取适当的行动

如果调查结果表明质量控制政策和程序在设计或运行方面存在缺陷，或者存在违反质量控制制度的情况，则会计师事务所应当采取适当行动。

精选案例

"麦克逊·罗宾斯公司"破产案

20 世纪 30 年代，在美国经济发展进程中，上市公司自愿委托社会公认会计师实施审计工作形成风气。审计有效帮助了投资者的决策，维护了资本市场的稳定。在这样的背景下，1938 年美国发生了一桩令人震惊的"麦克逊·罗宾斯公司"破产案，引起了全美各界人士的关注。

1938年年初，麦克逊·罗宾斯公司（以下简称"麦克逊公司"）的债权人米利安·汤普森发现该公司的财务资料有异常之处，其一，该公司制药原材料部门是盈利较高的经营部门，公司经营者都直接对其重新投资，但该部门没有资金积累；其二，公司账面制药原材料存货的保险金额较少。前任公司董事会决定减少存货余额，并要求现任经理菲利普·科斯特执行这一决定，但1938年年末，公司存货却增加了100万美元。米利安·汤普森向公司管理人员要求提供有关制药原材料实际存货的证明，但未能取得该证据，则其拒绝承认公司300万美元的债券。随后，美国证券交易委员会开始对麦克逊公司立案调查。

在调查中发现如下问题。

（1）1937年12月31日，麦克逊公司的合并资产负债表中总资产8 700万美元，其中1 907.5万美元属虚假资产。该年度公司合并损益表中虚假销售收入1 820万美元，虚假毛利180万美元。

（2）公司现任总经理菲利普·科斯特使用化名并有诈骗犯罪前科，其3位兄弟均使用化名在公司任要职。他们合并舞弊，利用公司内部控制薄弱，贪污巨款。

（3）该公司及其子公司10多年来的财务报表均由美国第一流的普赖斯·沃特豪斯会计公司执行审计，对麦克逊公司财务状况及经营成果出具了无保留意见审计报告。

美国证券交易委员会核实上述事实后，召开了听证会，宣布了这些事实。尔后，美国证券交易委员会颁布了新的报告，对审计程序加以修改，增加了关于对应收账款进行函证，对存货实地检查，对内部控制系统详细评价的条款。

1947年10月，美国执业会计师协会的审计程序委员会颁布了《审计标准草案——公认的意见和范围》，1954年对其修改，改名为《公认审计标准——其意义和范围》。从此，注册会计师审计有了一套公认的执业标准。

分析："麦克逊·罗宾斯公司"破产案对审计的发展有什么作用？

重要概念

审计准则（Audit Standards）   质量控制准则（Quality Control Standards）
鉴证业务（Assurance Services ）

思考与练习

一、单选题

1. 为了规范业务质量控制及明确会计师事务所和注册会计师的质量控制的责任，ABC会计师事务所制定了业务质量控制的相关政策和程序，其根本目的在于保证审计质量符合（　　　）的相关要求。

  A. 政府法规   B. 审计报告使用人

  C. 职业准则和适用的法律法规   D. 企业会计准则及相关财务会计法规

2. 会计师事务所及其人员应遵守业务准则、职业道德规范和法律法规的规定，会计师事务所和项目合伙人根据具体情况出具适当的报告。会计师事务所中，项目合伙人包括（　　　）。

  A. 负责执行财务报表审计业务的工作人员

  B. 在审阅报告上签字的主任会计师

  C. 负责执行财务报表审计业务的项目经理

  D. 负责执行审阅业务，并在业务报告上签字的主任会计师

3. ABC 会计师事务所为防止同一主任会计师或者经授权签字的注册会计师，由于长期执行某一被审计单位的鉴证业务可能对独立性产生的不利影响，应当制定（　　）政策和程序，将由于关系密切造成的威胁降至可接受的水平。

    A. 对所有公司财务报表审计，按照国家有关规定定期轮换项目合伙人

    B. 对所有公司财务报表审计，按照国家有关规定定期轮换注册会计师

    C. 对所有的上市公司财务报表审计，按照国家有关规定定期轮换项目合伙人

    D. 对所有的上市公司财务报表审计，按照国家有关规定定期轮换鉴证小组成员

4. ABC 会计师事务所在首次承接丁股份有限公司 2008 年度财务报表审计业务时，应该遵守事务所针对接受新客户的业务而制定一定的政策和程序来合理保证业务质量。下列各项中，不属于会计师事务所遵循的承接业务的政策和程序的是（　　）。

    A. 丁公司是否具有足够的诚信

    B. 注册会计师是否具备执行业务必要的素质和能力，以及执行业务所需要的时间和资源

    C. ABC 会计师事务所和注册会计师在执业过程中是否能够遵守相关职业道德要求

    D. 对丁公司的审计费用是否达到一定的水平

5. 注册会计师接受委托对 B 股份有限公司（以下简称"B 公司"）2008 年度财务报表进行审计。在执行审计业务的过程中，项目负责人应当确信 B 公司的业务环境和具体审计业务的接受与保持的质量控制程序已得到恰当遵循，同时形成的有关结论是适当的并已记录于工作底稿。因此，项目负责人在决定是否保持与某一客户的关系时应当（　　）。

    A. 考虑项目组是否具有执行审计业务的专业胜任能力

    B. 考虑被审计单位的主要所有者、关键管理人员和治理层是否诚信

    C. 考虑本期或上期审计中发现的重大事项，及其对保持该客户关系的影响

    D. 考虑事务所对上市公司财务报表的审计，是否按照国家有关规定进行

6. ABC 会计师事务所接受丁股份有限公司 2008 年度财务报表审计业务，并委派注册会计师 M 为项目合伙人。注册会计师在进行项目的质量控制复核时，需要对项目组的重大判断和结论进行客观评价。下列不属于注册会计师复核方法的是（　　）。

    A. 与项目合伙人进行讨论

    B. 复核财务报表或其他业务对象信息及报告，尤其考虑报告是否适当

    C. 取决于业务的复杂程度和出具不恰当报告的风险

    D. 选取与项目组的重大判断和结论有关的工作底稿进行复核

7. ABC 会计师事务所接受乙股份有限公司的委托，对其 2008 年度财务报表和 2008 年中期财务报表执行审计业务。注册会计师分别针对被审计单位的年度和中期财务报表出具了不同的审计报告。ABC 会计师事务所在进行最终业务档案的归整时，应当（　　）。

    A. 将其视为单独的业务，根据制定的政策和程序，在规定的归档期限内分别完成最终业务档案的归档工作

    B. 将其视为不同的业务，根据制定的政策和程序，在规定的归档期限内分别完成最终业务档案的归档工作

    C. 将其视为完整的业务，根据制定的政策和程序，在规定的归档期限内完成最终业务档案的归档工作

    D. 将其视为单独的业务，根据制定的政策和程序，在规定的归档期限内一同完成最终业务档案的归档工作

8. ABC 会计师事务所完成对 H 股份有限公司 2008 年度财务报表的审计业务。出具了审计报告后，ABC 会计师事务所应当对其年度财务报表的审计业务工作底稿进行归档，对业务工作底稿的归档期限为（　　）。

A. 业务报告日后 60 天内 　　　B. 业务报告日后 30 天内

C. 结束审计业务后 60 天内 　　D. 结束审计业务后 30 天内

二、多选题

1. 为保证业务质量，会计师事务所的下列做法中，恰当的有（　　）。

A. 会计师事务所编制并保留禁止与其产生商业关系的客户清单

B. 会计师事务所一旦获知违反独立性的情况，应立即将相关信息告知项目合伙人和事务所的其他相关人员

C. 会计师事务所每年都要获取独立性受约束人员遵守独立性的书面承诺函

D. 会计师事务所在获取客户信息时，如果有必要，可以考虑利用调查机构进行工作

2. S 会计师事务所应当制定有关客户关系和具体业务的接受与保持的政策和程序，以合理保证没有信息表明客户缺乏诚信。对于影响客户诚信的因素，S 会计师事务所应当考虑（　　）。

A. 客户主要股东、关键管理人员、关联方及治理层的身份和商业信誉

B. 客户的经营性质

C. 变更会计师事务所的原因

D. 工作范围受到不适当限制的迹象

3. S 会计师事务所的注册会计师在承接业务时通常使用书面或电子手册、标准化底稿以及指南性材料等文件。只有这些文件包含（　　）事项，该事务所制定的政策和程序才能得到贯彻。

A. 简要将业务情况告知项目组，使其了解工作目标

B. 使得鉴证业务程序遵守适用的业务准则

C. 明确相关的鉴证业务监督、项目组成员的培训和辅导程序

D. 明确对已实施的工作、做出的重大判断及拟出具的报告进行复核的方法

4. S 会计师事务所应当制定监控政策和程序，以合理保证质量控制制度中的政策和程序是相关、适当的，并正在有效运行。同时，S 会计师事务所应当适当记录（　　）事项。

A. 制定的监控程序，包括选取已完成的业务进行检查的程序

B. 对监控程序实施情况的评价

C. 识别出的缺陷，对其影响的评价，是否采取行动及采取何种行动的依据

D. 对法律法规、职业道德规范和业务准则的遵守情况

5. 注册会计师接受委派对 XYZ 公司 2008 年度中期财务报表执行审计业务。在执行审计业务的过程中，下列对注册会计师行为的说法中正确的有（　　）。

A. 遵守相关职业道德要求和会计师事务所质量控制准则

B. 如果注意到可能导致对审计对象信息产生是否需要重大修改的事项，应当执行其他足够的程序追踪该事项以支持审计报告

C. 以职业怀疑态度计划和执行对 XYZ 公司的审计业务，获取有关审计对象信息是否存在重大错报的充分、适当的证据

D. 进行对 XYZ 公司财务报表审计业务的目标是将鉴证业务风险降至该业务环境下可接受的低水平，以此作为以消极方式提出结论的基础

6. 会计师事务所应当周期性地选取已完成的业务进行检查，评价实施监控程序发现的缺陷的影

响，采取适当的补救措施。选取单项业务进行检查时，（　　）不应承担该项业务的检查工作。

  A. 未参与业务的项目负责人   B. 项目质量控制复核的人员

  C. 其他会计师事务所执行业务检查的人员 D. 参与业务执行的人员

三、判断题

1. 会计师事务所合理运用注册会计师鉴证业务准则的目的，在于使所有鉴证工作均符合质量控制准则的要求。（　　）

2. 注册会计师 M 和 N 为执行 XYZ 公司审计业务的注册会计师，在执行业务时应当遵守职业道德规范和会计师事务所质量控制准则。在此项审计业务中涉及三个方面的关系人，包括注册会计师 M 和 N、项目负责人和作为预期使用者的 XYZ 公司的管理层。（　　）

3. 注册会计师在承接业务后，如果发现标准或鉴证对象不适当，可能误导预期使用者，应当视其重大与广泛程度提出保留或无法发表的结论。（　　）

4. 会计师事务所对历史财务信息审计和审阅业务、其他鉴证业务，底稿的保存期限至少为自工作底稿归档期起 10 年。（　　）

5. 在历史财务信息审阅中，注册会计师需要将审计风险降至可接受的低水平，对审计后的历史财务信息提供高水平保证，采用积极方式提出结论。（　　）

四、思考题

1. 质量控制准则的含义及其重要意义是什么？

2. 质量控制准则包括的主要内容有哪些？

五、案例分析题

1. ABC 会计师事务所承接了戊公司 20×7 年度财务报表审计业务。项目负责人是 C 注册会计师，其妻子是戊公司财务负责人。在制订审计计划时，C 注册会计师认为对戊公司非常熟悉，无须再了解戊公司及其环境，应将审计资源放在对认定层次实施实质性程序上。审计过程中，项目组成员 D 发现有迹象表明戊公司存在重大舞弊风险。项目组成员 E 提出应当针对该舞弊风险实施追加程序，并建议实施项目质量控制复核。C 注册会计师认为戊公司管理层非常诚信，不会出现舞弊情况，戊公司并非上市公司，无须考虑实施项目质量控制复核。C 注册会计师坚持自己的主张，对戊公司 20×7 年财务报表出具了审计报告。

要求：根据中国注册会计师执业准则的要求，请指出 ABC 会计师事务所在该项业务的业务承接、业务执行和业务质量控制中存在的问题，并简要说明理由。

2. ABC 会计师事务所于 20×8 年取得证券期货相关业务审计资格。为了尽快开展上市公司审计业务，ABC 会计师事务所从 XYZ 会计师事务所招聘 A 注册会计师担任上市公司审计部经理。A 注册会计师将 XYZ 会计师事务所的上市公司审计客户——甲公司带入 ABC 会计师事务所。在对甲公司 20×9 年度财务报表审计时，ABC 会计师事务所委派 A 注册会计师继续担任项目经理，并与上市公司审计部副经理 B 注册会计师共同担任签字注册会计师。在计划审计工作时，受到审计资源的限制，A 注册会计师认为，自己过去 5 年一直担任甲公司的审计项目经理和签字注册会计师，非常熟悉甲公司情况，因此其要求项目组不再了解甲公司及其环境，直接实施进一步审计程序。为了保证审计质量，A 注册会计师作为项目经理和项目质量控制复核人，对整个审计业务的重大事项进行复核。

要求：指出 ABC 会计师事务所在业务承接、业务执行和业务质量控制方面存在的问题，并简要说明理由。

3. ABC 会计师事务所正在制定业务质量控制制度，经过领导层集体研究，确立了下列重大质量控制制度：（1）合伙人的晋升与考核以业务量为主要考核指标，同时考虑遵循质量控制制度和职业道德规范的情况；（2）对员工介绍的客户，由员工所在部门经理根据收费的高低自行决定是否承接；（3）所有审计工作底稿应当在业务完成后 90 日内整理归档；（4）由于尚未取得上市公司审计资格，不予执行项目质量控制复核制度；（5）无论审计项目组内部的分歧是否得到解决，审计项目组必须保证按时出具审计报告；（6）以每 3 年为一个周期，选取已完成业务进行检查，检查对象为当年度考核等级位列后 3 名的项目负责人。

要求： 针对上述（1）至（6）项，分别指出 ABC 会计师事务所可能违反质量控制准则的情形，并简要说明理由。

4. ABC 会计师事务所接受委托，负责审计上市公司甲公司 2010 年度账务报表，并委派 A 注册会计师担任审计项目合伙人。在制订审计计划时，A 注册会计师根据其审计甲公司的多年经验，认为甲公司 2010 年度财务报表不存在重大错报风险，应当直接实施进一步审计程序。在审计过程中，A 注册会计师要求项目组成员之间相互复核工作底稿，并委派其所在业务部的 B 注册会计师负责甲公司项目质量控制复核。项目组内部在某项重大问题上存在分歧，经主任会计师批准，A 注册会计师出具了审计报告。在审计报告出具后，B 注册会计师随机选取若干份工作底稿进行了复核，没有发现重大问题。

要求： 针对上述情形，指出存在哪些可能违反审计准则和质量控制准则的情况，并简要说明理由。

5. ABC 会计师事务所是一家新成立的事务所，最近制定了业务质量控制制度，有关内容摘录如下。

（1）合伙人考核和晋升制度规定，连续三年业务收入额排名前三位的高级经理晋级为合伙人，连续三年业务收入额排名后三位的合伙人降级为高级经理。

（2）内部业务检查制度规定，以每三年为一个周期，选择已完成业务进行检查，如果事务所当年接受相关部门的外部检查，则当年暂停对所有业务的内部检查。

（3）项目质量控制复核制度规定，除上市公司审计业务外，其他需要实施质量控制复核的审计业务由审计项目组负责人执业项目质量控制复核。

（4）工作底稿保管制度规定，推行业务档案电子化，将纸质工作底稿经电子扫描后，存为业务电子档案，同时销毁纸质工作底稿。

（5）独立性政策规定，每年为需要保持独立性的人员提供关于独立性要求的培训，并要求高级经理以上（含高级经理）的人员每年签署遵守独立性要求的书面确认函。

（6）分所管理制度规定，分所可以根据自身的实际情况，自行制定业务质量控制制度。

要求： 针对上述（1）至（6）项，分别指出 ABC 会计师事务所业务质量控制制度是否符合会计师事务所质量控制准则的规定，并简要说明理由。

第五章 | 审计证据和审计工作底稿

【学习目标】

掌握审计证据的特点、种类，以及审计工作底稿的含义、分类和复核、归档；

熟练掌握审计证据的审计程序、审计工作底稿的基本要素，理解审计证据的作用、审计工作底稿的作用及审计档案的管理。

第一节 | 审计证据

要实现审计目标，就必须收集审计证据。注册会计师形成任何审计结论和审计意见都必须依赖具有充分证明力的审计证据的支持，否则审计报告就不会客观、公正。各国所制定的审计准则都强调审计证据对审计工作质量的影响。我国的审计准则对审计证据的收集、整理和分析做出了明确规定。

一、审计证据的作用

审计证据是注册会计师表明审计意见、做出审计结论的依据，是审计工作的核心，是整个审计工作的关键所在，在审计工作中具有举足轻重的作用。

（1）审计证据是形成审计意见、做出审计结论的客观基础。注册会计师做出审计意见，做出审计结论，都必须以审计证据为根据。注册会计师不能想当然地做出审计判断。若注册会计师不重视审计证据，则相应的审计意见和结论就会有失偏颇，不仅会使审计机构或人员的信誉受到很大影响，而且会使审计工作面临巨大的审计风险。

（2）审计证据是提出审计建议的重要支柱。注册会计师可以通过取证，证明被审计单位在经营管理方面所存在的业绩和弊端，并根据被审计单位经营管理中的漏洞，提出优于管理人员原来措施的建议，以促进被审计单位加强经营管理，提高经济效益。

（3）审计证据是确定和解除注册会计师法律责任的重要依据。当注册会计师将审计意见或结论以书面形式送达被审计单位后，一旦被审计单位持有异议，就有可能提出复审要求或向人民法院起诉。在复审过程中，复审机关的工作重点就是审查注册会计师下达审计结论、表明审计意见所依据的证据是否充分、可靠。在法律诉讼过程中，注册会计师为能胜诉，就要充分利用审计证据来为自己辩护。

（4）审计证据是衡量和控制审计工作质量的重要工具。在项目审计中，有很多工作是助理人员完成的。审计项目负责人通过经常性地查阅助理人员已经收集的证据和所编工作底稿，可以及时纠正审计工作中的问题。同时，审计证据是否可靠、相关、重要，也是衡量注册会计师工作成绩及工作效率的重要工具。

二、审计证据的特点

《中国注册会计师审计准则 1301 号——审计证据》指出："注册会计师应当获取充分、适当的审计证据，以提出合理的审计结论，作为形成审计意见的基础。"这里所说的充分、适当正是审计证据的两大基本特征。

（一）审计证据的充分性

审计证据的充分性又称为足够性，是指审计证据的数量足以支持注册会计师的审计意见。因此，它是注册会计师为形成审计意见所需审计证据的最低数量要求。

客观、公正的审计意见必须建立在有足够数量的审计证据的基础之上，但这并不是说审计证据的数量越多越好。为了使注册会计师进行有效率、有效益的审计，需把所需足够数量审计证据的范围降低到最低限度。因此，每一审计项目对审计证据的需要量，以及取得这些审计证据的途径和方法，应当根据该项目的具体情况来定。在某些情况下，由于时间、空间或成本的限制，注册会计师在不能获取最为理想的审计证据时，可考虑通过其他的途径或用其他的审计证据来替代。注册会计师只有在通过不同的渠道和方法取得其认为足够的审计证据时，才能据以发表审计意见。

注册会计师需要获取的审计证据的数量受错报风险的影响。错报风险越大，需要的审计证据越多；反之，则需要的审计证据越少。具体来说，在可接受的审计风险水平一定的情况下，重大错报风险越大，注册会计师就应实施越多的测试工作，将检查风险降低至可接受水平，以将审计风险控制在可接受的低水平范围内。

（二）审计证据的适当性

审计证据的适当性是对审计证据质量的衡量，即审计证据在支持各类交易、账户余额、列报（包括披露）的相关认定，或发现其中存在错报方面具有相关性和可靠性，即审计证据的适当性包括相关性和可靠性两个方面。

1. 审计证据的相关性

审计证据的相关性是指审计证据与审计目标之间或与其他审计证据之间的内在联系程度。审计证据应与被审事项的某一具体审计目标密切相关。如存货监盘结果只能证明存货是否存在，是否有毁损短缺，而不能证明存货的计价和所有权的情况，但存货盘点表与产品销售成本结转证据有相互印证关系。因此，注册会计师取得的审计证据必须与被审事项某一目标密切相关，或与证实某一目标的其他证据有相互印证关系，能产生联合证明力。审计证据的这种内在联系性越强，证明力就越强，审计证据的质量就越好。与被审计事项无关的资料和情况不能作为审计证据。

一般而言，注册会计师通过控制测试获取审计证据时，应考虑的相关事项包括：内部控制是否存在；内部控制是否有效；内部控制在所审计期间是否一贯遵守。

注册会计师通过实质性测试获取审计证据时，应考虑的相关事项主要包括：资产或负债在某一特定日是否存在；资产或负债在某一特定时日是否归属为被审计单位；经济业务的发生是否与被审计单位有关；是否有未入账的资产、负债或其他交易事项；会计记录的金额是否恰当；资产或负债的计价是否恰当；收入与费用的配比是否恰当；财务报表项目的分类反映是否恰当并前后一致等。

2. 审计证据的可靠性

审计证据的可靠性就是审计证据的可信赖程度。例如，注册会计师取得的律师声明书就比获取的管理层声明书更可靠。审计证据的可靠性受其来源和性质的影响，并取决于获取审计证据的具体环境。注册会计师通常按照下列原则考虑审计证据的可靠性。

（1）从外部独立来源获取的审计证据比从其他来源获取的审计证据更可靠。

（2）内部控制有效时内部生成的审计证据比内部控制薄弱时内部生成的审计证据更可靠。

（3）直接获取的审计证据比间接获取或推论得出的审计证据更可靠。

（4）以文件、记录形式（无论是纸质、电子或其他介质）存在的审计证据比口头形式的审计证据更可靠。

（5）从原件获取的审计证据比从传真或复印件获取的审计证据更可靠。

注册会计师在按照上述原则评价审计证据的可靠性时，还应当注意可能出现的重要例外情况。例如，如果注册会计师不具备评价证据的专业能力，那么即使是直接获取的证据，也可能不可靠。如果注册会计师无法区分人造玉石和天然玉石，那么他对天然玉石存货的检查就不可能提供有关天然玉石是否实际存在的可靠证据。

审计证据的充分性和适当性密切相关，审计证据的适当性会影响其充分性。按照准则的解释，"注册会计师需要获取的审计证据的数量受审计证据质量的影响，审计证据质量越高，需要的审计证据可能越少"。另一方面，"尽管审计证据的充分性和适当性相关，但如果审计证据的质量存在缺陷，注册会计师仅依靠获取更多的审计证据可能无法弥补其质量上的缺陷"。

三、审计证据的种类

关于审计证据的种类，国际会计师联合会发布的《国际审计准则——审计证据》将其分为财务报表所依据的原始凭证与记录、其他来源的佐证信息两大类。审计证据在美国注册会计师协会发布的《审计准则说明书第 32 号》中被称为"证据事项"。该说明书指出："证据事项"包括两类：一是所依据的会计资料；二是佐证信息。而佐证信息的主要种类有：实物证据、文书证据、书面声明书、函证、口头证据、数学性证据和分析性证据。

（一）审计证据按其外形特征分类

审计证据按其外形特征分类，可分为实物证据、书面证据、口头证据和环境证据四大类。

1. 实物证据

实物证据是指通过实际观察或清点所取得的、用于确定某些实物资产是否确实存在的证据。例如，库存现金的数额可能通过监盘加以验证，各种存货和固定资产可以通过监盘的方式证明其是否确实存在。实物证据通常是证明实物资产是否存在的非常有说服力的证据，但实物资产的存在并不能完全证实被审计单位对其拥有所有权。例如，年终盘点的存货可能包括其他企业寄售或委托加工的部分，或者已经销售而等待发运的商品。再者，通过对某些实物资产清点，虽然可以确定其实物数量，但质量好坏（它将影响资产的价值）有时难以通过实物清点来加以判断。因此，对于取得实物证据的账面资产，注册会计师还应就其所有权归属及其价值情况另行审计。

2. 书面证据

书面证据是注册会计师所获取的各种以书面文件为形式的一类证据。它包括与审计有关的各种原始凭证、会计记录（记账凭证、会计账簿和各种明细表）、各种会议记录和文件、各种合同、通知书、报告书及函件等。因此，书面证据是审计证据的主要组成部分，也可称为基本证据。

注册会计师对收集的书面证据要进行整理归类，同时要注意书面证据的可靠性。书面证据的可靠性，一方面取决于证据本身是否易于涂改和伪造，如果易于涂改或伪造，那么证据的可靠性较差；另一方面取决于证据的出处，通常情况下，注册会计师直接从外部取得的书面证据可靠性最高，来自企业内部但经过外部背书或加工的证据因经过外部的审查而可靠性也较高，来自企业外部但被企业掌握的证据及来自企业内部的证据的可靠性则较差。

3. 口头证据

口头证据是被审计单位职员或其他有关人员对注册会计师的提问做口头答复所形成的一类证据。通常在审计过程中，注册会计师会向被审计单位的有关人员询问会计记录、文件的存放地点，采用特别会计政策和方法的理由，收回逾期应收账款的可能性等。对于这些问题做口头答复，就构成了口头证据。一般而言，口头证据本身并不足以证明事情的真相，但注册会计师往往可以通过口头证据发掘一些重要的线索，从而有利于对某些须审核的情况做进一步调查，以收集到更为可靠的证据。例如，注册会计师在对应收账款进行账龄分析后，可以询问应收账款负责人对收回逾期应收账款的可能性的意见，如果其意见与注册会计师自行估计的坏账损失基本一致，则这一口头证据就可成为证实注册会计师有关坏账损失判断的重要证据。

在审计过程中，注册会计师应把各种重要的口头证据尽快做成记录，并注明是何人、何时、在何种情况下所做的口头陈述，必要时还应获得被询问者的签名确认。相对而言，不同人员对同一问题所做的口头陈述相同时，口头证据具有较高的可靠性。但在一般情况下，口头证据往往需要得到其他相应证据的支持。

4. 环境证据

环境证据也称状况证据，是指对被审计单位产生影响的各种环境事实。具体而言，它又包括以下几种。

（1）有关内部控制情况。如果被审计单位有着良好的内部控制，就可增加其会计资料的可信赖程度。也就是说，当注册会计师确认被审计单位有良好的内部控制，且其日常管理又一贯地遵守其内部控制中有关的规定时，就可认为被审计单位现行的内部控制为财务报表项目的可靠性提供了强有力的证据。注册会计师就被审计单位的财务报表发表有无重大错报、漏报的意见时，一方面要依赖被审计单位内部控制的完善程度；另一方面又要依赖注册会计师所实施的有关财务报表信息的实质性审计。此外，被审计单位内部控制的完善程度还决定着注册会计师所需的从其他各种渠道收集的审计证据的数量。内部控制越健全、越严密，所需的其他各类审计证据就越少；否则，注册会计师就必须获取较大数量的其他审计证据。

（2）被审计单位管理人员的素质。被审计单位管理人员的素质越高，则其所提供的证据发生差错的可能性就越小。例如，当被审计单位会计人员的素质较高时，其会计记录就不容易发生错误。因此，会计人员的素质对会计资料的可靠性会产生影响。

（3）各种管理条件和管理水平。良好的管理条件和较高的管理水平，也是影响其所提供证据的可靠程度的一个重要因素。必须指出，环境证据一般不属于基本证据，但它可帮助注册会计师了解被审计单位及其经济活动所处的环境，是注册会计师进行判断所必须掌握的资料。

尽管上述各种证据可用来实现各种不同的审计目标，但是对每一具体账户及其相关的认定来说，注册会计师则应选择能以最低成本实现全部审计目标的证据，力求做到证据收集既有效又经济。

（二）审计证据按其来源不同分类

审计证据按其来源不同分为亲历证据、内部证据和外部证据。

1. 亲历证据

亲历证据是指注册会计师在被审计单位执行审计工作时亲眼目击、亲自参加或亲自动手取得的证据。例如，注册会计师亲自参加财产物资盘点而取得的审计证据；注册会计师观察被审计单位经济业务执行情况所取得的审计证据；注册会计师亲自动手编制计算表、分析表等而取得的审计证据。亲历证据比较可靠，因此证明力较强。

2. 内部证据

内部证据是注册会计师在被审计单位内部取得的审计证据。例如，被审计单位职工、管理人员应注册会计师的要求对某些被审计事项所做的介绍和说明；被审计单位提供的与外部其他单位共同编制的资料，如采购合同、销售订单、委托加工合同、租赁合同及主管部门审批的文件等；被审计单位提供的其他单位填制的书面资料，如其他单位填制的发票、收据、对账单等。

3. 外部证据

外部证据是指注册会计师从被审计单位以外的其他单位所取得的审计证据，包括其他单位陈述和外来资料。其他单位陈述指被审计单位以外的其他单位应注册会计师的要求对被审计单位的债权、债务、在被审计单位寄存的财物或接受被审计单位所寄存的财物说明，其他单位关于与被审计单位经济业务往来情况的说明等。外来资料指注册会计师从其他单位取得的证明被审计事项的凭证、账目、报表、合同、文件的摘录等。

一般来讲，亲历证据的证明力最强，外部证据比内部证据的证明力强。

（三）审计证据按其相互关系分类

证实某一审计目标需要一系列的证据，按这些证据间的关系可将证据分为基本证据和辅助证据。

1. 基本证据

基本证据是指对被审计事项的某一审计目标有重要的、直接证明作用的审计证据。如证明账簿登记的正确性，其基本证据应是据以登记账簿的记账凭证；证明资产负债表各项数字的真实、正确性，其基本证据应是据以编制报表的各账户的余额。可见基本证据与所要证实的目标有极为密切的关系。

2. 辅助证据

辅助证据是指能支持基本证据证明力的证据。例如，证明账簿登记正确性的基本证据是记账凭证，记账凭证所附的原始凭证是支持记账凭证证明力的必要补充。

基本证据是证实被审计事项的直接证据，因此，取得基本证据最为重要。但是要获取充分、可靠的证据体系，单靠基本证据是不够的，因为基本证据虽重要，却未必可靠。如记账凭证在编制时歪曲原始凭证所反映的经济业务，此时还应收集验证经济业务真实情况的其他辅助证据。

审计证据还可按其他标准进行分类。各类证据有不同的取证方法，它们在审计过程中的用途也不同。

四、获取审计证据的审计程序

（一）获取审计证据的总体程序

现代风险导向审计要求先了解被审计单位及其环境，包括了解被审计单位内部控制，再根据了解到的情况决定进行控制测试程序和实质性程序。因此，总体来看，获取审计证据一般应遵循以下总体程序。

1. 风险评估程序

注册会计师应当实施风险评估程序，以此作为评估财务报表层次和认定层次重大错报风险的基础。风险评估程序为注册会计师确定重要性水平、识别需要特别考虑的领域、设计和实施进一步审计程序等工作提供了重要基础，有助于注册会计师合理分配审计资源，获取充分、适当的审计证据。关于如何实施风险评估程序，可参见本书第八章有关内容，或参见《审计准则第 1211 号——了解被审计单位及其环境并评估重大错报风险》及其指南。

2. 控制测试

实施控制测试的目的是测试内部控制在防止、发现并纠正认定层次重大错报方面的运行有效性，从而支持或修正重大错报风险的评估结果，据以确定实质性程序的性质、时间和范围。控制测试包括观察被审计单位实际审核过程和检查有效的发票单据，还包括向被审计单位的有关人员询问控制程序的执行情况，以及由注册会计师重新执行某项控制程序。

大多数的财务报表审计都执行控制测试程序，但这并不意味着每次财务报表审计都必须执行这类程序。

3. 实质性程序

实质性程序包括两个部分：各类交易、账户余额列报的细节测试、实质性分析程序。注册会计师运用这类审计程序可以取得证明被审计单位管理当局在财务报表上的各项认定是否公允的证据。注册会计师应当根据各类交易、账户余额、列报的性质选择实质性程序的类型。与控制测试不同的是，实质性程序在每次财务报表审计中都必须执行。

应该注意，风险评估程序和实质性程序是每次财务报表审计都应实施的必要程序，而控制测试则不是。在财务报表审计中，注册会计师必须实施风险评估程序、控制测试和实质性程序，才能取得支持审计结论和审计意见的充分、适当的审计证据。

（二）获取审计证据的具体程序

依据我国审计准则的要求，注册会计师在审计过程中可以采用检查记录或文件、检查有形资产、观察、询问、函证、重新计算、重新执行和分析程序等审计程序获取审计证据。究竟通过何种途径获取审计证据，主要考虑两个方面的问题：一是可靠性；二是审计成本。只有综合考虑这两个方面的问题，注册会计师才能够更好地决定如何取得审计证据。

1. 检查

（1）检查记录或文件

检查记录或文件是注册会计师对会计记录和其他书面文件可靠程度的审阅与复核。

注册会计师在审阅会计记录和其他书面文件时，应注意其是否真实合法，具体如下。

① 审阅原始凭证时，应注意其有无涂改或伪造现象；记载的经济业务是否合理合法；是否有业务责任人的签字等。

② 审阅会计账簿时，应注意是否符合会计准则及其他有关财务会计制度的规定。包括审阅被审计单位据以入账的原始凭证是否整齐完备；账簿有关内容与原始凭证的记载是否一致；会计分录的编制或账户的运用是否恰当；货币收支的金额有无不正当现象；成本核算是否符合国家有关财务会计制度的规定；审计目标要求的其他内容。

③ 审阅财务报表时，应注意财务报表的编制是否符合会计准则及其他有关财务会计制度的规定；财务报表的附注是否对应予揭示的重大问题做了充分的披露。

复核是指对相关账项的记录和数据的正确性、完整性进行查对。包括：证证复核、账证复核、账账复核、账表复核、表表复核。

（2）检查有形资产

检查有形资产是注册会计师对实物资产进行审查，主要指现场监督被审计单位各种实物资产及现金、有价证券等的盘点，并进行适当的抽查。

一般而言，实物资产的盘点应由被审计单位进行，注册会计师还可抽查复点。采用监督盘点的方法是为了确定被审计单位实物形态的资产是否真实存在并且与账面数量相符，查明有无短缺、损毁及贪污、盗窃等问题存在。但前已述及，监盘法有其局限性，它只能对实物资产是否确实存在提供有力的审计证据。因此，注册会计师在监盘之外，应对实物资产的计价和所有权另行审计。

2. 观察

观察是注册会计师实地察看被审计单位的经营场所、实物资产和有关业务活动及其内部控制的执行情况等，以获取证据的方法。

3. 询问

询问是注册会计师对有关人员进行书面或口头询问以获取审计证据的方法。

4. 函证

函证是指注册会计师为印证被审计单位会计记录所载事项而向第三者发函询证的一种方法。如果没有回函或对回函结果不满，注册会计师应当实施必要的替代程序，以获取相应的审计证据。

5. 重新计算

重新计算是注册会计师对被审计单位的原始凭证及会计记录中的数据所进行的验算或另行计算。

注册会计师在进行审计时，往往需要对审计单位的凭证、账簿和报表中的数字进行计算，以验证其是否正确。注册会计师的计算并不一定按照被审计单位原先的计算形式和顺序进行；在计算过程中，注册会计师不仅要注意计算结果是否正确，而且还要对某些其他可能的差错（如计算结果的过账和转账有误等）予以关注。

6. 重新执行

重新执行是指注册会计师以人工方式或使用计算机辅助审计技术，重新独立执行作为被审计单位内部控制组成部分的程序或控制。这一程序主要与内部控制运行有效性的审计证据相关。

7. 分析程序

分析程序是指注册会计师通过研究不同财务数据之间及财务数据与非财务数据之间的内在关系，对财务信息做出评价。分析程序还涉及调查识别出与其他相关信息不一致或与预期数据严重偏离的波动和关系。

分析程序常用的方法有比较分析法、比率分析法、趋势分析法三种。

（1）比较分析法

比较分析法是通过某一财务报表项目与其既定标准的比较，以获取审计证据的一种技术方法。它包括本期实际数与计划数、预算数或注册会计师的计算结果之间的比较，本期实际与同业标准之间的比较等。

（2）比率分析法

比率分析法是通过对财务报表中的某一项目同与相关的另一项目相比所得的值进行分析，以获取审计证据的一种技术方法。

（3）趋势分析法

趋势分析法是通过连续若干期某一财务报表项目的变动金额及其百分比的计算，分析项目的增减变动方向和幅度，以获取有关审计证据的一种技术方法。

分析程序主要用于风险评估程序、实质性程序及在审计结束或临近结束时对财务报表进行总体复核。

第二节 审计工作底稿

一、审计工作底稿的含义与分类

（一）审计工作底稿的含义

审计工作底稿是指注册会计师在审计过程中形成的审计工作记录和获取的资料。本定义包括以下三个方面的含义。

1. 审计工作底稿形成于审计全过程

审计全过程一般指从承接审计业务开始，到审计约定事项全部完成、发出审计报告为止的全过程，包括审计计划、审计实施和审计报告三个阶段。

2. 审计工作底稿的编制和取得

审计工作底稿可以由注册会计师根据所收集到的审计证据和做出的专业判断编制，亦可以由注册会计师从被审计单位及其他方面取得。但注册会计师对于取得的有关资料，只有在经过亲自审核以后才能作为审计工作底稿。

3. 审计工作底稿是审计全过程的工作记录

审计工作底稿包括注册会计师对审计工作的记录，亦包括注册会计师取得的各种相关资料。审计工作记录应是审计全过程的工作记录，包括从审计业务约定书，到审计总结及审计报告副本的一系列审计工作记录。审计资料应是注册会计师在审计全过程中取得的资料，包括相关的法律性资料、被审计单位的内部控制资料及注册会计师从外部取得的函证资料等。

审计工作底稿是审计证据的载体，其内容包括：（1）注册会计师在制订和实施审计计划时直接编制的、用于反映其审计思路和审计过程的工作记录；（2）注册会计师从被审计单位或其他有关部门取得的、用作审计证据的各种原始资料；（3）注册会计师审阅他人代为编制的审计记录。

（二）审计工作底稿的分类

根据审计工作底稿的性质和作用，审计工作底稿可分为综合类工作底稿、业务类工作底稿和备查类工作底稿三类。

1. 综合类工作底稿

综合类工作底稿是指注册会计师在审计计划和审计报告阶段，为规划、控制和总结整个审计工作，并发表审计意见所形成的审计工作底稿。该类工作底稿主要包括审计业务约定书、审计计划、审计报告书未定稿、审计总结及审计调整分录汇总表等综合性的审计工作记录。

2. 业务类工作底稿

业务类工作底稿是指注册会计师在审计实施阶段执行具体审计程序所编制和取得的工作底稿。该类工作底稿主要包括注册会计师在执行预备调查、符合性测试和实质性测试等审计程序时所形成的工作底稿。

3. 备查类工作底稿

备查类工作底稿是指注册会计师在审计过程中形成的，对审计工作仅具有备查作用的审计工作底稿。该类工作底稿主要包括与审计约定事项有关的重要法律性文件、重要会议记录与纪要、重要经济合同与协议、企业营业执照、公司章程等原始资料的副本或复印件。

（三）审计工作底稿的作用

审计工作底稿是注册会计师在审计业务中普遍使用的专业工具。编制或取得审计工作底稿是注册会计师最主要的审计工作。审计工作底稿的主要作用表现在以下几个方面。

1. 审计工作底稿是联结整个审计工作的纽带

审计项目小组一般由多人组成，项目小组内要进行合理的分工，不同的审计方法、不同会计账项的审计往往由不同人员执行。而最终形成的审计结论和发表审计意见，则主要根据的是被审计单位的财务报表。因此，必须把不同人员的审计工作有机地联结起来，以便对整体财务报表发表意见，而这种联结必须借助于审计工作底稿。

2. 审计工作底稿是注册会计师形成审计结论、发表审计意见的直接依据

审计结论和审计意见是注册会计师根据其获取的各种审计证据，以及注册会计师一系列的专业

判断形成的。而注册会计师所收集到的审计证据和所做出的专业判断，都完整地记载于审计工作底稿中。因此，审计工作底稿理应成为审计结论与审计意见的直接依据。

3. 审计工作底稿是解脱或减轻注册会计师的审计责任、评价或考核注册会计师专业能力与工作业绩的依据

注册会计师依据独立审计准则实施了必要的审计程序，方可解脱或减轻其审计责任。注册会计师专业能力的大小、工作业绩的好坏，主要体现在对审计方法的选择、执行审计程序和进行有关的专业判断上，而注册会计师是否实施了必要的审计程序，审计方法的选择是否合理，专业判断是否准确都必须通过审计工作底稿来体现和衡量。

4. 审计工作底稿为审计质量控制与质量检查提供了可能

会计师事务所进行审计质量控制，主要是指导和监督注册会计师选择实施审计程序，编制审计工作底稿，并对审计工作底稿进行严格复核。注册会计师协会或其他有关单位依法进行审计质量检查，也主要是对审计工作底稿的检查。因此，没有审计工作底稿，审计质量的控制与检查就无法落到实处。

5. 审计工作底稿对未来的审计业务具有参考备查价值

审计业务有一定的连续性，同一被审计单位前后年度的审计业务具有众多联系或共同点。因此，当年度的审计工作底稿对以后年度审计业务具有很大的参考或备查作用。

二、审计工作底稿的形成与复核

（一）审计工作底稿的形成

1. 审计工作底稿的基本要素

审计工作底稿的形成方式主要有两种：一种是直接编制；另一种是取得。就所编制的审计工作底稿而言，尤其是对业务类工作底稿而言，其一般包括下列基本要素。

（1）审计工作底稿的标题；

（2）审计过程记录；

（3）审计结论；

（4）审计标识及说明；

（5）索引号及编号；

（6）编制者姓名及编制日期；

（7）复核者姓名及复核日期；

（8）其他应说明事项。

2. 形成审计工作底稿的基本要求

审计工作底稿的形成方式有编制与获取两种，对审计工作底稿的基本要求亦应从这两个方面来认识。

（1）编制审计工作底稿的基本要求。注册会计师在编制审计工作底稿时，应当做到内容完整、格式规范、标识一致、记录清晰、结论明确，以便其他审计人员或有关人员在复核、检查或使用审计工作底稿时，能够理解和接受审计工作底稿的内容。

（2）获取审计工作底稿的基本要求。注册会计师可直接从被审计单位或其他有关单位取得审计工作底稿，也可以要求被审计单位有关人员代为编制有关会计账项的明细分类或汇总底稿，甚至可以要求被审计单位就有关事项提供声明，诸如从被审计单位取得的有关法律性文件、合同与章程，

从与被审计单位有往来关系的对方单位获取的往来款项询证函,要求被审计单位编制的存货盘点清单等。对于上述审计资料,注册会计师必须做到:①注册资料来源;②实施必要的审计程序,如将有关法律性文件的复印件审阅并同原件核对一致;③形成相应的审计记录,注册会计师在审阅或核对后,应形成相应的文字记录并签名,方能形成审计工作底稿。

（3）审计工作底稿繁简程序的考虑因素。《中国注册会计师审计准则第 1131 号——审计工作底稿》指出,审计工作底稿的繁简程度与以下基本因素相关:①审计约定事项的性质、目的和要求;②被审计单位的经营规模及审计约定事项的复杂程度;③被审计单位的内部控制是否健全、有效;④被审计单位的会计记录是否真实、合法、完整;⑤是否有必要对业务助理人员的工作特别指导、监督和检查;⑥审计意见类型。

（二）审计工作底稿的复核

1. 审计工作底稿复核制度与复核的作用

一张审计工作底稿往往由一名专业人员独立完成,编制者对有关资料的引用、对有关事项的判断、对会计数据的复算等都可能出现误差,因此,在审计工作底稿编制完成后,通过一定的程序,多层次的复核显得十分必要。审计组织应结合本单位实际情况制定实用有效的复核制度。所谓审计工作底稿复核制度,就是审计组织对有关复核人级别、复核程序与要点、复核人职责等做出的明文规定。

审计工作底稿复核的作用主要体现在以下三个方面。

（1）减少或消除人为的审计误差,以降低审计风险,提高审计质量;

（2）及时发现和解决问题,保证审计计划顺利执行,并能够不断地协调审计进度、节约审计时间、提高审计效率;

（3）便于上级管理人员对注册会计师进行审计质量监控和工作业绩考评。

2. 审计工作底稿的复核要点

根据《中国注册会计师质量控制基本准则》的要求,会计师事务所应当建立多层次的审计工作底稿复核制度,而不同层次的复核人可能有不同的复核重点,但就复核工作的基本要点来看,不外乎以下几点。

（1）所引用的有关资料是否翔实、可靠;

（2）所获取的审计证据是否充分、适当;

（3）审计判断是否有理有据;

（4）审计结论是否恰当。

3. 审计工作底稿复核的基本要求

复核是会计师事务所进行审计项目质量控制的一项重要程序,必须有严格和明确的规则。一般来说,复核时应做好下面几项工作。

（1）做好复核记录,对审计工作底稿中存在的问题和疑点要明确提出,并以文字记录于审计工作底稿中;

（2）复核人必须签名和签署日期,这样,有利于划清审计责任,也有利于上级复核人对下级复核人的监督;

（3）书面表示复核意见;

（4）督促编制人及时修改、完善审计工作底稿。

4. 审计工作底稿三级复核制度

为了保证审计工作底稿复核工作的质量,会计师事务所应建立多层次的审计工作底稿复核制度。

就我国会计师事务所的体制来看，建立三级复核制度是切实可行的。所谓审计工作底稿三级复核制度，就是会计师事务所制定的以主任会计师、部门经理（或签字注册会计师）和项目经理为复核人，对审计工作底稿进行逐级复核的一种复核制度。这一复核制度目前已在我国众多的会计师事务所实行，对提高审计质量发挥了重要作用。

项目经理（或项目负责人）复核是三级复核制度中的第一级复核，称为详细复核。它要求项目经理对下属审计助理人员形成的审计工作底稿逐张复核，发现问题，及时指出，并督促注册会计师及时修改完善。部门经理（或签字注册会计师）复核是三级复核制度中的第二级复核，称为一般复核。它是在项目经理完成了详细复核之后，再对审计工作底稿中重要会计账项的审计、重要审计程序的执行，以及审计调整事项等进行复核。部门经理复核既是对项目经理复核的一种监督，也是对重要审计事项的重点把关。主任会计师（或合伙人）复核是三级复核中的最后一级复核，又称重点复核。它是对审计过程中的重大会计审计问题、重大审计调整事项及重要的审计工作底稿所进行的复核。主任会计师复核既是对前面两级复核的再监督，也是对整个审计工作的计划、进度和质量的重要把握。

尚需指出，若部门经理作为某一审计项目的项目负责人，该项目又没有项目经理参加，则该部门经理的复核应视为项目经理复核，主任会计师应另行指定人员代为执行部门经理复核工作，以保证三级复核彻底执行。

（三）审计工作底稿的归档

审计工作底稿形成后，注册会计师应按照一定的标准予以归档。归档时，可以按照审计循环或财务报表项目，以及审计工作底稿的使用期限长短先行分类，再编上相应标志号和页次后，分别存档。

三、审计档案的管理

审计工作底稿经过分类整理、汇集归档后，就形成了审计档案。审计档案是会计师事务所审计工作的重要历史资料，是会计师事务所的宝贵财富，应当妥善管理。

（一）审计档案的分类

审计档案按其使用期限的长短和作用大小可以分为永久性档案和当期档案。

1. 永久性档案

永久性档案是指由那些记录内容相对稳定，具有长期使用价值，并对以后审计工作具有重要影响和直接使用的审计工作底稿所组成的审计档案。永久性档案主要由综合类工作底稿和备查类工作底稿组成。

2. 当期档案

当期档案又称一般档案，是指由那些记录内容在各年度之间经常发生变化，仅供当期审计使用和下期审计参考的审计工作底稿所组成的审计档案。当期档案主要由业务类工作底稿组成，诸如符合性测试工作底稿、具体会计账项实质性测试的工作底稿等。

（二）审计档案的所有权与保管

审计工作底稿虽然是注册会计师对其执行的审计工作所做的完整记录，但是在我国，注册会计师不能独立于会计师事务所之外承揽审计业务，审计业务必须以会计师事务所的名义承接。因此，我国现行审计准则规定审计档案的所有权属于承接该项业务的会计师事务所。

审计工作底稿的归档期限为审计报告日后 60 天内。如果注册会计师未能完成审计业务，则审计工作底稿的归档期限为审计业务中止后的 60 天内。

如果针对客户的同一财务信息执行不同的委托业务，出具两个或多个不同的报告，会计师事务所应当将其视为不同的业务，根据会计师事务所内部制定的政策和程序，在规定的归档期限内分别将审计工作底稿规整为最终审计档案。

会计师事务所应当制定审计档案保管制度，对审计档案妥善管理，以保证审计档案的安全、完整。审计档案的保管期限会因档案类别的不同而有所不同。对于永久性档案，会计师事务所应当长期保存。若会计师事务所中止了对被审计单位的后续审计服务，那么，其永久性档案的保管年限与最近1年当期档案的保管年限相同。对于当期档案，会计师事务所应当自审计报告签发之日起，至少保存10年。即使会计师事务所中止了对被审计单位的后续审计服务，会计师事务所也应当自审计业务中止之日，对审计工作底稿至少保存10年。

对于最低保存年限届满的审计档案，会计师事务所可以决定将其销毁，但在销毁之前，应当按规定履行必要的手续，对将要销毁的审计档案做最后一次检查，然后报主任会计师批准。销毁时，有关人员应进行现场监督或检查，以保证被销毁的审计档案彻底销毁干净。

（三）审计档案的保密与调阅

会计师事务所应建立严格的审计工作底稿保密制度，并落实专人管理。除下列情况外，会计师事务所不得对外泄露审计档案中涉及的商业秘密及有关内容。

（1）法院、检察院及其他部门因工作需要，在按规定办理了手续后，可依法查阅审计档案中的有关审计工作底稿。

（2）注册会计师协会对执业情况进行检查时，可查阅审计档案。

（3）不同会计师事务所的注册会计师，因审计工作的需要，并经委托人同意，在下列情况下，办理了有关手续后，可以要求查阅审计档案：一是被审计单位更换了会计师事务所，后任注册会计师可以调阅前任注册会计师的审计档案；二是基于合并财务报表审计业务的需要，母公司所聘的注册会计师可以调阅子公司所聘注册会计师的审计档案；三是联合审计；四是会计师事务所认为合理的其他情况。

拥有审计工作底稿的会计师事务所应当对要求查阅者提供适当的协助，并根据有关审计工作底稿的性质和内容，决定是否允许要求查阅者阅览其底稿及复印或摘录其中的有关内容。审计工作底稿中的内容被查阅者引用后，因为查阅者的误用而造成的后果，与拥有审计工作底稿的会计师事务所无关。

精选案例

"琼民源"公司审计案

自1997年2月28日海南民源现代农业发展股份有限公司（以下简称"琼民源"）宣布停牌一年半之后，"琼民源案"的一审判决终于也在1998年年末公之于众，原董事长马玉及有关人员都受到了相应的刑事及行政处罚。至此，"琼民源案"终于有了一个说法，正可谓"天网恢恢，疏而不漏"。

"琼民源"于1988年7月在海口注册成立。从1996年7月1日起，"琼民源"的股价以4.45元起步，在短短几个月内股价升至20元，翻了数倍。1997年1月22日，琼民源率先公布1996年年报。年报显示："琼民源"1996年每股收益0.867元，净利润比去年同比增长1290.68倍，分配方案为每10股转送9.8万股；年报一公布，"琼民源"股价便飙升至26.18元；股市掀起了一阵不小的波动，有些人报以疑惑——短短一年内有如此骄人的业绩，"琼民源"的利润从何而来？为了消除股民的疑惑，坚定投资者的信心，"琼民源"两次登报声明，进一步说明"琼民源"年报的正确性。而对"琼民源"年报进行审计的海南中华会计师事务所也公开站出来，在媒介上表示报表的真实性不容置疑。

公司和事务所的"声明"使股市得到暂时的平静。然而，经过1997年2月28日罕见的、巨大的成交量之后，深圳证券交易所突然宣布："琼民源"于1997年3月1日起停牌。

被"琼民源"股票牢牢套住的众多中小投资者经过一年多的等待，终于在1998年4月29日等来了中国证券监督管理委员会（以下简称"证监会"）对"琼民源"一案的处理决定。证监会对"琼民源"、会计师事务所及相关机构做出了行政处罚。1998年11月12日，北京市第一中级人民法院也对此案做出了一审判决，追究直接责任人的刑事责任。

对"琼民源"在短短一年的时间内有如此惊人的业绩，略有会计常识的人都会有所怀疑。

第一，巨额利润令人疑惑。"琼民源"报表显示，该公司1996年利润总额和净利润分别较1995年增长近848倍和1290倍。

第二，巨额资本公积令人疑惑。公司1996年增加的6.57亿元的资本公积是从何而来的呢？年报在资本公积这一栏是这样写的："资本公积金增加的原因可参阅对本期数与上期数比较超过30%的解释。"然而在第11项"对本期数与上期数比较变化"的解释中，却只字不提资本公积金。

尽管"琼民源"的有关人员在这一案件中难逃其责任，而对"琼民源"年报进行审计的海南中华会计师事务所和出具资产评估报告的海南大正会计师事务所同样负有不可推卸的责任。因为，面对"琼民源"1996年年报中如此大幅度增加的利润和资本公积，具有审计专业知识的注册会计师自然应该多加注意，保持应有的职业谨慎。但事实是，注册会计师不但没有这样做，相反，在众多投资者对资本公积、盈余公积、未分配利润等项目提出疑问的情况下，海南中华会计师事务所还站出来为"琼民源"辩护，声称"报表的真实性不容置疑"。可见，"琼民源"案会造成如此严重后果，在很大程度上与注册会计师的失职及某种意义上的推波助澜有关。

按照独立审计准则的规定，对财务报表进行审计时，除了采用一般的检查、盘点、函证等取证方法外，还遵循最常用的分析程序。所谓分析程序，是指通过对被审计单位财务报表重要项目的各种数据比较分析，来检查报表项目中有否反常现象。一旦出现异常变动情况，则注册会计师就必须追踪审核，并掌握异常变动的根本原因及其证据。这是年报审计工作的基本常识。如果"琼民源"案中的注册会计师能够按照独立审计准则的要求，对有异常变动的"资本公积""未分配利润"等项目进行实质性测试，并取得能够说明异常变动原因的可靠证据，或者说认真检查资本公积增加的相关会计记录和原始凭证，审核对资产评估是否经有关部门批准，估价方法是否合规，然后再发表有关声明，就不会出现上述后果。

分析：

1. 注册会计师获得审计证据的方法有哪些？审计证据有哪些类型？

2. 结合本案例，怎样理解用分析程序获取审计证据？

3. 如何理解被审计单位内部控制较好时所形成的内部证据比内部控制较差时形成的内部证据要可靠？

重要概念

审计证据（Audit Evidence）　　　　审计程序（Audit Program）
审计工作底稿（Audit Working Papers）　　审计档案（Audit Files）

思考与练习

一、单选题

1. 对当期档案，会计师事务所应当自（　　）之日起至少保存（　　）年。

　A. 财务报表发布；20　　　　　B. 已审财务报表发布；10
　C. 审计报告；10　　　　　　　D. 审计报告编制完成；10
　E. 审计报告签发；10

2. 审计档案按其使用期限的长短和作用大小可分为（　　）两类。

    A. 综合性工作底稿和业务类工作底稿   B. 永久性档案和当期档案

    C. 符合性测试档案和实质性测试档案   D. 审计计划档案和审计实施档案

3. 业务类工作底稿是注册会计师在（　　）阶段执行（　　）所形成的工作底稿。

    A. 审计计划和实施，审计计划   B. 审计计划，具体审计程序

    C. 审计实施，具体审计程序   D. 审计计划和实施，具体审计程序

4. 审计工作底稿按其性质和作用，分类为（　　）。

    A. 了解内控的工作底稿，符合性测试和实质性测试工作底稿

    B. 审计计划底稿、审计实施和审计报告工作底稿

    C. 永久性档案、当期档案和临时档案

    D. 综合类工作底稿，业务类和备查类工作底稿

5. 对分析性复核发现的异常变动项目，注册会计师应重新考虑（　　）；必要时，注册会计师应当（　　），以获取相应的审计证据。

    A. 所采用的审计程序是否适当；追加或扩大适当的审计程序

    B. 审计证据的适当性；追加或扩大适当的审计程序

    C. 所采用的审计方法是否适当；追加适当的审计程序

    D. 审计证据的适当性；追加适当的审计程序

6. 审计证据的可靠性受其（　　）的影响。

    A. 真实性、及时性和充分性   B. 来源、及时性和客观性

    C. 来源、及时性和充分性   D. 充分性和适当性

7. （　　）是审计证据的主要组成部分，即基本证据。

    A. 实物证据   B. 书面证据

    C. 会计资料   D. 口头证据和环境证据

8. 如果注册会计师无法获取充分、适当的审计证据，应视情况发表（　　）审计报告。

    A. 无保留意见或保留意见   B. 保留意见或拒绝表示意见

    C. 拒绝表示意见或否定意见   D. 否定意见或无保留意见

9. 下列审计工作底稿中，应该归入当期档案管理的有（　　）。

    A. 资产、负债、所有者权益、损益类项目实质性测试记录

    B. 被审计单位的设立批准证书、营业执照副本

    C. 审计报告、管理建议书

    D. 被审计单位的合同、协议

10. 为了证实应收账款是否存在，（　　）的书面审计证据可靠性最强。

    A. 注册会计师向被审计单位债务人函证应收账款的回函

    B. 被审计单位提供的债务人的对账单

    C. 销货发票

    D. 被审计单位应收账款账簿

11. 某会计师事务所1999年3月决定以后不再接受某公司的审计委托，那么该会计师事务所对该公司1998年度审计所形成的永久性审计档案应（　　）。

    A. 长期保存   B. 至少保存至2010年

    C. 至少保存至2008年   D. 至少保存至2009年

二、多选题

1. 《国际审计准则》认为，审计证据有两类，分别是（　　　）。

A. 其他来源的佐证信息　　　　　　B. 财务报表所依据的原始凭证和会计记录

C. 实物证据和书面证据　　　　　　D. 口头证据和环境证据

2. 属于外部书面证据的有（　　　）。

A. 注册会计师编制的有关计算表　　B. 应收账款函证回函

C. 银行对账单　　　　　　　　　　D. 采购发票

3. 下列证据中属于内部书面证据的有（　　　）。

A. 会计记录　　　　　　　　　　　B. 客户盘点表

C. 客户律师对审计询问函的回函　　D. 董事会会议纪要

4. 观察是注册会计师实地察看被审计单位的（　　　），以获取审计证据的方法。

A. 内部控制的执行情况　　　　　　B. 有关业务活动

C. 实物资产　　　　　　　　　　　D. 账簿记录

E. 经营场所

5. 根据《独立审计具体准则》的要求，注册会计师在判断审计证据是否充分时，应当考虑的主要因素有（　　　）。

A. 审计风险　　　　　　　　　　　B. 具体审计项目的重要性

C. 注册会计师及助理人员的审计经验　D. 审计过程中是否发现错弊

E. 审计的成本与效益

6. （　　　）属于综合类工作底稿。

A. 审计计划　　B. 审计调整分录汇总表　　C. 审计报告书未定稿　　D. 审计业务约定书

7. 注册会计师编制审计工作底稿时，应把握的内容有（　　　）。

A. 被审计单位未审情况，包括被审计单位内部控制情况等

B. 审计过程的记录，包括注册会计师实施的实质性测试等

C. 注册会计师的审计结论，包括对被审计单位内部控制情况的研究与评价的结果等

D. 注册会计师对内部控制制度提出的管理建议书

8. 因审计工作需要，并经委托人同意，不同会计师事务所的注册会计师可以在（　　　）情况下，要求审阅审计工作底稿。

A. 被审计单位更换会计师事务所　　B. 审计合并财务报表

C. 联合审计　　　　　　　　　　　D. 借阅其他会计师事务所注册会计师

三、判断题

1. 审计证据的充分性与适当性密切相关，审计证据的充分性会影响其适当性。（　　　）

2. 注册会计师判断审计证据的充分性、适当性，应当考虑的审计风险要素是固有风险和控制风险。（　　　）

3. 审计证据的两大基本特征是充分性和适当性。充分性是指证据的数量足以支持财务报表认定，适当性是指审计证据的相关性和可靠性。（　　　）

4. 有些情况下，某项测试可为多项认定提供依据。（　　　）

5. 外部证据是由会计师事务所之外的组织机构或人士编制的书面证据，一般具有较强的证明力。（　　　）

6. 口头证据是被审计单位职员对注册会计师的提问做出口头答复所形成的一类证据。（　　　）

7. 书面证据可用来实现所有的具体审计目标，而环境证据所能实现的具体审计目标是相当有限的。（　　）

8. 审计方法与审计证据并不是一一对应关系，通常一种方法可产生多种证据，而获取某类证据也可选用多种审计方法。（　　）

9. 审计工作底稿是指注册会计师在执行审计业务过程中形成的全部审计工作记录。（　　）

10. 备查类工作底稿主要包括审计计划、会议纪要、营业执照复印件、重要合同复印件等。（　　）

11. 对永久性档案，不论会计师事务所在未来是否继续审计被审计单位，均应长期妥善的保存。（　　）

12. 虽然经济问题不是影响证据充分性的主要因素，但由于审计工作受到经济限制，因此，注册会计师也必须在确定审计证据充分性时加以考虑。（　　）

13. 当期档案是指那些记录内容经常变化，只供当期审计使用的审计报告。（　　）

四、思考题

1. 注册会计师判断审计证据的可靠程度的标准有哪些？

2. 注册会计师编制审计工作底稿的基本要求有哪些？

3. 审计工作底稿的繁简程度与哪些基本因素相关？

4. 审计工作底稿复核的基本要求是什么？

5. 不同会计师事务所的注册会计师，在哪些情况下，经委托人同意，在办理有关手续后，可以要求查阅审计档案？

五、案例分析题

1. 某注册会计师在对应收账款进行审计时，收集到如下审计证据。

（1）被审计单位销售发票。

（2）被审计单位应收账款、销售收入等明细分类账及总分类账。

（3）被审计单位对应收账款存在性的声明。

（4）被审计单位债务人寄来的对账单。

（5）注册会计师对被审计单位债务人进行函证，债务人的回函。

要求：将上述审计证据按可靠程度的强弱依次排列，并说明原因。

2. 审计证据的收集与整理（轿车之谜）

1999 年 5 月 24 日，S 市审计局派出一个审计组对市某公司进行资产、负债及损益的审计，一连几天深入检查，审计小组查明该公司存在多提职工教育经费、多列福利、多上交管理费、多支付职工风险金集资利息和违控购置等问题，并发现经常停放在公司办公楼前的一辆特里卡牌轿车没有在账上反映。

针对这一疑问，审计小组在公司进行了较广泛的座谈，关于轿车的来源公司的干部职工有两种看法。一是 1998 年 10 月买的。可该公司近几年连续亏损，且从 1998 年开始由银行对其资金运营进行监管，其大额开支必须经过银行同意，不可能有那么多资金用于购车。二是抵债收回来的。审计小组不仅看到了一份由甲单位出具的"抵债协议书"，而且得到公司领导和财会人员的一致解释：车刚收回，没来得及入账。后一种说法似乎更有说服力。

为了破解轿车之谜，审计小组决定兵分两路。一路到市车辆证照登记管理部门查询该车的证照手续办理情况；另一路则直奔甲单位查询有关抵债的情况。

到市车辆证照登记管理部门的审计人员，查处购车发票，并从中获知车系武汉某公司出售的初步证据；对甲单位查询的审计人员，虽说起初被甲单位推说财会人员不在家所抵制，但最终甲单位还是被审计人员说服，甲单位承认了与该公司签订假抵债协议书的实情。据此，审计小组立即派员前往出售车的武汉某公司查询，了解到购车款是通过S市某银行储蓄所名为"壹贰叁"的账户以转账支票方式支付的，金额为138万元。经查询该银行账户，审计小组发现户主正是该公司，显然，车是买的，不是抵债回收的。

谜底揭晓后，该公司领导和财会人员不得不说出了购车款的来源。

1997年，该公司主管部门的负责人授意将该公司历年收取的商品销售价外收入1 000多万元设立"小金库"，并涉嫌经济犯罪。市纪检司法部门对其进行了立案查处，在处理1 000多万元"小金库"时，该公司称其中有138万元是职工集资款，并出示收取和退还职工集资款的有关手续凭证，专案组也就剔除了其中138万元。哪知该公司原收取的职工集资款已汇入账内"长期借款"户，并纳入原"小金库"收入，再用原"小金库"资金退还职工集资款138万元后，其账内仍以职工集资款名义虚列着138万元的债务，直到1998年该公司以为"调包"成功，就将这138万元转入银行储蓄所，开设了"壹贰叁"账户，在账外又形成了一个新的"小金库"。

至此，审计人员彻底破解了轿车之谜。

要求：

（1）结合案情分析审计人员的取证方法及获取的审计证据。

（2）结合案情说明审计人员对审计证据的整理与分析方法。

3. 审计工作底稿的编制（行业协会检查中暴露的问题）

某省注册会计师协会在审计质量年度抽查中发现，会计师事务所业务质量存在问题较多，其中T会计师事务所在审计工作底稿中存在的问题较为集中、典型，主要如下。

（1）某电影公司审计项目。某电影公司资产总额500多万元，下属有18个放映站，财务管理既有统一核算的放映站，又有实行承包制的放映点，财务收支错综复杂，编制的审计计划中审计范围、目标、重点和步骤只有一句话：审计1998年度财务收支是否真实、合法。

（2）某房地产开发公司审计项目。在审计计划中提出"要审查存货、开发成本和负债的真实性"，但在工作底稿中却找不到有关存货盘存和应付款项询函及能够替代的证据记录，连应付账款的账龄情况都无分析记录在案。

（3）某化纤厂审计项目。现金盘点表中反映现金短缺3 000多元，被审计单位出纳员、财会负责人均无签字，也无被审计单位公章，而审计人员签字处只有一个"王"字。

（4）某酒店审计项目。审计档案中有该项目的审计业务底稿，却无审计业务约定书。

（5）六个单位的年度会计报表审计项目。六个单位共计9份无保留意见审计报告及其相应的审计记录，签字注册会计师均为李××、赵××，底稿记录时间前后共7天。

要求：

（1）结合案情分析T会计师事务所上述审计工作底稿中存在的问题。

（2）分析上述底稿中存在的问题对审计工作的影响。

审计抽样 第六章

【学习目标】

理解审计抽样法的种类和意义；

掌握停-走抽样的相关知识、发现抽样的相关知识、差异估计和比率估计抽样的相关知识；

熟练掌握固定样本量抽样的相关知识，包括各种抽样方法，能计算样本规模并确定具体样本，能够熟练运用平均值估计的抽样方法。

抽样方法和技术运用于审计工作是审计理论和实践的重大突破，实现了审计工作从详细审计到抽样审计的历史性飞跃。

第一节 审计抽样法的种类和意义

所谓审计抽样，是指注册会计师在实施审计程序时，从审计对象总体中选取一定数量的样本进行测试，并根据样本测试结果，推断总体特征的一种方法。

审计抽样对控制测试和实质性测试都适用，但它并不适用于这些测试中的所有程序。例如，审计抽样可在逆查、顺查和函证中广泛运用，但通常不用于询问、观察和分析性复核程序。

【例6-1】 下面是审计方案的一部分，其中，（　　　）审计手续适宜审计抽样，（　　　）不适宜。

（1）检查大全额或异常金额的销售业务（分析性程序）

（2）观察应收账款记账员的工作是否与出纳员分开（内部控制测试）

（3）审阅销售发票副本，以判断：

A. 赊销是否有赊销管理员批准（控制测试）

B. 销货发票是否均附有发货单（控制测试）

（4）比较每张销售发票副本和相关发货单上的数量是否相符（实质性测试）

前两个审计手续不宜采用审计抽样。第一项属于一种分析手续，抽样显然不适宜。第二项是一种观察手续，不存在书面记录。其余两个手续可用审计抽样。

抽样审计不同于详细审计。详细审计是指对审计对象总体中的全部项目进行审计，并根据审计结果形成审计意见。而抽样审计是根据抽取的样本的测试结果来推断总体特征，这就要求抽取的样本或项目具有代表性。在审计历史上，先后出现过下列三种比较有代表性的抽样审计法。

（一）任意抽样法

任意抽样法是当审计从详查法向抽查法演变时最先运用的一种抽样方法，当时注册会计师运用这种抽样方法纯粹是为了减少工作量，而对于抽样的规模、技术和内容等均无规律可循，只是任意抽取样本，由于任意抽样法是任意地抽取样本，故其审查结果缺乏科学性和可靠性，所以，这一方法不久就被判断抽样法所替代。

（二）判断抽样法

判断抽样法根据注册会计师的经验判断，有目的地从特定审计对象总体中抽查部分样本进行审查，并以样本的审查结果来推断总体的抽样结果。采用这种方法能否取得成效，取决于注册会计师的经验和判断能力。正确的判断只能来自周密的调查和对实际情况的研究分析。因此，注册会计师必须深入实际掌握各方面的情况，才有可能做出正确的判断。但是，判断抽样法只凭注册会计师的经验和主观判断，判断正确了，就会有成效；判断不准，缺乏客观性，就会影响审计工作的效果。因此，现代审计常用统计抽样法。

判断抽样时，注册会计师通常使用的判断标准如下。

1. 最可能包含错误的项目

通常，注册会计师能够鉴别出总体中哪些项目最有可能包含错误。例如，长时间明显不合理的应收账款；与关联企业之间的交易；不寻常的大金额和复杂的交易等。

2. 项目应包含被选总体的特征

注册会计师能够理解组成总体的不同类型和来源的项目，因此应使选取的样本包含不同来源和不同类型的项目，提高样本的代表性。例如，一个现金支付样本中应包含每个月、每一银行账户或每一地区、每一主要采购类型。

3. 具有大金额的项目

注册会计师在选取样本时，应更重视余额较大的项目，因为数额较大的部分一旦发生错误，必然对报表数字的影响更大，所以肯定是重大错误。

（三）统计抽样法

统计抽样法是注册会计师运用概率论原理，遵循随机原则，从审计对象总体中抽取一部分有效样本进行审查，然后以样本的审查结果来推断总体的抽样方法。

运用统计抽样法可以使总体中每一单位都有被抽查的机会，使样本的特征尽可能接近总体的特征。在抽样过程中，要使样本的特征接近总体的特征，必须有一定数量的样本。抽查的样本越多，则越可能接近总体的特征，但需要花费更多的时间。反之，抽查的样本过少，虽能节省时间，但抽查的误差则必然大，而注册会计师正确地运用统计抽样法就可以通过抽查适度的样本数量，在花费较少时间的情况下，取得较好的效果，同时还能科学地评价审计结果的可靠程度。但是，统计抽样法运用难度大，要求注册会计师有较高的数学水平；此外，资料残缺不全的被审计单位及揭露贪污舞弊的财经法纪审计，均不适宜采用统计抽样法。

现代审计广泛采用统计抽样法有其合理的理论依据。一是有充分的数学依据。统计抽样法要利用高等数学方法。抽查时，如选择样本适当，那么根据审查样本的结果，运用概率论的原理，可以通过样本显示出与总体性质近似的现象，即可以通过抽取的样本推断总体。二是有健全的内部控制制度依据。企业具有健全的内部控制制度，则会计上发生错误和弊端的可能性必会减少，即使发生了错误和弊端也能迅速发现。所以，运用抽查法必须以企业有健全的内部控制制度为前提。三是有合理的经济依据。现代企业机构庞大，业务频繁，在这种情况下，如采用详查法，既费时间又耗精力，同时还要支出大量的审计费用，为节约审计资源，也需要以抽查法代替详查法。

统计抽样法的意义在于：（1）统计抽样能够科学地确定抽样规模；（2）统计抽样中总体各项目被抽中的机会是均等的，可以防止主观的判断；（3）统计抽样能计算抽样误差在预先给定的范围内其概率有多大，并根据抽样推断的要求，把这种误差控制在预先给定的范围之内；（4）统计抽样便于实行审计工作规范化。尽管统计抽样法有上述优点，解决了判断抽样法难以解决的问题，但是统计抽样法的产生并不意味着判断抽样法的消亡。因为在运用统计抽样法时，存在许多不确定的因素，要凭注册会计师的正确判断来加以解决，所以统计抽样法决不能排斥注册会计师的经验判断。在实际工作中，注册会计师往往把统计抽样法和判断抽样法结合起来运用，以收到较好的审计效果。

统计抽样法又分为两种：属性抽样和变量抽样。

第二节 属性抽样

属性抽样是指在精确度界限和可靠程度一定的条件下，为了测定总体特征的发生频率而采用的方法。

现代审计是以对内部控制制度测试和评价为基础的抽样审计，其重要步骤之一是要对内部控制制度进行符合性测试，以便了解实际执行的内部控制制度是否与规定一致，是否有效或一贯地执行。属性抽样属于符合性测试方面的统计抽样法。在符合性测试中，注册会计师只要求做出总体某种属性的发生率是多少的结论，不必做出总体错误数额大小的估计。具体实例如表 6-1 所示。

表 6-1   实例

属性	偏差状态
销货发票副本标明赊销经过批准	未签字标明赊销未经批准
发货单副本附在销货发票副本上	未附

我们规定了属性后就可以采取属性抽样，从总体中抽取部分样本，如抽取部分销货发票副本和相应的发货单，然后通过对样本的审核，以证明被审计单位内部控制制度是否被有效地执行，并可以同以前比较，核实内部控制制度是在改善还是在恶化。

前面我们讲过，抽样审计要求抽取的样本具有代表性。那么我们怎么知道我们抽取的样本具有代表性呢？一个有代表性的样本应能完全体现总体的特征。例如，假定某客户的内部控制手续要求职员在每张销货发票副本之后都附上发货单，但这项手续在当时恰有 3% 未执行。如果注册会计师选出 100 张销货发票副本作为一个样本，发现未附发货单的发票副本正好是 3 张，那么该样本就具有代表性。

属性抽样主要用于符合性测试，通常可分为固定样本量抽样、停-走抽样、发现抽样等多种属性抽样方法。

一、固定样本量抽样

固定样本量抽样是属性抽样的基本形式，主要应包括下列几个步骤。

（一）确定预计差错发生率

固定样本量抽样用于推断总体差错或舞弊的发生频率，即估计账目或内部控制制度出现差错或异常的频率，用百分比表示（预计差错发生率）。

预计差错发生率与样本数量成正比例关系，即预计差错率越高，为减少审计风险，审计人员就越需要抽取更多的样本，越要扩大抽样规模；反之，抽取的样本就可以少一些。预计差错发生率的大小主要跟被审计单位的内部控制制度和会计核算质量有关。内部控制制度有效，会计核算质量高，则预计差错发生率就小，抽取的样本也就可以少一些。

通常确定预计差错发生率，可用以下三种方法。

（1）根据注册会计师对情况的了解和判断来确定。

（2）利用以前年度的审计结果来估算。

（3）如果没有以前年度的审计结果或结果不可靠，则注册会计师就应从本年度总体中选取一个小型的预备样本进行估算。这种估算的准确度无关紧要，因为最终还要用相同年度的样本差错率来估算总体的特性。

注意如果使用预备样本，只要遵循恰当的选样程序，就能使它包含在最终的样本中。例如，假定注册会计师选择预备样本中包含 30 项用来预计差错率，后来，注册会计师确定总体样本需要 100 项，此时，仅选取 70 项即可。

（二）确定精确度

对于精确度，有的书上也称为可容忍偏差。这是因为样本的预计差错发生率不一定等于总体的实际差错发生率，可能大于或小于实际的差错发生率，如果差距不大，在一定的界限内，则我们就仍然认为这个样本是可接受的。这个界限是一个以正负数表示的区间，如±1%。这个区间就是抽样误差的容许界限，而这个容许界限就叫精确度，或叫可容忍偏差。例如，样本结果预计差错率为 3%，精确度为±1%，则精确度的上限为 4%，下限为 2%。或可容忍偏差的上限为 4%，下限为 2%。这就意味着总体的差错率如果在 2%～4%，都是可以接受的。2%～4%就是精确度界限。精确度可以用相对数表示，也可以用绝对数表示，如±100 元。

降低精确程度，说明精确度的数值大，即差错容许的界限大，则抽查的样本数量就可以少一些；反之，提高精确程度，即差错容许界限小，则抽查的样本数量就要多。也就是说，精确度的大小与抽取样本的数量成反比例的关系。

如何确定精确度？这取决于审计项目的重要性。越重要的项目对精确度的要求就越高，就越需要对差错容许界限严加限制。而审查一般的项目、不太重要的项目的精确度就可以放宽一些。

（三）确定可靠程度

可靠程度，又叫置信度，指的是样本性质能够代表总体性质的可靠性程度，是测定抽样可靠性的尺度。样本毕竟不是总体，根据样本计算出来的差错率并不能百分之百地代表总体的实际差错率。只要用的是抽样方法，对总体的定量结论就有不正确的风险，除非百分之百的测试总体，否则这种情况是不可避免的。

可靠程度用百分比表示。例如，可靠程度为 95%表示总体的真实特征有 95%的可能性落在特定的精确度范围内，另外还有 5%的可能性不在精确度界限内，这里的 5%就称为风险度。例如，对于赊销发票的内部控制制度的测试，确定可靠程度为 95%，样本中未经签字批准的差错率为 3%，精确度为±1%，它意味着赊销发票总体中未签字发生率在 2%～4%的概率为 95%，或者说注册会计师有 95%的把握保证赊销发票总体有 2%～4%未签字。另外还有 5%的风险，即有 5%的可能性赊销发票未签字的发生率不在 2%～4%。因此，风险度和可靠程度是两个互相对立的概念，两者互为补充，5%的风险度就意味着 95%的可靠程度，95%的可靠程度就意味着 5%的风险度，所以 5%的风险度和95%的可靠程度表达的是同一个问题的两个不同方面。

可靠程度与样本量成正比例关系。也就是说要求样本测出的结果越可靠，就需要样本数量越多。当样本数量等于总体数量时，意味着详细审计，即所有审计项目全部检查，可靠程度变为 100%。所以样本量越小，可靠程度越低。显然，可靠程度成为影响样本量的又一重要因素。

可靠程度主要取决于被审计单位的内部控制制度。内部控制制度越健全、有效，则可靠程度越高；反之亦然。当内部控制制度较健全、有效时，一般可选择 90%的可靠程度；当内部控制制度并不完善、充分时，就应选择 95%甚至 99%的可靠程度。

（四）确定样本数量

确定了差错发生率、精确度和可靠程度之后，就可以通过确定样本容量的统计表来确定样本数量。详见表 6-2～表 6-4。

表 6-2 样本量确定表

（可靠程度：90%）

预计差错率（%）	精确度上限（%）															
	0.5	1	2	3	4	5	6	7	8	9	10	12	14	16	18	20
0.00	460	230	120	80	60	50	40	40	30	30	25	✦✦	✦✦	✦✦	✦✦	✦✦
0.25	✦	400	200	140	100	80	70	60	50	50	40	40	30	30	✦✦	✦✦
0.50		800	200	140	100	80	70	60	50	50	40	40	30	30	30	✦✦
1.0		✦	400	180	100	80	70	60	50	50	40	40	30	30	30	✦✦
1.5			✦	320	180	120	90	60	50	50	40	40	30	30	30	✦✦
2.0				600	200	140	90	80	50	50	40	40	30	30	30	✦✦
2.5				✦	360	160	120	80	70	60	40	40	30	30	30	✦✦
3.0					800	260	160	100	90	60	60	50	30	30	30	✦✦
3.5					✦	400	200	140	100	80	70	50	40	40	30	✦✦
4.0						900	300	200	100	90	70	50	40	40	30	✦✦
4.5						✦	550	220	160	120	80	60	40	40	30	✦✦
5.0							✦	320	160	120	80	60	40	40	30	✦✦
5.5							✦	600	280	160	120	70	50	40	30	30
6.0								✦	380	200	160	80	50	40	30	30
6.5								✦	600	260	180	90	60	40	30	30
7.0									✦	400	200	100	70	40	40	40
7.5									✦	800	280	120	80	40	40	40
8.0										✦	460	160	100	50	50	40
8.5										✦	800	200	100	70	50	40
9.0											✦	260	100	80	50	40
9.5											✦	380	160	80	50	40
10.0												500	160	80	50	40
11.0												✦	280	140	70	60
12.0													550	180	90	70
13.0													✦	300	160	90
14.0														600	200	100
15.0														✦	300	140
16.0															650	200
17.0															✦	340
18.0																700
19.0																✦

✦大于 1 000。

✦✦小于 25。

表 6-3 样本量确定表

（可靠程度：95%）

预计差错率（%）	精确度上限（%）															
	0.5	1	2	3	4	5	6	7	8	9	10	12	14	16	18	20
0.00	600	300	150	100	80	60	50	50	40	40	30	30	✦✦	✦✦	✦✦	✦✦
0.25	✦	650	240	160	120	100	80	70	60	60	50	40	40	30	30	30
0.50		✦	320	160	120	100	80	70	60	60	50	40	40	30	30	30
1.0			600	260	160	100	80	70	60	60	50	40	40	30	30	30
1.5			✦	400	200	160	120	90	60	60	50	40	40	30	30	30
2.0				900	300	200	140	90	80	70	50	40	40	30	30	30
2.5				✦	550	240	160	120	80	70	70	40	40	30	30	30
3.0					✦	400	200	160	100	90	80	60	50	30	30	30
3.5					✦	650	280	200	140	100	80	70	50	40	40	30
4.0						✦	500	240	180	100	90	70	50	40	40	30
4.5						✦	800	360	200	160	120	80	60	40	40	30
5.0							✦	500	240	160	120	80	60	40	40	30
5.5							✦	900	360	200	160	90	70	50	50	30
6.0								✦	550	280	180	100	80	50	50	30

续表

预计差错率（%）	精确度上限（%）															
	0.5	1	2	3	4	5	6	7	8	9	10	12	14	16	18	20
6.5								✦	1 000	400	240	120	90	60	50	30
7.0									✦	600	300	140	100	70	50	40
7.5									✦	✦	460	160	100	80	50	40
8.0										✦	650	200	100	80	50	50
8.5											✦	280	140	80	70	50
9.0											✦	400	180	100	70	50
9.5											✦	550	200	120	70	50
10.0												800	220	120	70	50
11.0												✦	400	180	100	70
12.0													900	280	140	90
13.0													✦	460	200	100
14.0														1 000	300	160
15.0														✦	500	200
16.0															✦	300
17.0															✦	550
18.0															✦	✦
19.0															✦	✦

✦ 大于1 000。

✦✦ 小于25。

表6-4　　　　　　　　　　　　　　　样本量确定表

（可靠程度：99%）

预计差错率（%）	精确度上限（%）															
	0.5	1	2	3	4	5	6	7	8	9	10	12	14	16	18	20
0.00	920	460	230	160	120	90	80	70	60	50	50	40	40	30	30	30
0.25	✦	✦	340	240	180	140	120	100	90	80	70	60	50	40	40	40
0.50		✦	500	280	180	140	120	100	90	80	70	60	50	40	40	40
1.0			✦	400	260	180	140	100	90	80	70	60	50	40	40	40
1.5			✦	800	360	200	180	120	120	100	90	60	50	40	40	40
2.0				✦	500	300	200	140	140	100	90	70	50	40	40	40
2.5				✦	1 000	400	240	200	160	120	100	70	60	40	40	40
3.0					✦	700	360	260	160	160	100	90	60	50	50	40
3.5					✦	✦	550	340	200	160	140	100	70	50	50	40
4.0						✦	800	400	280	200	160	100	70	50	50	40
4.5						✦	✦	600	380	220	200	120	80	60	60	40
5.0							✦	900	460	280	200	120	80	60	60	40
5.5							✦	✦	650	380	280	160	90	70	70	50
6.0								✦	1 000	500	300	180	100	80	70	50
6.5								✦	✦	800	400	200	120	90	70	60
7.0									✦	✦	600	240	140	100	70	70
7.5									✦	✦	800	280	160	120	80	70
8.0											✦	400	200	140	100	70
8.5											✦	500	240	140	100	70
9.0											✦	700	300	180	100	90
9.5											✦	1 000	360	200	140	90
10.0												✦	420	220	140	90
11.0												✦	800	300	180	140
12.0													✦	500	240	160
13.0													✦	600	360	200
14.0														✦	500	280
15.0														✦	900	360
16.0															✦	500
17.0															✦	1 000
18.0															✦	✦
19.0															✦	✦

✦ 大于1 000。

【例 6-2】 注册会计师确定的预计差错发生率为 3%，可靠程度为 99%，精确度上限为 5%，因为可靠程度为 99%，所以查表 6-4，得出样本量为 700。

如果注册会计师确定的预计差错发生率为 3%，可靠程度为 90%，精确度上限为 5%。因为可靠程度 90%，所以查表 6-2，得出样本量为 260。可以看出降低可靠程度后，所需要的样本量减少了。

这里我们注意到样本数量只取决于预计差错发生率、精确度和可靠程度三个因素，而跟总体数量没有关系，也就是说不管总体数量是 1 万还是 10 万，如果预计差错发生率、精确度和可靠程度不变，那么应抽取的样本数量就是不变的。

（五）选择随机抽样方法

如何确定样本数量，解决了"抽多少"的问题，那么选择抽样方法就是解决"怎样抽"的问题，即依据什么原则采取什么方法来抽取样本。一般来说，依照随机原则进行抽样，能够使抽取的样本具有广泛的代表性，并能避免人为因素的影响。随机原则是指在抽样时，总体项目被抽中与否必须完全由随机率因素决定，即完全是盲目的、偶然的，决不让主观因素起任何作用，因而每一个总体项目都有同等被抽中的机会，而且任何人抽取样本都能保证样本具有充分的代表性。

随机抽样方法的类型主要有以下四种。

1. 随机选样

随机选样是抽取样本的最简便的方法。随机选样是指对审计对象总体或次级总体的所有项目按随机原则选取样本。随机选样可用计算机乱数决定或查随机数表来选取。随机数表，亦称乱数表，就是任意组成五位数字，同时把这五位数字完全随机地纵横排列所构成的一种表格，如表 6-5 所示。

表 6-5　　　　　　　　　　　　　　　随机数表（部分列示）

	1	2	3	4	5	6
1	27 295	88 545	37 958	20 960	00 667	13 811
2	39 886	11 732	16 520	39 518	45 670	11 790
3	18 888	65 641	12 790	04 326	31 108	29 047
4	21 654	04 824	08 570	68 113	01 476	19 650
5	01 981	31 722	06 498	28 126	14 479	12 229
6	75 764	64 181	39 218	30 005	02 515	19 809
7	29 671	86 713	28 743	43 039	18 808	29 837
8	35 133	35 137	73 568	10 198	21 656	09 166
9	32 035	36 298	48 743	21 457	09 012	09 475
10	09 166	09 812	19 923	39 962	28 886	39 662

现举例说明如何使用随机数表。假定注册会计师对某公司连续编号为 600 到 6 000 的现金支票进行审查，拟从支票中选取一组样本量为 20 的样本。假定从随机数表的第 4 行第 1 列开始，自上而下、从左到右依次选取表中的前四位数，则可选出 2 165、2 967、3 513、3 203、0 916、1 173、3 172、3 513、3 629、0 981、3 795、1 652、1 279、0 857、0 649、3 921、2 874、4 874、1 992、2 096 这 20 个数字，然后就可以找出与其对应的 20 张支票作为选定样本进行审查。

2. 系统选样

系统选样又称等距选样或间隔选样。这种方法需要首先计算选样间隔，确定选样起点，然后按照间隔，顺序地选取样本。

【例 6-3】 注册会计师从 1 000 张凭证中，选取 100 张作为样本，首先计算间隔为 10（1 000/100），假定随机起点为 518 号，则往上依次为 528，538，548，…，往下则依次为 508，498，488，…。

【例 6-4】 从 3 000 张发票（从 1 到 3 000 编号）中抽取 200 张发票审查，计算抽样间隔数，假定从第 10 号发票开始，抽取的发票分别为多少号？

3 000/200=15

10，25，40，55，70，…直到抽完 200 张。

系统选样使用方便，并可用于无限总体，这是系统选样的两大突出优点。系统选样的缺点是当总体不是随机排列时容易产生较大偏差，造成非随机的，不具代表性的样本。因此，使用该方法选样时，注册会计师应先确定总体确实是随机排列，或者使用设立多个随机起点的办法来减少这种可能性。

3. 分层选样

分层选样是按照一定标准将总体划分为若干层次，然后对每一层次进行随机抽样的方法。

分层选样的特点是依据注册会计师的判断，将总体分成若干性质相接近的层次，然后再进行随机抽样。审查各层次时，对每一层次所使用的方法并不局限于随机抽样法。例如，为函证应收账款，可以将应收账款户按其金额的重要性分层，如 100 000 元以上的为第一层，50 000～100 000 元为第二层，50 000 元以下为第三层。第一层 100 000 元以上的账户，其重要性水平最高，则应考虑进行全面函证。对于第二层、第三层，则可考虑采用抽样方法选取应函证的样本。

分层选样的优点主要在于：它使注册会计师将样本选择与总体中的关键项目联系起来，并能对不同层次采用不同的审计方法，可以提高样本的代表性和审计的有效性。因此，分层选样可理解为判断抽样与统计抽样的综合运用。分层主要适用于内部各组成部分具有不同特征的总体，通常注册会计师应对包含最重要项目的层次实施全部审查。

4. 整群选样

整群选样是将审计对象总体划分为若干群数，然后使用随机选样或系统选样的方法，从中选取几个群作为样本，据以推断总体的方法。

【例 6-5】 将全年的现金支出凭证按旬划分为 36 个群（一个月分上、中、下 3 旬，则一年可分为 36 个群），现要从中抽出 5 个旬进行检查。

假设从随机数表中用前两个数字选，从第一行第一列开始，按从左到右、从上到下选，可选出 27、20、13、11、16 五个随机数，那么样本就应由 11、13、16、20 和 27 旬的现金支出凭证组成。

整群选样的优点是抽选单位比较集中，避免了样本过于分散，简化了审计工作，但使用该方法时，注册会计师应注意审计对象总体划分的群数不可太少，若群数太少，则选出的样本不具有代表性的可能性会过大，以至于不可接受。

整群选样和分层选样都是将总体按照某一标志分成若干层或群，那么什么时候用整群选样，什么时候用分层选样呢？这主要取决于层内或群内的相关性及层间或群间的相关性：如果群内相关性差而群间相关性高，则采用整群选样；如果层内相关性高而层间相关性差，则采用分层选样。

（六）评价抽样结果，推断总体特征

（1）比较样本差错率与所使用的预计差错率的差异。直到样本差错率小于或等于预计差错率时才能结束测试，并做出推断。

（2）属性抽样的审计结论是以一定的可靠程度确信总体差错率不超过某一百分比，这个百分比就是样本差错率加上精确度形成的精确度上限。

（3）审计结论可以查表求出。根据确定的可靠程度、审查的样本数量、发现的差错数查表。

【例 6-6】 确定的可靠程度为 99%，注册会计师在审查的 200 张现金支出凭证中发现了 3 张凭证有差错。

可以查表，在样本规模为 200 的那一行，查到 3 个差错所在的那一列，对应的精确度上限为 5%。因此，我们可以得出审计结论：以 99% 的把握，确信全部现金支出凭证中的差错率不超过 5%。

【例 6-7】 确定的可靠程度为 95%，注册会计师在审查的 350 张现金支出凭证中发现了 8 张凭证有差错。

查表时，样本规模没有 350 那一行，但有 340 和 360，这时应取较小的样本规模那一行，所以查 340 那一行；差错数也没有 8 个，但有 7 个和 10 个，这时应取差错数多的那一列，即查 10 个差错所在的那一列，对应的精确度上限为 5%。因此，我们可以得出审计结论：以 95% 的把握，确信全部现金支出凭证中的差错率不超过 5%。我们这样做可以保证审计结论较为可靠。

样本结果评价表如表 6-6～表 6-8 所示。

表 6-6　　　　　　　　　　　　　　样本结果评价表

（可靠程度：90%）

样本规模	精确度上限（%）															
	0.5	1	2	3	4	5	6	7	8	9	10	12	14	16	18	20
25											0				1	
30									0				1		2	
40							0				1		2	3		4
50						0			1			2	3	4	5	
60				0				1		2		3	4	5	6	7
70					0		1		2		3	4	5	6	8	9
80				0		1		2	3	4		5	6	8	9	10
90				0		1	2		3	4		6	7	9	11	12
100				0	1		2	3	4		5	7	9	10	12	14
120			0	1	2	3	4	5	6	7	9	11	13	15	17	
140			0	1	2	3	4	5	6	7	9	11	13	16	18	21
160			0	1	2	4	5	6	8	9	10	13	16	19	22	25
180			0	2	3	4	6	7	9	10	12	15	18	22	25	28
200			1	2	4	5	7	8	10	12	14	17	21	24	28	32
220			1	2	4	6	8	10	12	13	15	19	23	27	31	35
240		0	1	3	5	7	9	11	13	15	17	21	26	30	35	49
260		0	1	3	5	8	10	12	14	17	19	24	28	33	38	43
300		0	2	4	7	9	12	13	17	20		28	33	39	45	50
320		0	2	5	7	10	13	16	18	21	24	30	36	42	48	54
340		0	3	5	8	11	14	17	20	23	26	32	38	45	51	58
360		0	3	6	9	12	15	18	21	25	28	34	41	48	55	61
380		0	3	6	9	13	16	19	23	26	30	37	44	51	58	65
400		1	4	7	10	14	17	21	24	28	31	39	46	54	61	69
420		1	4	7	11	14	18	22	26	29	33	41	49	57	65	73
460	0	1	4	8	12	16	20	24	28	33	37	45	54	63	71	80
500	0	1	5	9	13	18	22	27	31	36	40	50	59	69	78	88
550	0	2	6	10	15	20	25	30	35	40	45	55	66	76	87	97
600	0	2	7	12	17	22	28	33	39	44	50	61	72	84	95	107
650	0	2	8	13	19	24	30	36	42	48	54	66	79	91	104	116
700	0	3	8	14	20	27	33	39	46	52	59	72	85	99	112	126
800	0	4	10	17	24	31	38	46	53	61	68	83	99	114	129	145

表 6-7　　　　　　　　　　　　　　样本结果评价表

（可靠程度：95%）

样本规模	精确度上限（%）															
	0.5	1	2	3	4	5	6	7	8	9	10	12	14	16	18	20
25												0				1
30											0			1		2
40									0			1		2		3
50							0			1		2	3	4	5	
60						0			1		2	3	4	5		
70						0		1		2	3	4	5	7	8	
80					0	1		2		3	4	5	6	8	9	
90					0	1	2		3	4		5	6	8	9	11
100					0	1	2		3	4		6	8	9	11	13
120				0	1	2	3	4	5	6		8	10	12	14	16

续表

样本规模	精确度上限（%）															
	0.5	1	2	3	4	5	6	7	8	9	10	12	14	16	18	20
140				0	1	2	3	4	5	6	7	10	12	14	17	19
160			0	1	2	3	4	5	6	8	9	12	14	17	20	23
180			0	1	2	3	5	6	8	9	11	14	17	20	23	26
200			0	1	3	4	6	7	9	11	12	16	19	23	26	30
220			0	2	3	5	7	8	10	12	14	18	22	25	29	33
240			1	2	4	6	8	10	12	14	16	20	24	28	33	37
260			1	3	4	7	9	11	13	15	17	22	26	31	36	41
280			1	3	5	7	10	12	14	17	19	24	29	34	39	44
300		0	1	3	6	8	11	13	16	18	21	26	31	37	42	48
320		0	2	4	6	9	11	14	17	20	22	28	34	40	45	51
340		0	2	4	7	10	12	15	18	21	24	30	36	42	49	55
360		0	2	5	8	10	13	17	20	23	26	32	39	45	52	59
380		0	2	5	8	11	14	18	21	24	28	34	41	48	55	62
400		0	3	6	9	12	15	19	22	26	29	37	44	51	59	66
420		0	3	6	9	13	16	20	24	27	31	39	46	54	62	70
460		0	4	7	11	15	18	22	26	31	35	43	51	60	68	77
500		1	4	8	12	16	21	25	29	34	38	47	56	66	75	84
550		1	5	9	14	18	23	28	33	38	43	53	63	73	83	94
600	0	1	6	10	15	20	26	31	36	42	47	58	69	80	92	103
650	0	2	6	12	17	23	28	34	40	46	52	64	76	88	100	112
700	0	2	7	13	19	25	31	37	43	50	56	69	82	95	108	122

表 6-8　　　　　　　　　　　　　　　样本结果评价表

（可靠程度：99%）

样本规模	精确度上限（%）															
	0.5	1	2	3	4	5	6	7	8	9	10	12	14	16	18	20
25																0
30														0		
40												0		1		2
50										0			1	2		3
60									0			1	2	3		4
70								0			1	2	3	4	5	6
80							0			1		2	4	5	6	7
90						0			1		2	3	5	6	7	9
100						0		1		2	3	4	6	7	9	10
120					0		1	2		3	4	6	8	9	11	13
140					0	1	2	3		4	5	7	10	12	14	16
160				0		1	2	3	5	6	7	9	12	14	17	20
180				0	1	2	3	4	6	7	8	11	14	17	20	23
200				0	1	3	4	5	7	8	10	13	16	19	23	26
220				0	2	3	5	6	8	10	11	15	18	22	26	30
240			0	1	2	4	6	7	9	11	13	17	21	25	29	33
260			0	1	3	5	6	8	10	12	14	19	23	27	32	36
280			0	2	3	4	7	9	12	14	16	21	25	30	35	40
300			0	2	4	6	8	10	13	15	18	23	28	33	38	43
320			0	2	4	7	9	11	14	17	19	24	30	35	41	47
340			1	3	5	7	10	13	15	18	21	26	32	38	44	50
360			1	3	6	8	11	14	16	19	22	28	35	41	47	54
380			1	3	6	9	12	15	18	21	24	30	37	44	50	57
400			1	4	7	10	13	16	19	22	26	32	39	46	54	61
420			2	4	7	10	14	17	20	24	27	35	42	49	57	64
460		0	2	5	8	12	15	19	23	27	31	39	47	55	63	72
500		0	3	6	10	13	17	21	26	30	34	43	52	60	70	79
550		0	3	7	11	15	20	24	29	34	38	48	58	68	78	88
600		0	4	8	13	17	22	27	32	37	43	53	64	78	86	97
650		0	4	9	14	19	25	30	36	41	47	58	70	82	94	106
700		1	5	10	16	21	27	33	39	45	51	64	76	89	102	115

二、停-走抽样

停-走抽样是固定样本量抽样的一种改进形式，固定样本量抽样要等到样本全部抽取、审查完以后，才能做出审计结论。若实际误差低于预计总体误差，说明是选取了过多的样本，降低了审计工作效率。

停-定抽样是以预期误差为零开始，通过边抽样边评价来完成审计抽样工作的一种属性抽样方法。当注册会计师预计错误率较低时，可以使用此法。先根据 0%的预计错误率确定一个初始化样本量进行审查。如果在初始样本中发现错误，就扩大样本进行审查，直到原先预计的错误率得到肯定或否定为止。如果初始样本中没有发现错误，就可直接得出审计结论并终止抽样审查。

三、发现抽样

发现抽样是在既定的可信赖程度下，在假定误差以既定的误差率存在于总体之中的情况下，至少查出一个误差的抽样方法。发现抽样主要用于查找重大非法事件，它能够以极高的可信赖程度（如 99.5%以上）确保查出误差率仅为 0.5%~1%的误差。使用发现抽样时，当发现重大的误差（如欺诈的凭据）时，无论发生次数多少，注册会计师都可能放弃一切抽样程序，而对总体进行全面彻底的检查。若通过发现抽样未发现任何例外，注册会计师可得出下列结论：在既定的误差率范围内没有发现重大误差。

使用发现抽样时，注册会计师需确定可信赖程度及可容忍误差。然后，在预期总体误差为 0%的假设下，参阅适当的属性抽样表，即可得出所需的样本量。

例如，注册会计师怀疑企业的职员伪造请购单、验收报告及进货发票，以虚构进货交易而达到支付现金的目的。为确定此种舞弊是否存在，注册会计师必须在企业的已付凭单中找出一组不实的单据。假设注册会计师设定：如果总体中包含 2%或 2%以上的欺诈性项目，那么在 95%的可信赖程度下，样本将显示出不实的凭单。查表，注册会计师发现在预期总体误差为 0%及可容忍误差为 2%时，所需的样本量为 149 个。如果经注册会计师选取并审查 149 个凭单后，未发现有不实情形，则注册会计师有 95%的把握认为总体中的不实凭单不超过 2%。

第三节 变量抽样

属性抽样只能推断某一属性的发生率，不能推断数据金额的正确性和真实性，所以一般用于符合性测试。注册会计师用来估计总体金额的统计抽样称为变量抽样。它一般用于实质性测试，如用于审查应收账款的金额、审查存货的数量和金额、审查工资费用、审查交易活动，以确定未经批准的交易金额。

变量抽样分为平均值估计、差异估计和比率估计等多种方法，这里主要介绍平均值估计。

一、平均值估计

平均值估计是根据样本平均值估计总体平均值，然后对总体金额进行推断的一种变量抽样方法。相关步骤如下。

（1）确定审计总体范围。

（2）估计总体所需精确度（P），然后计算单位平均精确度（p），总体数量用 N 表示，则

$$p=P/N$$

（3）估计总体标准离差。通过抽取一个初始样本，计算样本的标准离差来作为总体标准离差的估计值。

初始样本离差的计算公式为：

$$\sigma_x = \sqrt{\frac{\sum (x-\overline{x})^2}{n-1}}$$

其中，σ_x ——样本标准离差；

x ——样本值；

$\overline{x}$ ——样本平均值；

n ——初始样本量。

（4）根据要求的可靠程度确定标准正态离差系数（用 t 表示）。

可靠程度（%）	标准正态离差系数（$\pm t$）
75	1.15
80	1.28
85	1.44
90	1.64
95	1.96
99	2.58

（5）计算需要抽取的样本数量。不放回抽样方式下的公式为：

$$n = \frac{N}{1+\dfrac{Np^2}{t^2\sigma^2}}$$

（6）根据确定的样本数量选取样本。

（7）对样本的每个项目进行审查，然后计算样本平均值。公式为：

$$\overline{x} = \frac{\sum x}{n}$$

（8）以样本的平均数作为总体的平均数来估计总体的金额，并根据精确度进行区间估计。公式为：

总体金额=$N\times \pm P$

（9）得出审计结论。注册会计师在事先确定的可靠程度的基础上，可以确信总体金额在 $N\times -P$ 和 $N\times +P$ 之间。

（10）评价抽样结果。看一下账面金额是否在这个范围内，如果在此范围内，说明在某一可靠程度下，总体记录无重大误差。

【例6-8】　假定某公司 1996 年 12 月 31 日期末应收账款有 2 000 户顾客，账面价值为¥8 020 000。注册会计师通过抽样函证来审查应收账款的账面价值，并以 95%的可靠程度来估计总体金额，所设定的精确度为±¥60 000。通过初始样本的审查，估计总体的标准离差为¥150。请计算需抽取的样本量。

$$p=60\,000/2\,000=30$$
$$n=2\,000/(1+2\,000\times30^2/1.96^2\times150^2)=2\,000/(1+1\,800\,000/86\,436)=2\,000/21.8=92$$

假定注册会计师对选出的 92 个顾客发出函证，函证结果证明，样本平均值为¥4 032.36，注册会计师估计总体金额为多少？如何得出审计结论和评价抽样结果？

总体金额=$N\times \pm P$=2 000×4 032.36±60 000=8 064 720±60 000

审计结论：有 95%的把握保证 2 000 个应收账款账户的真实总体金额落在 8 004 720～8 124 720。

评价抽样结果：应收账款的账面价值为¥8 020 000，落在 8 004 720～8 124 720，所以应收账款金额无重大误差。

如果应收账款的账面价值没有落在 8 004 720～8 124 720，则注册会计师应要求被审计单位详细检查其应收账款，并加以调整。

二、差异估计

差异估计是利用审查样本所获得的样本平均差错额，去推断总体差错额或正确额的一种统计抽样方法。它适用于能获得书面记录值，并且被审总体中存在较大差错的情况。

三、比率估计

比率估计是以样本实际价值与账面价值之间的比率关系来估计总体实际价值与账面价值的比率关系，然后再以这个比率乘以总体的账面价值，从而求出总体实际价值的估计值的一种抽样方法。

精选案例

斯特公司与厄特马斯特的贷款案

1924 年 3 月，斯特公司向厄特马斯特公司贷一笔 10 万美元的贷款。厄特马斯特公司是一家主要从事应收账款业务的金融公司。厄特马斯特公司过去曾和斯特公司发生过几笔小额业务往来，所以对斯特公司比较熟悉，但鉴于这次贷款的数额较大，厄特马斯特公司要求斯特公司出具一份经过审计的资产负债表。于是，斯特公司请了著名的道奇与尼文会计师事务所。该事务所对该公司 1923 年的资产负债表进行了审计，签发了无保留意见的审计报告。斯特公司经过审计的资产负债表显示，它的总资产已超过了 250 万美元，且有近 100 万美元的净资产。在看了这份资产负债表和审计报告后，厄特马斯特公司向斯特公司提供了 10 万美元贷款。随后，厄特马斯特公司又向斯特公司发放了两笔总计 65 000 美元的贷款。在同一时间内，斯特公司以同样的手法，从当地其他两家银行，得到了超过 30 万美元的贷款。

对厄特马斯特公司和两家贷款给斯特公司的银行来说，不幸的事发生了：1925 年 1 月，斯特公司宣告破产，随后的法庭证词表明，就在资产负债表显示斯特公司拥有 100 万美元净资产的 1923 年年底，公司已处于资不抵债的无望状态。斯特公司的一名会计以虚构公司巨额会计分录的方法，向审计人员隐瞒了公司濒临破产的事实，其中虚构最大一笔的会计分录：是将超过 70 万美元的虚假销售收入，借记"应收账款"账户。

在斯特公司破产后，厄特马斯特公司为追回经济损失，起诉了道奇与尼文会计师事务所。厄特马斯特公司宣称：该事务所在对斯特公司进行审计时，不仅麻痹大意，还具有欺诈行为。

厄特马斯特公司的律师陈述：道奇与尼文会计师事务所的审计人员应该很容易查出斯特公司在 1923 年 12 月 31 日的资产负债表中，虚增了 70 多万美元应收账款项目这一事实。这个虚构事项如果被纠正，将使斯特公司报告的净资产减少近 70%。这样，厄特马斯特公司也就不可能贷给它如此大额的款项了。

道奇与尼文会计师事务所的律师为此项疏忽辩护说，审计主要是"抽样测试"，而不是对所有账目进行详细检查。所以，有 17 张假发票并未包含在被检查的 200 多张发票之内是不足为奇的。法庭对此裁决指出：虽然通常审计工作是建立在以抽样为基础的原则上的，但鉴于该笔发生在 1923 年 12

月的大额销售收入的性质可疑，道奇与尼文会计师事务所有责任对其进行特别检查。最终道奇与尼文会计师事务所承担了一定的法律责任。

分析：审计抽样有哪几种？分别应注意什么问题？

重要概念

审计抽样（Audit Sampling）　　　　系统选样（Systematic Selection）
整群选样（Block Selection）　　　　分层选样（Stratification）
属性抽样（Attributes Sampling）　　发现抽样（Discovery Sampling）
停—走抽样（Stop-or-Go Sampling）　变量抽样（Variables Sampling）

思考与练习

一、单选题

1. 预计差错发生率与样本数量的关系为（　　）关系。

A. 反比例　　　　B. 正比例　　　　C. 无关　　　　D. 无法确定

2. 精确度的大小与样本数量的关系为（　　）关系。

A. 反比例　　　　B. 正比例　　　　C. 无关　　　　D. 无法确定

3. 甲单位 10 000 张销货发票中需要抽取 500 张发票审查，那么乙单位 1 000 张销货发票中需要抽取（　　）张发票审查（假定预计差错发生率、精确度和可靠程度不变）。

A. 50　　　　B. 100　　　　C. 300　　　　D. 500

4. 属性抽样与变量抽样相比，在实施程序上的实质性区别是（　　），而后者不需要。

A. 前者需要预计总体差错发生率　　B. 前者需要确定样本数量
C. 前者需要评价抽样结果　　　　　D. 前者需要确定抽样总体

5. 在用随机数表选样时，选样的起点、方向可以任意确定而不影响选样的效果，是因为无论怎样确定选样的起点、方向，（　　）都是相同的。

A. 选取样本的随机性　　　　B. 所选的样本编号
C. 所选的第一个单位　　　　D. 推断的总体误差

6. 将统计抽样运用于下列（　　）项目，属于属性抽样。

A. 未经批准而赊销的金额　　　　B. 赊销是否经过严格审批
C. 因赊销而引起的坏账额　　　　D. 应收账款余额的真实性

7. 在下列所列的各种方法中，（　　）属于属性抽样。

A. 根据精确度界限和可靠程度测定总体特征的发生频率的方法
B. 平均值估计
C. 差异估计
D. 比率估计

8. 在分层抽样中，一般不应（　　）。

A. 对不同层次采用不同的抽样方法　B. 对不同层次采用不同的审计方法
C. 对包含重要项目的层次全部审计　D. 对数量大而价值低的层次放弃审计

9. 对于随机数表选样的下列要求中，不正确的是（　　）。

A. 根据抽样单位的编号确定选号的范围

B. 选号起点不可随机确定

C. 根据抽样单位的编号确定选号的位数

D. 选号方向可以任意确定

10. 在（　　）中，确定了第一个号码后，以后各个样本号码也就随之完全确定。

A. 随机选样　　　B. 系统选样　　　C. 随意选样　　　D. 判断选样

11. 隆兴公司仓库中含有 4%的产品怀疑为次品。注册会计师审查财务报表时，决定预计总体差错发生率为 4%，确定可靠程度为 95%，精确度为±2%，由此确定样本规模为 500 件。若精确度改为±4%，可靠程度不变，则所需样本量为（　　）。

A. 180　　　　　B. 670　　　　　C. 830　　　　　D. 1 780

二、多选题

1. 当审查重要的审计项目时，注册会计师应该（　　）。

A. 提高精确程度　　　　　　　　　B. 使精确度数值更大

C. 使差错容许界限更小　　　　　　D. 使可容忍偏差更大

2. 分层抽样法可理解为（　　）的综合运用。

A. 任意抽样　　　B. 判断抽样　　　C. 属性抽样　　　D. 统计抽样

三、判断题

1. 降低精确度，即差错容许界限越小，则抽查的样本数量就要越多。（　　）

2. 采用放回抽样比采用不放回抽样需要抽取更多的样本量。（　　）

四、思考题

1. 统计抽样法在审计工作中的具体应用，主要有哪两种方法？这两种方法分别包括哪些抽样方法？

2. 简述属性抽样的步骤。

3. 属性抽样中影响样本数量的因素有哪些？它们是怎样影响的？

五、案例分析题

1. 某公司共有 4 000 人，其账面工资总额为 9 778 200 元，注册会计师对工资费用进行抽查，并以 95%的可靠程度来估计工资费用总额，所设定的精确度为±100 000 元。审查时，注册会计师选取 20 人作为估计总体标准离差的初始样本，假设初始样本的标准离差为 200，求需要抽取的样本数量。

要求：假定对样本审查后，审定样本工资费用总额为 567 500 元，请问注册会计师可以得出什么样的审计结论。

2. 甲材料 40 000 件，其账面价值总额为 2 950 800 元。注册会计师决定对甲材料进行抽查，并以 95%的可靠程度来估计总体的价值，所设定的精确度为±50 000 元。审查前，注册会计师选取 30 件甲材料作为估计总体标准离差的初始样本，假设初始样本的标准离差为 8，计算需要抽取的样本量。

要求：假定审定抽取的样本平均值为 75 元，试估计总体金额并做出审计结论。

第七章 审计计划和重要性

【学习目标】

理解审计计划的概念、作用，重要性的适用范围和运用重要性原则的一般要求；

掌握重要性的定义，审计计划的内容；

熟练掌握重要性与审计风险、审计证据的关系，重要性水平的两个层次和评价审计结果时如何考虑重要性。

本章属于审计基本理论中非常重要的章节，其中审计重要性是注册会计师审计理论的基石之一。

第一节 审计计划

任何一项审计工作，要有效率又有效果地进行，实现所制定的审计策略和做好外勤工作，就必须对各项审计工作进行合理的安排，即要求注册会计师制订审计计划。

一、审计计划的概念

审计计划是注册会计师为了高效地完成某项审计业务而制订的预期性的、整体性的工作安排，包括总体审计策略和具体审计计划。

总体审计策略是用来确定审计范围、审计时间和审计方向，并指导制订具体审计计划，是注册会计师从接受审计委托到出具审计报告整个过程基本工作内容的综合计划。

具体审计计划是依据总体审计计划制订的，对实施总体审计计划所需要的审计程序的性质、时间和范围所做的详细规划与说明。

一个良好的审计计划需要控制三个关键领域，从而使审计工作能够顺利而有效地完成。这三个关键领域如下。

（1）审计要求。在审计计划过程中尽可能早地确定客户的审计要求是十分必要的。注册会计师需要知道预期的工作范围、报告日期等，以便充分调动事务所的资源来满足客户需求。

（2）审计成本。如果不控制成本，则注册会计师可能会面临以下几种风险。

① 价格和服务会失去竞争力。

② 时间浪费在无关紧要的领域。

③ 事务所资源的无效使用。

④ 过度的时间压力。

（3）审计风险。如果没有控制审计风险，注册会计师则可能不会发现财务报表中的重大的错报、漏报。

另外，审计计划是预期性的工作安排，因此在计划的执行过程中，由于实际情况可能与预期的不一致，这种不一致使注册会计师要对审计计划进行一定的、合理的修改。

二、审计计划的作用

审计计划具有以下几个方面的作用。

（1）通过制订审计计划，注册会计师可及早地确定客户的要求和期望，避免对被审计单位产生误解，最大限度地减轻自己的法律责任。

（2）通过制订和实施审计计划，注册会计师能根据具体情况收集充分、适当的证据。

（3）通过制订审计计划，审计项目组可以保持合理的审计成本，提高审计工作的效率和质量。例如，通过审计计划，审计项目负责人可以全面了解审计工作的整体安排和各审计步骤的具体时间安排，适当掌握好审计工作的进程，最大限度地降低时间压力。助理审计人员也可以通过审计计划，明确自己在审计过程的各个阶段中应做的工作、要求及时间安排等，做到心中有数，从而有利于做好审计工作。

三、审计计划的内容

（一）总体审计策略

1. 总体审计策略的内容

注册会计师应当在总体审计策略中清楚地说明下列内容，并且应当根据实施风险评估程序的结果予以调整。

（1）向具体审计领域调配的资源，包括向高风险领域分派有适当经验的项目组成员等。

（2）向具体审计领域分配资源的数量，包括安排到重要存货存放地观察存货盘点的项目组成员的数量，对其他注册会计师工作的复核范围，对高风险领域安排的审计时间预算等。

（3）何时调配资源，包括是在期中审计阶段还是在关键的截止日期调配资源等。

（4）如何管理、指导、监督资源的利用，包括预期何时召开项目组预备会和总结会，预期项目负责人和经理如何进行复核，是否需要实施项目质量控制复核等。

2. 制定总体审计策略应考虑的事项

（1）审计范围

注册会计师应当确定审计业务的特征，包括采用的会计准则和相关会计制度、特定行业的报告要求及被审计单位组成部分的分布等，以界定审计范围。

（2）报告目标、时间安排及所需沟通

总体审计策略的制定应当明确审计业务的报告目标，以计划审计工作的时间安排和所需沟通的性质，包括提交审计报告的时间要求、预期与管理层和治理层沟通的重要日期等。

（3）审计方向

注册会计师应当考虑影响审计业务的重要因素，以确定项目组工作方向，包括确定适当的重要性水平，初步识别可能存在较高的重大错报风险的领域，初步识别重要的组成部分和账户余额，评价是否需要针对内部控制的有效性获取审计证据，识别被审计单位、所处行业、财务报告要求及其他相关方面最近发生的重大变化等。

（二）具体审计计划

1. 总体审计策略与具体审计计划的关系

总体审计策略和具体审计计划的制定过程紧密联系，并且两者的内容也紧密相关。总体审计策略一经制定，注册会计师就应当针对总体审计策略中所识别的不同事项，制订具体审计计划，并考虑通过有效利用审计资源以实现审计目标。总体审计策略是制订具体审计计划的指导，而制订具体审计计划反过来又会影响总体审计策略。这两项计划活动是内在紧密联系的。注册会计师应当根据实施风险评估程序的结果，对总体审计策略的内容予以调整。因此，在审计实务中，为使计划审计工作更有效率，注册会计师可以将制定总体审计策略和具体审计计划结合进行，也可以采用将总体审计策略和具体审计计划合并为一份审计计划文件的方式。

2. 具体审计计划的内容

具体审计计划比总体审计策略更加详细，其内容包括为获取充分、适当的审计证据以将审计风险降至可接受的低水平，项目组成员拟实施的审计程序的性质、时间和范围。具体审计计划应当包括风险评估程序、计划实施的进一步审计程序和其他审计程序。

（1）风险评估程序

风险评估程序即为了足够识别和评估财务报表重大错报风险，注册会计师计划实施的风险评估程序的性质、时间和范围。

（2）进一步审计程序

进一步审计程序即注册会计师需要根据风险评估程序的结果，识别和评估重大错报风险，并针对评估的认定层次的重大错报风险计划实施的程序。

（3）其他审计程序

其他审计程序即注册会计师针对审计业务需要实施的其他审计程序。计划的其他审计程序可以包括上述进一步审计程序的计划中没有涵盖的，根据其他审计准则的要求、针对特定项目注册会计师应当执行的既定程序。例如，阅读含有已审计财务报表的文件中的其他信息、与被审计单位律师直接沟通等。

第二节

重要性

一、重要性的定义及适用范围

现代审计多为抽样审计，它具有客观性、科学性，而且节约成本，提高了审计效率，但也有副作用，如它加大了发生审计差错的可能性。并非所有的差错都可能导致法律诉讼。一个年销售额上亿元的公司由于会计分期处理不当，把一笔应归于下一年度的、金额为10万元的销售收入归入本年度加以报告。报表使用者一般不会去追究这笔差错的责任，因为这种差错不会影响他们的判断。但如果同样的差错出现在一个年销售额仅40万元的公司报表中，报表使用者就不会对这种情况熟视无睹了。因为这种误差无疑使他们对公司的经营能力产生了过高的估计。这说明，报表使用者心目中所认为的报表金额误差的相对重要程度，与注册会计师承担的风险大小有着直接的关系。

标准的审计报告中都会提到：财务报表是否在所有重大方面公允地反映了企业的财务状况和经营成果。这里的重大方面就是针对重要性对报表使用者的一种提示，即审计并不能保证财务报表百分之百的正确，而只是表明他们认为财务报表从总体上公允地反映了被审计单位的财务状况和经营成果。

各国对重要性的认识基本上是一致的，即若某信息的错报和漏报可能影响财务报表使用者的决策，那该信息就具备重要性。

（一）重要性取决于在具体环境下对错报金额和性质的判断

根据《中国注册会计师审计准则第1221号——重要性》，可将重要性定义为：如果一项错报单独或连同其他错报可能影响财务报表使用者依据财务报表做出的经济决策，则该项错报是重大的。

（二）理解重要性时的注意事项

必须注意以下几点。

1. 重要性概念中的错报

错报包含漏报。财务报表错报包含财务报表金额的错报和财务报表披露的错报两层含义。

2. 重要性概念是针对财务报表而言的

判断一项业务重要与否，应视其在财务报表中的错报或漏报对财务报表使用者的决策的影响程度而定。若一项业务在报表中的错报或漏报足以改变或影响报表使用者的判断，则该项业务就是重要的，否则就是不重要的。

3. 重要性概念考虑的角度

重要性概念必须从财务报表使用者的角度来考虑，因为财务报表是为了满足财务报表使用者的信息需求而编制的。财务报表的使用者包括企业的投资者、债权人、政府、社会公众等。他们需要利用财务报表提供的信息做出各种经济决策。这里，财务报表使用者是指具有一定的理解能力并能够理性地做出判断和决策的使用者。

4. 重要性的判断离不开特定的环境

不同企业面临不同的环境，因而判断重要性的标准也不相同。例如，某一金额对某个企业的财务报表来说是重要的，对另一企业的财务报表而言则可能不是重要的；对某一特定企业而言，重要性也会因时间的不同而改变。

5. 重要性与可容忍误差之间的关系

注册会计师应根据编制审计计划时对审计重要性的评估，确定实质性测试的可容忍误差。可见，重要性与可容忍误差之间关系密切。实际上，账户层次的重要性水平就是实质性测试的可容忍误差。

二、重要性的运用

（一）运用重要性原则的一般要求

对重要性的评估是注册会计师的一种专业判断。在确定审计程序的性质、时间和范围及评价审计结果时，注册会计师对运用重要性原则的一般要求，可以从以下几个方面来理解。

1. 对重要性的评估需要运用专业判断

前已述及，重要性的判断离不开特定的环境。实际上，影响重要性的因素很多，不同企业的重要性不同，同一企业在不同时期的重要性也不同。注册会计师在对某一企业进行审计时，必须根据该企业面临的环境，并考虑其他因素，才能合理确定重要性水平。不同的审计人员在确定同一企业财务报表的重要性水平时，得出的结果可能不同，甚至相差很大，其原因是不同审计人员对影响重要性的各种因素的判断存在差异。所以说，注册会计师需要运用专业判断来评估重要性。

2. 注册会计师在审计过程中应当运用重要性原则

在审计过程中运用重要性原则是基于这样的考虑。一是为了提高审计效率。由于社会经济环境的发展变化，企业规模的扩大，企业组织结构日趋复杂，详细审计已经不可能，在抽样审计下，注册会计师为做出抽样决策，不得不涉及重要性问题。二是为了保证审计质量。抽样审计下，注册会计师对未查部分是否正确要承担一定的风险，而风险的大小与重要性的判断有关。因此，注册会计师为保证审计质量，必须对重要性进行恰当的判断。

3. 注册会计师应当合理运用重要性原则

如果重要性原则运用不当，重要性水平确定过低，则往往导致审计成本过大，白白浪费人力和时间；如果重要性水平确定过高，则注册会计师可能面临过大的审计风险，得出错误的审计结论。应该说，后一种情况更为可怕，因为错误的审计结论往往使注册会计师陷入法律诉讼。

4. 运用重要性原则的情形

在审计过程中，需要运用重要性原则的情形有两种。一是在确定审计程序的性质、时间和范围时。此时，重要性被看作审计所允许的可能或潜在的未发现错报或漏报的限度，即注册会计师在运用审计程序以检查财务报表的错报或漏报时所允许的误差范围。二是评价审计结果时。此时，重要性被看作某一错报或漏报或汇总的错报或漏报是否影响财务报表使用者判断和决策的标志。

（二）金额和性质的考虑

注册会计师在运用重要性原则时，应当考虑错报或漏报的金额和性质。这也就是说，重要性具有数量和质量两个方面的特征。一般来说，金额大的错报或漏报比金额小的错报或漏报更重要，但在下列情况下，某项错报或漏报从量的方面来看并不重要，从其性质方面考虑，却可能是重要的。

1. 涉及舞弊与违法行为的错报或漏报

舞弊与违法行为反映了管理当局或其他人员的诚实和可信性存在问题。对于财务报表使用者而言，蓄意错报或漏报比相同金额的笔误更重要。故意的错报和漏报往往预示着公司管理层品德的可依赖性不高，注册会计师应当考虑扩大审计测试的范围以降低审计失败的风险。

2. 可能引起履行合同义务的错报或漏报

例如，某项错报或漏报使得企业的营运资金增加了几百元，从数量上看并不重要，但这项错报或漏报使营运资金从低于贷款合同规定的营运资金数变为稍稍高于贷款合同规定的营运资金数，这就影响了贷款合同所规定的义务，所以是重要的。例如，企业与银行签订的贷款合约中可能规定企业的流动比率应当不低于 2:1，以保持短期偿债能力。这就为企业高估流动资产、低估流动负债提供了动机。如果注册会计师发现一笔存货价值的高估在金额上恰好使企业的流动比率满足贷款合约的要求，尽管这笔高估的金额相对于存货总额来说是微不足道的，注册会计师仍应将该项误差视为重大误差，因为它很可能影响银行的决策。又如，中国证监会曾规定净资产收益率超过 10% 的上市公司才有配股的资格，而这有可能刺激上市公司虚增净利润。注册会计师在审计上市公司年度财务报表时，就应当对那些净资产收益率刚好在 10% 以上的公司予以特殊关注。

3. 影响收益趋势的错报或漏报

在其他情况下认为不重要的错报或漏报，如果影响收益变动的趋势，应引起注意。例如，一笔金额很小的销售可能将一家企业从亏损拉向盈利，这也带来了企业经营成果质的变化。对这类误差，注册会计师就不能将其视为不重要的，而应当对此采取相应的措施。

4. 会计项目本身的性质

不同的会计项目具有不同的误差敏感度。因为不同的项目发生差错的概率是不同的。有的项目如存货，由于计量本身带来的不精确性，发生差错的概率较大，因此，这些项目即使在计量上出现 5% 左右的误差也可能是在可容忍的误差范围内。而有的项目（如现金、有价证券、实收资本等）不仅在计量上可以做到不差分毫，而且也是内部控制的关键环节或是被有关利益群体所关注。这些项目中的任何细小的错误都预示着出现重大问题的可能性，因此，注册会计师应充分重视。

5. 小金额错报或漏报的累计

小金额错报或漏报的累计，可能会对财务报表产生重大影响，注册会计师对此应当予以关注。单独地看，一笔小金额的错报或漏报无论是在性质上，还是在数量上都是不重要的。但财务报表是一个整体，如果企业每个星期均错报或漏报同样的小金额，原本几千元的错报或漏报全年累计起来，就有可能成为上万元的错报或漏报；企业许多账户或交易均存在小金额的错报或漏报，所有账户或交易累计起来，就有可能变成大金额的错报或漏报。这种情况必然会对财务报表产生重大影响。所以，注册会计师应当对此予以充分的关注。

（三）重要性与审计风险的关系

要准确掌握重要性与审计风险，就需要注意以下三个方面。

1. 重要性和审计风险的关系是反向的关系

也就是说，重要性水平越高，审计风险越低；重要性水平越低，审计风险越高。这里重要性水平的高低是指金额的高低。例如，4 000 元的重要性水平比 2 000 元的重要性水平高。因为审计风险是指被审计单位发生错报或漏报，而注册会计师没有审计出来的可能性。如果重要性水平分别为 2 000 元和 4 000 元，那么重要性水平为 2 000 元时比 4 000 元时的审计风险要高，因为重要性水平如果是 4 000 元，说明 4 000 元以内的差错都不会影响报表使用者的判断，也就是说差错在 4 000 元以内没有审计风险，而重要性水平如果只有 2 000 元，说明差错只要在 2 000 元以内就有审计风险，所以审计风险随着重要性水平的降低而升高。

2. 合理确定重要性水平

重要性水平的确定取决于注册会计师的判断，因此注册会计师应当保持应有的职业谨慎，合理确定重要性水平。如果原本 4 000 元的错报或漏报才会影响财务报表使用者的判断和决策，但注册会计师将重要性水平确定为 2 000 元，这时注册会计师就会扩大审计程序的范围或追加审计程序，而实际上没有必要，只能是浪费时间和人力。如果原本 2 000 元的错报或漏报就会影响财务报表使用者的判断或决策，但注册会计师将重要性水平确定为 4 000 元，这时注册会计师所执行的审计程序要比原本应当执行的审计程序少、审计范围小，这必然会导致注册会计师得出错误的审计结论。所以，重要性水平偏高或偏低均对注册会计师不利，注册会计师应当保持应有的职业谨慎，合理确定重要性水平。

3. 重要性水平与审计程序的关系

根据两者的关系，如果注册会计师判断重要性水平较低，那么审计风险就会增加。这时注册会计师必须扩大原来的符合性测试程序或者修改实质性测试程序，收集更多的审计证据以降低审计风险。

（四）重要性和审计证据的关系

重要性水平和审计证据是反向的关系，即重要性水平越低，需要获取的审计证据越多。这里要注意重要性水平不同于重要的审计项目。

一般来说，重要性水平越低，所需要的审计证据越多（反向关系）。例如，为了合理保证存货账户余额错报不超过 10 万元所需收集的证据，比为了合理保证该账户余额错报不超过 20 万元所需收集的证据多。

一般来说，重要的审计项目是金额越大越重要，所需收集的证据的数量就越多（正向关系）。例如，存货占总资产的 30% 时，比占 10% 时需要更多的证据。

三、重要性水平的两个层次

注册会计师要验证财务报表整体的公允表达，因此要确定财务报表整体的重要性水平。而财务报表是由根据各个具体会计账户及交易行为编报的，所以注册会计师需要将财务报表总体的重要性水平分配至各个账户及交易项目，以控制财务报表总体的错报金额在重要性水平之下。所以在编制审计计划工作中，注册会计师需要考虑两个层次的重要性水平。

第一个层次是财务报表层次，即总体重要性水平。财务报表的累计错报金额超过该层次的重要性水平可能造成对报表使用者的决策误导。

第二个层次是交易、账户余额、列报认定层次，通过对形成报表总体的各账户和交易记录的控制，保证财务报表整体的误报不超过财务报表层的重要性水平。这就要求将财务报表层的重要性水平进行分解，分配到各部分，形成账户及交易层的重要性水平。这一层次的重要性水平又叫可容忍误差。

（一）财务报表层次重要性水平的确定

1. 数量指南

注册会计师通常先选择一个恰当的基准，再选用适当的百分比乘以该基准，从而得出财务报表层次的重要性水平。在实务中，有许多汇总性财务数据可以用作确定财务报表层次重要性水平的基准，如总资产、净资产、销售收入、费用总额、毛利、净利润等。

注册会计师对基准的选择有赖于被审计单位的性质和环境。例如，对于以营利为目的的被审计单位而言，来自经常性业务的税前利润和税后净利润可能是一个适当的基准；而对于收益不稳定的被审计单位或非营利组织来说，选择税前利润或税后净利润作为判断重要性水平的基准就不合适。对于资产管理公司来说，净资产可能是一个适当的基准。注册会计师通常选择一个相对稳定、可预测且能够反映被审计单位正常规模的基准。由于销售收入和总资产具有相对稳定性，注册会计师经常将其用作确定计划重要性水平的基准。

在选定基准后，将其乘以一个固定百分比，就可求出财务报表层次的重要性水平，但这个百分比是多少，世界各国的审计准则和会计准则都没有明确规定。以下是实务中用来判断重要性水平的一些指南。

（1）以营利为目的的企业，为来自经常性业务的税前利润或税后净利润的 5%，或总收入的 0.5%。

（2）对于非营利组织，为费用总额或总收入的 0.5%。

（3）对于共同基金公司，为净资产的 0.5%。

2. 注意事项

（1）被审计单位净利润接近于零时，不应将净利润作为重要性水平的判断基础；被审计单位净利润波动幅度较大时，不应将当年的净利润作为重要性水平的判断基础，而应选择近年的平均净利润；被审计单位属于劳动密集型企业时，不应将资产总额、净资产作为重要性水平的判断基础。

（2）如果同一期间各财务报表重要性水平不同，则注册会计师应当取其最低者作为财务报表层的重要性水平。注册会计师应当先对每张财务报表确定一个重要性水平。例如，将损益表的重要性水平确定为 100 万元，将资产负债表的重要性水平确定为 200 万元。财务报表彼此相互关联，并且许多审计程序经常涉及两个以上的报表。例如，用于确定年底赊销是否正确记录在适当期间的审计程序，不仅为资产负债表上的应收账款提供审计证据，而且还为损益表上的销售提供审计证据。因此，在编制审计计划时，注册会计师应使用被认为对任何一张财务报表都重要的最小的错报或漏报总体水平。也就是说，注册会计师要选择最低的重要性水平作为财务报表层次的重要性水平。

（3）注册会计师在确定重要性水平时，不必考虑与具体项目计量相关的固有不确定性。例如，财务报表含有高度不确定性的大额估计，注册会计师并不会因此而确定一个比不含有该估计的财务报表的重要性更高或更低的重要性水平。

（二）各类交易、账户余额、列报认定层次重要性水平的确定

1. 确定时需要考虑的因素

（1）各类交易、账户余额、列报的性质及错报的可能性。

（2）各类交易、账户余额、列报的重要性水平与财务报表层次重要性水平的关系。

（3）账户受关注的程度。某些项目对有关利益方来说比较敏感，如果这种项目在审计上出现差错就很容易受到相关方的指控。例如，利润分配对于股东来说就是特别敏感的项目。注册会计师对这些项目的审计就应给予特别的关注，搜集更多的证据，因此分配以较低的重要性。例如，对流动比率和每股收益这两个项目，股东更关注每股收益，而债权人则更关心流动比率，因为流动比率反映企业的短期偿债能力。注册会计师如果不考虑账户受关注的程度，重要性水平制定过高，就可能导致审计失败。例如，美国巴克雷斯建筑公司在保龄球风靡美国的时候，开始承建保龄球道，公司财务报表销售额连续几年直线上升。这时公司发行了 15 年期的长期债券，但发行债券半年之后，公司就因还不起半年利息而宣布破产。于是债券持有人集体上诉，状告巴克雷斯建筑公司和为它审计复核 S-1 表（美国证券上市注册登记表中的基本登记表格）（包括：销售收入、营业净收益、每股收益、流动资产、流动比率、或有负债等）的毕马威会计师事务所。法官在审理案件时，首先肯定财务报表中存在某些错误，但这些错误是否重大是判定会计师事务所是否有责任的关键。因为是为发行债券而进行的报表审计，所以是否重大应根据是否使谨慎的投资者在购买债券时能否得到合理的信息。法官指出销售额、营业净收入、每股收益高估（7.7%，15.3%，16.5%）的程度不会影响债权人购买债券的决策，而流动比率的高估比率（18.8%）尽管与每股收益接近，但却应该属于重大性错误。这是因为与公司股东相比，债券持有人对公司资金流动状况的高估的关心超过对公司收益的高估，债权人更关心公司能否及时偿还债务及利息。所以确定重要性水平时，一定要注意项目受有关利益方关注的程度。上述审计案例就是因为对流动比率的错误高估应属于重大性错误，但会计师事务所却出具了无保留意见审计报告，最后被迫承担法律责任。

2. 具体的分配方法

（1）分配的方法：采用分配方法时，分配的对象一般是资产负债表账户。假设某公司的总资产的构成如表 7-1 所示，注册会计师初步判断某公司的财务报表层次的重要性水平为资产总额的 1%，为 140 万元，即资产账户可容忍的错报或漏报为 140 万元。现注册会计师按这一重要性水平分配给各资产账户，如表 7-1 所示。

表 7-1 　　　　　　　　　　　　总资产的构成及重要性水平的分配　　　　　　　　　　　　单位：万元

项目	金额	甲方案	乙方案
现金	700	7	2.8
应收账款	2 100	21	25.2
存货	4 200	42	70
固定资产	7 000	70	42
总计	14 000	140	140

在表 7-1 中，甲方案是按 1%进行同比例分配。一般来说，这并不可行，注册会计师必须对其进行修正。由于应收账款和存货错报或漏报的可能性较大，故分配较高的重要性水平，以节省审计成本，如乙方案。假定审计存货后，仅发现错报和漏报 40 万元，且注册会计师认为所执行的审计程序已经足够，则可将剩下的 30 万元再分配给应收账款。

（2）不分配的方法：这里，我们介绍某著名国际会计公司所采用的方法。假设财务报表层次的重要性水平为 100 万元，则注册会计师可根据各账户或各类交易的性质及错报或漏报的可能性，将各账户或交易的重要性水平确定为财务报表层次重要性水平的 20%～50%。注册会计师审计时，只要发现该账户或交易的错报或漏报超过这一水平，就建议被审计单位调整。最后，注册会计师编制未调整事项汇总表，若未调整的错报或漏报超过 100 万元，就建议被审计单位调整。

必须指出，在实际工作中，往往很难预测哪些账户可能发生错报或漏报，也无法事先确定审计成本的大小，所以，重要性水平的确定过程是一个非常困难的专业判断过程。

四、评价审计结果时对重要性的考虑

（一）评价审计结果时所运用的重要性水平

评价审计结果所运用的重要性水平跟编制审计计划时所运用的重要性水平一般是不同的。这可从以下两个方面来理解。

1. 评价审计结果时所运用的重要性水平可能不同于编制审计计划时确定的重要性水平

这可能是因为环境的变化，或者注册会计师对被审计单位了解程度的增加。例如，注册会计师在会计期间结束前编制审计计划，只能根据预测的财务状况和经营成果来确定重要性水平。如果实际的财务状况和经营成果大不相同，则注册会计师所评估的重要性水平也必须加以改变。此外，注册会计师在编制审计计划时，可能有意地规定重要性水平低于将用于评价审计结果的重要性水平。这样通常可以减少未被发现的错报或漏报的可能性，并且能给注册会计师提供一个安全边际。

2. 评价审计结果时所运用的重要性水平大大低于编制审计计划时确定的重要性水平时的处理

如果评价审计结果时所运用的重要性水平大大低于编制审计计划时确定的重要性水平，注册会计师应当重新评估所执行的审计程序是否充分。原来较高的重要性水平意味着较低的审计风险，所需执行的审计程序和所需搜集的审计证据相对较少，而现在评价审计结果时所运用的重要性水平比原来有所降低，则审计风险相应增加，这就要求执行更多的审计程序，搜集更多的审计证据。

（二）错报的汇总

注册会计师在评价审计结果时，应当汇总已发现但尚未调整的错报，以考虑其金额与性质是否对财务报表的反映产生重大影响。注册会计师在汇总尚未调整的错报时，应当包括已发现的和推断的错报，并考虑期后事项和或有事项是否已进行适当处理。这就是说，在终结审计时，为确定被审计单位的财务报表是否合法、公允、一贯，注册会计师应当汇总尚未调整的错报，并将其与财务报表层次的重要性水平相比较。汇总的错报包括以下几种。

1. 已发现的错报

已发现的错报即通过对账户或交易实施详细的实质性测试所确认的未调整错报。

2. 推断的错报

推断的错报即通过审计抽样或分析性程序所估计的未调整的错报。

必须指出，注册会计师在汇总时，也可能包括前期未调整的错报。一般情况下，如果前期尚未调整的错报尚未消除，且导致本期财务报表严重失实，则注册会计师在汇总时就应将其包括进来，还应考虑期后事项和或有事项是否已进行适当处理。

3. 未更正错报

未更正错报即注册会计师在审计过程中累积的且被审计单位未予更正的错报。

在评价未更正错报的影响之前，注册会计师可能有必要依据实际的财务结果对重要性进行修改。如果注册会计师对重要性或重要性水平（如适用）进行的重新评价导致需要确定较低的金额，则注册会计师应重新考虑实际执行的重要性和进一步审计程序的性质、时间安排和范围的适当性，以获取充分、适当的审计证据作为发表审计意见的基础。

注册会计师需要考虑每一单项错报，以评价其对相关类别的交易、账户余额或披露的影响。

注意

第一，如果注册会计师认为某一单项错报是重大的，则该项错报不太可能被其他错报抵销；

第二，对于同一账户余额或同一类别的交易内部的错报，这种抵销可能是适当的；

第三，确定一项分类错报是否重大，需要进行定性评估。即使分类错报超过了在评价其他错报时运用的重要性水平，注册会计师也可能认为该分类错报对财务报表整体不产生重大影响；

第四，某些错报低于财务报表整体的重要性，但因与这些错报相关的某些情况，在将其单独或连同在审计过程中累积的其他错报一并考虑时，注册会计师也可能将这些错报评价为重大错报。

（三）汇总数超过重要性水平的处理

如果尚未调整的错报的汇总数超过重要性水平，则注册会计师应当考虑扩大实质性测试范围或提请被审计单位调整财务报表，以降低审计风险。也就是说，当汇总数超过重要性水平时，为降低审计风险，注册会计师应当考虑采用两种措施：一是扩大实质性测试范围，以进一步确认汇总数是否重要；二是提请被审计单位调整财务报表，以使汇总数低于重要性水平。

如果被审计单位拒绝调整财务报表或扩大实质性测试范围后，未更正错报的汇总数仍超过重要性水平，则注册会计师应当发表保留意见或否定意见。这意味着当被审计单位拒绝调整财务报表，或仅部分调整财务报表，未更正错报的汇总数并未得到实质性的减少时，或者在注册会计师扩大实质性测试范围后，未更正错报的汇总数仍然超过财务报表层次的重要性水平时，注册会计师就应当考虑其发表的审计意见的类型。一般情况下，如果未更正错报的汇总数可能影响某个财务报表使用者的决策，但财务报表的反映就其整体而言是公允的，则注册会计师应当发表保留意见。如果未更正错报非常重要，可能影响大多数甚至全部财务报表使用者的决策，则注册会计师应当发表否定意见。

（四）汇总数接近重要性水平的处理

如果尚未调整的错报的汇总数接近重要性水平，且该汇总数连同尚未发现的错报可能超过重要性水平，则注册会计师应当实施追加审计程序，或提请被审计单位进一步调整已发现的错报，以降低审计风险。被审计单位财务报表的错报，除了已发现的错报及推断的错报之外，还可能存在其他的错报。当汇总数接近重要性水平时，如考虑该种错报，汇总数可能超过重要性水平，审计风险就会增加。这时，为降低审计风险，注册会计师应当实施追加审计程序，或提请被审计单位进一步调整财务报表。

精选案例

美国联区金融集团审计案

美国联区金融集团租赁公司是一家从事金融服务的企业。该公司有可公开交易的债券上市。美国证券交易委员会要求它定期提供财务报表。成立 7 年时，联区金融集团租赁公司的雇员已超过 4 万名，在美国设有 10 个分支机构，未收回的应收租赁款接近 4 亿美元，占合并总资产的 35%。

1981 年年底，联区金融集团租赁公司的进攻型市场策略的弊端开始显现，债务拖欠率日渐升高。该公司采用多种非法手段，来掩饰其财务状况已经恶化的事实。美国证券交易委员会指控联区金融集团租赁公司在其定期报送的财务报表中，始终没有对应收租赁款计提充足的坏账准备金：1981 年以前坏账准备金为 1.5%，1981 年调增至 2%，1982 年调增至 3%。尽管这种估计坏账损失的会计方法是被美国证券交易委员会认可的，但该联邦机构一再重申，联区金融集团租赁公司的管理层应该早就知晓他们所选用的固定比率实在太小了。事实上，截至 1982 年 9 月，该公司应收账款中拖欠期超过 90 天的金额，已高达 20%以上。对坏账准备金缺乏应有的控制所引起的一个直接后果是财务报表中该账户的金额被严重低估。

美国证券交易委员会对塔奇·罗丝会计师事务所在联区金融集团租赁公司 1981 年度审计中的表现极为不满。联邦机构指责该年度的审计"没有进行充分的计划和监督"。美国证券交易委员会宣称，该事务所在编制联区金融集团租赁公司 1981 年度的审计计划及设计审计程序时，没有充分考虑存在于该公司的大量审计风险因素。事实上，美国证券交易委员会发现，该事务所对联区金融集团租赁公司 1981 年度的审计计划"大部分是以前年度审计计划的延续"。该审计计划的缺陷如下。

（1）塔奇·罗丝会计师事务所没有对超期应收租赁款账户的内部会计控制加以测试。由于审计计划没有测试公司的会计制度是否能准确地确定应收租赁款的超期时间，因此审计人员无法判断从客户那里获取的账龄汇总表是否准确。

（2）塔奇·罗丝会计师事务所的审计计划只要求测试一小部分（8%）未收回的应收租赁款。由于把大部分注意力集中在金额超过 5 万美元、拖欠期达 120 天的超期应收租赁款上，塔奇·罗丝会计师事务所忽略了相当部分无法收回的应收租赁款。

（3）尽管审计计划要求对客户坏账核销政策进行复核，但并没有要求外勤审计人员去确定该政策是否被实际执行。事实上，该公司并没有遵循其坏账核销政策。联区金融集团租赁公司实际采用的是一种核销坏账的预算方法，可以随时将大量无法收回的租赁款冲销坏账准备，而事先却根本没有对这些应收租赁款计提坏账准备金。美国证券交易委员会称，某些无法收回的应收租赁款挂账多达几年。

（4）塔奇·罗丝会计师事务所无视联区金融集团租赁公司审计的复杂性及非同寻常的高风险性，其所分派的执行 1981 年度审计聘约的审计人员中，大多数人对客户及租赁行业的情况非常陌生。事实上，该公司的会计主管后来作证说，塔奇·罗丝会计师事务所第一次分派了一些对租赁行业少有涉猎或缺乏经验甚至一无所知的审计人员来执行审计。

最后，美国证券交易委员会决定对该事务所进行惩罚，并批评了塔奇·罗丝会计师事务所负责监督指导联区金融集团租赁公司 1980—1982 年度审计工作的合伙人。

审计计划是审计人员为了高效地完成某项审计业务而制订的预期性的、整体性的工作安排，包括总体审计策略和具体审计计划。制订审计计划是为了审计过程有序及有效地开展，最根本的目的是通过有组织的审计活动，达到应有的审计目标。因此，审计人员如果在执行审计计划过程中，发现实际情况与原先设想的情况大相径庭，就应及时改变审计计划，以确保审计目标的实现。但是，在联区金融集团租赁公司审计案例中，塔奇·罗丝会计师事务所的注册会计师，为了能按计划完成应收账款备抵坏账的测试，情愿放弃对可能发现情况予以关注的机械态度，使得本应发现的问题，因为要贯彻审计计划，而被忽视了。这种舍本求末的做法，彻底违背了制订审计计划的初衷。

分析：

1. 本案例中，注册会计师在审计计划工作方面存在哪些问题和不足？你认为应如何改进？
2. 结合本案例，谈谈你对审计计划和审计目标二者之间关系的认识。
3. 在审计计划中，应如何合理分派审计人员的工作任务？需要考虑哪些因素？

重要概念

审计计划（Audit Plan）　　　　重要性（Materiality）

审计风险（Audit Rist）

思考与练习

一、单选题

1. 如果同一期间不同财务报表的审计重要性水平不同，注册会计师应取其（　　）作为财务报表层次的重要性水平。

　　A. 最高者　　　　B. 最低者　　　　C. 平均数　　　　D. 加权平均数

2. 在计划某项审计工作时，注册会计师应分（　　）来评价重要性。

　　A. 总账层和明细账层　　　　　　　B. 资产负债表层和损益表层

　　C. 财务报表层和账户余额层　　　　D. 记账凭证层和原始凭证层

3. 下列有关重要性的论断中，不正确的是（　　）。

　　A. 无论是笔误还是舞弊，金额小于重要性水平时均不重要

    B. 恰当运用重要性有助于提高审计效率及保证审计质量

    C. 重要性有数量和质量两个方面的特征

    D. 注册会计师应从财务报表层和账户余额层两个层次来考虑重要性

二、多选题

1. 总体审计计划的内容包括（   ）。

    A. 审计目的、审计范围及审计策略   B. 审计步骤

    C. 重要会计问题及重点审计领域   D. 审计工作进度及时间、费用预算

2. 具体审计计划的内容包括（   ）。

    A. 审计目标   B. 审计小组组成及人员分工

    C. 审计工作底稿的索引号   D. 审计重要性的确定及审计风险的评估

3. 相关人员在审核总体审计计划时，应特别注意审核的事项有（   ）。

    A. 审计目的、审计范围及重点审计领域的确定是否恰当

    B. 时间预算是否合理

    C. 重点审计领域中各审计项目的审计程序是否恰当

    D. 对审计重要性的确定和审计风险的评估是否恰当

4. 相关人员在审核具体审计计划时，应特别注意审核的事项有（   ）。

    A. 审计程序是否达到审计目标

    B. 对被审计单位的内部控制制度的信赖程度是否恰当

    C. 审计程序是否适合各审计项目的具体情况

    D. 重点审计程序的制定是否恰当

5. 对于特定被审计单位而言，审计风险和审计证据的关系可以表述为（   ）。

    A. 要求的审计风险越低，所需的审计证据数量就越多

    B. 要求的检查风险越高，所需的审计证据数量就越少

    C. 评估的固有风险越低，所需的审计证据数量就越少

    D. 评估的控制风险越高，所需的审计证据数量就越多

6. 如果被审计单位拒绝调整财务报表或扩大实质性测试范围后，尚未调整的错报或漏报的汇总数仍超过重要性水平，则注册会计师应当发表（   ）意见。

    A. 无保留意见   B. 保留意见   C. 否定意见   D. 拒绝表示意见

三、填空题

1. 一个良好的审计计划需要控制三个关键领域，这三个关键领域是_____、_____、_____。

2. 审计计划的形式有_____、_____、_____。

3. 重要性的两个层次为_____和_____。

4. 重要性水平的计算方法有_____和_____两种。

四、判断题

1. 注册会计师对审计重要性水平估计得越高，所需搜集的审计证据的数量就越少。（   ）

2. 重要性取决于误差项目的规模。（   ）

3. 为了保持审计结果的连续性和审计结果的可比性，注册会计师对同一客户所进行的多次年度财务报表审计应使用相同的重要性水平。（   ）

4. 重要性和审计风险的关系是正向关系。（   ）

5. 当错报的汇总数超过重要性水平时，为降低审计风险，注册会计师可以提请被审计单位调整

财务报表，以使汇总数低于重要性水平。（　　）

6. 一般来说，往来款项的固有风险较大。（　　）

五、思考题

1. 简述审计计划的概念和作用。

2. 理解重要性的定义时应注意哪四个方面？

3. 确定账户、交易和列报层次重要性水平时，注册会计师应考虑的因素有哪些？

六、案例分析题

"红光"公司全称为成都红光实业股份有限公司，其前身国营红光电子管厂，于1997年上市募集资金4.1亿元。该公司上市前三年的财务报表显示其连续三年盈利，均由四川蜀都会计师事务所进行审计。上市前，该公司预测1997年盈利7 055万元，预测资料同样经蜀都会计师事务所审计。审计报告都是无保留意见的报告。然而，该公司1997年实际亏损1.98亿元，而且公司的解释缺乏客观依据，具有不可信性。中国证监会及有关部门对"红光"公司的调查表明，"红光"公司1996年实际就已经是亏损状况，但公司采用了舞弊的手法，通过虚构产品销售、改变固定资产折旧方法、虚增产品库存等手段将实际亏损1.03亿元改为盈利0.54亿元。结果不仅该公司的管理层要承担会计责任，而且蜀都会计师事务所及注册会计师都要承担审计责任。

我国审计准则规定："注册会计师应当遵守职业道德规范，恪守独立、客观、公正的原则，并以应有的职业谨慎态度执行审计业务、发表审计意见"，"注册会计师在审计过程中应充分考虑重要性和审计风险"。

要求： 试分析蜀都会计师事务所忽视了哪些问题？

风险评估与风险应对 第八章

【学习目标】

理解风险评估、内部控制和审计风险的概念和内容；

掌握审计风险的构成及其关系，掌握针对财务报表层次重大错报风险的总体应对措施；

熟练掌握内控的基本程序、风险评估的程序和针对认定层次重大错报风险的进一步审计程序。

第一节 风险评估

一、风险评估程序

注册会计师在对财务报表进行审计的过程中，实施风险导向审计，以对财务报表不存在重大错报获取合理保证。风险导向审计要求注册会计师通过风险评估程序识别和评估财务报表的重大错报风险，进而设计和实施进一步审计程序以应对评估的重大错报风险，最终出具恰当的审计报告。注册会计师了解被审计单位及其环境的目的是识别和评估财务报表层次重大错报风险。为了解被审计单位及其环境而实施的程序称为"风险评估程序"，具体包括 3 个方面。

（一）询问被审计单位管理层和内部其他相关人员

这时的询问对象及需要获取的信息如表 8-1 所示。

表 8-1　　　　　　　　　　　询问对象及需获取的信息

询问对象	获取信息
管理层	经营情况、财务状况、重大会计处理问题和重要变化
治理层	理解财务报表编制的环境
内部审计人员	了解其针对被审计单位内部控制设计和运行有效性而实施的工作，以及管理层对内部审计发现的问题是否采取适当的措施
参与生成、处理或记录复杂或异常交易的员工	评估被审计单位选择和运用某项会计政策的适当性
内部法律顾问	了解有关法律法规的遵循情况、产品保证和售后责任、与业务合作伙伴（如合营企业）的安排、合同条款的含义及诉讼情况等
营销或销售人员	了解被审计单位的营销策略及其变化、销售趋势及与客户的合同安排

（二）实施分析程序

分析程序是指注册会计师通过研究不同财务数据之间及财务数据与非财务数据之间的内在关系，对财务信息进行评价。分析程序还包括调查识别出的与其他相关信息不一致或与预期数据严重偏离的波动和关系。

分析程序既可用作风险评估程序和实质性程序，也可用于对财务报表的总体复核。

如果使用了高度汇总的数据，实施分析程序的结果仅可能初步显示财务报表存在重大错报风险，注册会计师应当将分析结果连同识别重大错报风险时获取的其他信息一并考虑。

（三）观察和检查

观察和检查程序可以印证对管理层和其他相关人员的询问结果，并可提供有关被审计单位及其环境的信息。注册会计师应当实施下列观察和检查程序。

（1）观察被审计单位的生产经营活动。

（2）检查文件、记录和内部控制手册。

（3）阅读由管理层和治理层编制的报告。

（4）实地察看被审计单位的生产经营场所和设备。

（5）追踪交易在财务报告信息系统中的处理过程（穿行测试）。

二、了解被审计单位及其环境

注册会计师应当从下列方面了解被审计单位及其环境：（1）行业状况、法律环境与监管环境及其他外部因素；（2）被审计单位的性质；（3）被审计单位对会计政策的选择和运用；（4）被审计单位的目标、战略及相关经营风险；（5）被审计单位财务业绩的衡量和评价等。

（一）行业状况、法律环境与监管环境及其他外部因素

1. 行业状况

（1）所在行业的市场供求与竞争

需解答的问题如下。

① 被审计单位的主要产品是什么？处于什么行业？

② 行业的总体发展趋势是什么？

③ 行业处于哪一总体发展阶段（如起步阶段、快速成长阶段、成熟阶段或衰退阶段）？

④ 市场需求、市场容量和价格竞争如何？

⑤ 行业上下游关系如何？

⑥ 谁是被审计单位最重要的竞争者？这些竞争者所占的市场份额是多少？

⑦ 被审计单位及其竞争者主要的竞争优势是什么？

（2）生产经营的季节性和周期性

需解答的问题如下。

① 行业是否受经济周期波动影响，以及采取了什么行动使波动的影响最小化？

② 行业生产经营和销售是否受季节影响？

（3）产品生产技术的变化

需解答的问题如下。

① 本行业的核心技术是什么？

② 受技术发展影响的程度如何？

③ 行业是否开发了新的技术？

④ 被审计单位在技术方面是否具有领先地位？

（4）能源供应与成本

需解答的问题为：能源消耗在成本中所占比重是多少？能源价格的变化对成本的影响？

（5）行业的关键指标和统计数据

需解答的问题如下。

① 行业产品平均价格、产量是多少？

② 被审计单位业务的增长率和财务业绩与行业的平均水平及主要竞争者相比如何？存在重大差异的原因是什么？

③ 竞争者是否采取了某些行动，如购并活动、降低销售价格、开发新技术等，从而对被审计单位的经营活动产生影响？

2. 法律环境及监管环境

（1）适用的会计准则、会计制度和行业特定惯例

需解答的问题如下。

① 被审计单位是属于上市公司、外商投资企业，还是其他企业？适用的会计准则或会计制度是什么？

② 是否仍采用行业核算办法？

（2）对经营活动产生重大影响的法律法规及监管活动

需解答的问题为：国家对被审计单位所处行业是否有特殊监管要求？

（3）对开展业务产生重大影响的政府政策，包括货币、财政、税收和贸易等政策

需解答的问题为：现行货币政策、财政政策、关税和贸易限制或税务法规对被审计单位经营活动产生怎样的影响。

（4）与被审计单位所处行业和所从事经营活动相关的环保要求

需解答的问题为：是否存在新出台的法律法规（如新出台的有关产品责任、劳动安全或环境保护的法律法规等）？对被审计单位有何影响？

3. 其他外部因素

（1）宏观经济的景气度

（2）利率和资金供求状况

（3）通货膨胀水平及币值变动

（4）国际经济环境和汇率变动

需解答的问题如下。

① 当前的宏观经济状况（萧条、景气），以及未来的发展趋势如何？

② 利率和资金供求状况如何影响被审计单位的经营活动？

③ 目前国内或本地区的经济状况（如增长率、通货膨胀、失业率、利率等）如何影响被审计单位的经营活动？

④ 被审计单位的经营活动是否受到汇率波动或全球市场力量的影响？

（二）被审计单位的性质

1. 所有权结构

（1）所有权性质（属于国有企业、外商投资企业、民营企业还是其他类型）

（2）所有者和其他人员或单位的名称，以及与被审计单位之间的关系（展示形式如表8-2所示）

表8-2 相关关系

所有者	主要描述（法人/自然人，企业类型，自然人的主要社会职务，企业所属地区、规模等）	与被审计单位之间的关系

（3）控股母公司

需解答的问题如下。

① 控股母公司的所有权性质、管理风格及其对被审计单位的经营活动和财务报表可能产生哪些影响？

② 控股母公司与被审计单位在资产、业务、人员、机构、财务等方面是否分开，是否存在占用资金等情况？

③ 控股母公司是否施加压力，要求被审计单位达到其设定的财务业绩目标

2．治理结构

（1）获取或编制被审计单位治理结构图

（2）对被审计单位治理结构图进行详细说明

需解答的问题如下。

① 董事会的构成和运作情况如何？

② 董事会内部是否有独立董事，独立董事的人员构成是怎样的？

③ 治理结构中是否设有审计委员会或监事会及其运作情况如何等？

3．组织结构

（1）获取或编制被审计单位组织结构图

（2）对被审计单位组织结构图进行详细解释说明

需解答的问题为：组织结构是否复杂，是否可能导致重大错报风险，是否包括财务报表合并、商誉减值、长期股权投资核算及特殊目的实体核算等？

另外，注册会计师还应当了解被审计单位的经营活动、投资活动、筹资活动和财务报告等，从而对被审计单位的性质进行全面的评价。

（三）被审计单位对会计政策的选择和运用

1．实施的风险评估程序（展示形式如表 8-3 所示）

表 8-3　　　　　　　　　　风险评估程序

风险评估程序	执行人	执行时间	索引号
向财务总监询问被审计单位采用的主要会计政策、会计政策变更的情况、财务人员配备和构成情况等			
查阅被审计单位会计工作手册、操作指引等财务资料和内部报告			
……			

2．了解的内容和评估出的风险

（1）被审计单位选择和运用的会计政策（展示形式如表 8-4 所示）

表 8-4　　　　　　　　　　被审计单位会计政策

重要的会计政策	被审计单位选择和运用的会计政策	对会计政策选择和运用的评价
发出存货成本的计量		
长期股权投资的后续计量		
固定资产的初始计量		
无形资产的确定		
非货币性资产交换的计量		
收入的确认		
借款费用的处理		
合并政策		
……		

（2）会计政策变更的情况（展示形式如表 8-5 所示）

表 8-5   会计政策变更的情况

原会计政策	变更后会计政策	变更日期	变更原因	对变更的处理（调整、列报等）	对变更的评价

（3）披露

需解答的问题为：被审计单位是否按照适用的会计准则和会计制度对自身会计政策的选择和运用进行了恰当的披露？

（四）被审计单位的目标、战略及相关经营风险

注册会计师应当了解被审计单位与下列方面有关的目标和战略：行业发展、开发新产品或提供新服务、业务扩张、新的会计要求、监督要求、本期及未来的融资条件、信息技术的运用及实施战略的影响等方面。注册会计师要考虑相应的经营风险。

（五）被审计单位财务业绩的衡量和评价

注册会计师应当关注下列信息：关键业绩指标、业绩趋势、预测、预算和差异分析、管理层和员工业绩考核与激励性报酬政策、分部信息与不同层次部门的业绩报告、与竞争对手的业绩比较及外部机构提出的报告等。

三、了解被审计单位内部控制

（一）内部控制的概念及目标

1. 内部控制的概念

内部控制（Internal Control）是被审计单位为了合理保证财务报告的可靠性、经营的效率和效果及对法律法规的遵守，由治理层、管理层及其他人员设计、执行的政策和程序。设计和实施内部控制的责任主体是治理层、管理层和其他人员，组织中的每一个人都对内部控制负有责任。

内部控制包括下列要素：（1）控制环境；（2）风险评估过程；（3）信息系统与沟通；（4）控制活动；（5）对控制的监督。

内部控制包括的上述五个要素采用了 COSO 发布的内部控制框架。COSO（The Committee of Sponsoring Organizations of the Treadway Commission 的简称）是美国五个职业团体 1985 年联合发起设立的一个免检组织。该组织当时成立的主要动机是资助"财务报告舞弊研究全国委员会"。"财务报告舞弊研究全国委员会"负责研究导致财务报告舞弊的因素，并对公众公司、会计师事务所、证监会及其他监督机构提出建议。该委员会的首任主席由 James S.Treadway 担任，因此又被称为"Treadway 委员会"。上面所提五个职业团体是美国会计学会、美国注册会计师协会、财务总监协会、内部审计师协会和管理会计师协会。现在 COSO 致力于通过倡导良好的企业道德和有效的内部控制和公司治理，改进财务报告的质量。对于被审计单位来说，并不一定采用这种分类方式来设计和执行内部控制。对内部控制要素的分类提供了了解内部控制的框架，但无论对内部控制要素如何进行分类，注册会计师都应当重点考虑被审计单位某项控制是否能够以及如何防止或发现并纠正各类交易、账户余额、列报存在的重大错报。也就是说，在了解和评价内部控制时，采用的具体分析框架及控制要素的分类可能并不唯一，重要的是控制能否实现控制目标。注册会计师可以使用不同的框架和术语描述内部控制的不同方面，但必须涵盖上述内部控制五个要素所涉及的各个方面。

被审计单位设计和执行内部控制的具体方式会因被审计单位的规模和复杂程度的不同而不同。小型被审计单位通常采用非正式和简单的内部控制实现其目标，参与日常经营管理的业主可能承担

多项职能，内部控制要素没有得到清晰区分。注册会计师应当综合考虑小型被审计单位内部控制要素能否实现其目标。

2. 内部控制的目标

内部控制的目标如下。

（1）合理保证财务报告的可靠性。这一目标与管理层履行财务报告编制责任密切相关。

（2）合理保证经营的效率和效果，即经济有效地使用企业资源，以最优方式实现企业的目标。

（3）合理保证在所有经营活动中遵守法律法规的要求，即在法律法规的框架下从事经营活动。

（二）内部控制的内容

企业内部控制涵盖企业经营管理的各个层级、各个方面和各项业务环节。不同所有制形式、不同组织形式、不同行业、不同规模的企业可以结合实际情况，从不同的角度入手建立健全内部控制。但是，建立有效的内部控制，至少应当考虑以下基本要素。

第一要素：控制环境

控制环境包括治理职能和管理职能，以及治理层和管理层对内部控制及其重要性的态度、认识和措施。控制环境设定了被审计单位的内部控制基调，影响员工对内部控制的认识和态度。良好的控制环境是实施有效内部控制的基础。

在评价控制环境的设计时，注册会计师应当考虑构成控制环境的下列要素，以及这些要素如何被纳入被审计单位业务流程。

（1）对诚信和道德价值观念的沟通与落实。

（2）对胜任能力的重视。

（3）治理层的参与程度。

（4）管理层的理念和经营风格。

（5）组织结构。

（6）职权与责任的分配。

（7）人力资源政策与实务。

第二要素：被审计单位的风险评估过程

任何经济组织在经营活动中都会面临各种各样的风险，风险对其生存和竞争能力产生影响。很多风险并不为经济组织所控制，但管理层应当确定可以承受的风险水平，识别这些风险并采取一定的应对措施。

可能产生风险的事项和情形如下。

（1）监管及经营环境的变化。监管和经营环境的变化会导致竞争压力的变化及重大的相关风险。

（2）新员工的加入。新员工可能对内部控制有不同的认识和关注点。

（3）新信息系统的使用或对原系统进行升级。信息系统的重大变化会改变与内部控制相关的风险。

（4）业务快速发展。快速的业务扩张可能会使内部控制难以应对，从而增加内部控制失效的可能性。

（5）新技术。将新技术运用于生产过程和信息系统可能改变与内部控制相关的风险。

（6）新生产型号、产品和业务活动。进入新的业务领域和发生新的交易可能带来新的与内部控制相关的风险。

（7）企业重组。重组可能带来裁员及管理职责的重新划分，将影响与内部控制相关的风险。

（8）发展海外经营。海外扩张或收购会带来新的且往往是特别的风险，进而可能影响内部控制，如外币交易的风险。

（9）新的会计准则。采用新的或变化了的会计准则可能增大财务报告发生重大错报的风险。

风险评估过程的作用是识别、评估和管理影响被审计单位实现经营目标能力的各种风险。而针对财务报告目标的风险评估过程则包括识别与财务报告相关的经营风险，评估风险的重大性和发生的可能性，以及采取措施管理这些风险。例如，风险评估可能涉及被审计单位如何考虑对某些交易未予记录的可能性，或者识别和分析财务报告中的重大会计估计发生错报的可能性。与财务报告相关的风险也可能与特定事项和交易有关。

第三要素：信息系统与沟通

信息系统与沟通是收集与交换被审计单位执行、管理和控制业务活动所需信息的过程，包括收集和提供信息（特别是履行内部控制岗位职责所需的信息）给适当人员，使之能够履行职责。信息系统与沟通的质量直接影响管理层对经营活动做出正确决策和编制可靠的财务报告的能力。

1. 与财务报告相关的信息系统

与财务报告相关的信息系统，包括用于生成、记录、处理和报告交易、事项和情况，对相关资产、负债和所有者权益履行经营管理责任的程序和记录。

交易可能通过人工或自动化程序生成。记录包括识别和收集与交易、事项有关的信息。处理包括编辑、核对、计量、估价、汇总和调节活动，可能由人工或自动化程序来执行。报告是指用电子或书面形式编制财务报告和其他信息，供被审计单位用于衡量和考核财务及其他方面的业绩。

与财务报告相关的信息系统应当与业务流程相适应。业务流程是指被审计单位开发、采购、生产、销售、发送产品和提供服务、保证遵守法律法规、记录信息等一系列活动。

2. 与财务报告相关的沟通

与财务报告相关的沟通包括使员工了解各自在与财务报告有关的内部控制方面的角色和职责、员工之间的工作联系，以及向适当级别的管理层报告例外事项的方式。

公开的沟通渠道有助于确保例外情况得到报告和处理。沟通可以采用政策手册、会计和财务报告手册和备忘录等形式进行，也可以通过发送电子邮件、口头沟通和管理层的行动来进行。

第四要素：控制活动

控制活动是指有助于确保管理层的指令得以执行的政策和程序，包括与授权、业绩评价、信息处理、实物控制和职责分离等相关的活动。

1. 授权

授权的目的在于保证交易在管理层授权范围内进行。授权分为一般授权和特别授权。一般授权是指管理层制定的要求组织内部遵守的普遍适用于某类交易或活动的政策。特别授权是指管理层针对特定类别的交易或活动逐一设置的授权，如重大资本支出和股票发行等。特别授权也可能用于超过一般授权限制的常规交易。

2. 业绩评价

与业绩评价有关的控制活动主要包括被审计单位分析评价实际业绩与预算的差异，综合分析财务数据与经营数据的内在关系，将内部数据与外部信息来源相比较，评价职能部门、分支机构或项目活动的业绩，以及对发现的异常差异或关系采取必要的调查与纠正措施。

通过调查非预期的结果和非正常的趋势，管理层可以识别可能影响经营目标实现的情形。管理层对业绩信息的使用，决定了业绩指标的分析是只用于经营目的，还是同时用于财务报告目的。

3. 信息处理

被审计单位通常执行各种措施，检查各种类型信息处理环境下的交易的准确性、完整性和授权。

信息处理控制可以是人工的、自动化的，或是基于自动流程的人工控制。信息处理控制分为两类，即信息技术的一般控制和应用控制。

信息技术一般控制是指与多个应用系统有关的政策和程序，有助于保证信息系统持续恰当地运行；信息技术应用控制是指主要在业务流程层次运行的人工或自动化程序，与用于生成、记录、处理、报告交易或其他财务数据的程序相关，通常包括检查数据计算的准确性、审核账户和试算平衡表、设置对输入数据和数字序号的自动检查，以及对例外报告进行人工干预。

4. 实物控制

实物控制主要包括了解对资产和记录采取适当的安全保护措施，对访问计算机程序和数据文件设置授权，以及定期盘点并将盘点记录与会计记录相核对。例如，现金、有价证券和存货的定期盘点控制。实物控制的效果影响资产的安全，从而对财务报表的可靠性及审计产生影响。

5. 职责分离

职责分离主要包括了解被审计单位如何将交易授权、交易记录及资产保管等职责分配给不同员工，以防范同一员工在履行多项职责时可能发生的舞弊或错误。当信息技术运用于信息系统时，职责分离可以通过设置安全控制来实现。

第五要素：对控制的监督

管理层的重要职责之一就是建立和维护控制并保证其持续有效运行，对控制的监督可以实现这一目标。监督是由适当的人员，在适当、及时的基础上，评估控制的设计和运行情况的过程。对控制的监督是指被审计单位评价内部控制在一段时间内运行有效性的过程。该过程包括及时评价控制的设计和运行情况，以及根据情况的变化采取必要的纠正措施。例如，管理层对是否定期编制银行存款余额调节表进行复核，内部注册会计师评价销售人员是否遵守公司关于销售合同条款的政策，法律部门定期监控公司的道德规范和商务行为准则是否得到遵循等。监督对控制的持续有效运行十分重要。例如，若没有对银行存款余额调节表是否得到及时和准确的编制进行监督，该项控制可能无法得到持续的执行。

持续的监督活动通常贯穿于被审计单位的日常经营活动与常规管理工作中。例如，管理层在履行其日常管理活动时，取得内部控制持续发挥功能的信息。当业务报告、财务报告与他们获取的信息有较大差异时，他们会对有重大差异的报告提出疑问，并进行必要的追踪调查和处理。

被审计单位可能使用内部注册会计师或具有类似职能的人员对内部控制的设计和执行进行专门的评价，以找出内部控制的优点和不足，并提出改进建议。

被审计单位也可能利用与外部有关各方沟通或交流所获取的信息监督相关的控制活动。在某些情况下，外部信息可能显示内部控制存在的问题和需要改进之处。例如，客户通过付款来表示其同意发票金额，或者认为发票金额有误而不付款。监管机构可能会对影响内部控制运行的问题与被审计单位沟通。管理层可能也会考虑与注册会计师就内部控制问题进行沟通，通过与外部信息的沟通，可以发现内部控制存在的问题，以便采取纠正措施。

内部控制的某些要素（如控制环境）更多地对被审计单位整体层面产生影响，而其他要素（如信息系统和沟通、控制活动）则可能更多地与特定业务流程相关。在实务中，注册会计师往往从被审计单位整体层面和业务流程层面分别了解和评价被审计单位的内部控制。

（三）在整体层面和业务流程层面了解和评价内部控制

1. 在整体层面了解和评价内部控制

（1）控制环境

在了解和评价控制环境时，注册会计师需要考虑与控制环境有关的各个要素及其相互联系，尤其要注意，控制环境任一构成要素存在重大缺陷，都会影响其他要素的有效性。下面对各个要素分别进行说明。

① 对诚信和道德价值观念的沟通与落实。

在了解和评估被审计单位诚信和道德价值观念的沟通与落实时，注册会计师考虑的主要因素可能包括以下几个。

a. 被审计单位是否有书面的行为规范并向所有员工传达；

b. 被审计单位是否强调诚信和道德价值观念；

c. 管理层是否身体力行，高级管理人员是否起表率作用；

d. 对违反有关政策和行为规范的情况，管理层是否采取适当的惩罚措施。

② 对胜任能力的重视。

在就被审计单位对胜任能力的重视情况进行了解和评估时，注册会计师考虑的主要因素可能包括以下几个。

a. 财会人员、信息管理人员是否具备与被审计单位业务性质和复杂程度相称的足够的胜任能力和培训，在发生错误时，是否通过调整人员或系统来加以处理；

b. 管理层是否配备足够的财会人员以适应业务发展和有关方面的需要；

c. 财会人员是否具备理解和运用会计准则所需的技能。

③ 治理层的参与程度。

在对被审计单位的治理层的参与程度进行了解和评估时，注册会计师考虑的主要因素可能包括以下几个。

a. 董事会是否建立了审计委员会或类似机构；

b. 董事会、审计委员会或类似机构是否与内部审计人员以及注册会计师有联系和沟通，联系和沟通的性质及频率是否与被审计单位的规模和业务复杂程度相匹配；

c. 董事会、审计委员会或类似机构的成员是否具备适当的经验和资历；

d. 董事会、审计委员会或类似机构是否独立于管理层；

e. 审计委员会或类似机构会议的数量和时间是否与被审计单位的规模和业务复杂程度相匹配；

f. 董事会、审计委员会或类似机构是否充分地参与了财务报告的过程；

g. 董事会、审计委员会或类似机构是否对经营风险的监控有足够的关注，进而影响被审计单位和管理层的风险评估进程（包括舞弊风险）；

h. 董事会成员是否保持相对的稳定性。

④ 管理层的理念和经营风格。

在了解和评估被审计单位的管理层的理念和经营风格时，注册会计师考虑的主要因素可能包括以下几个。

a. 管理层是否对内部控制，包括信息技术的控制，给予了适当的关注；

b. 管理层是否由一个人或几个人所控制，而董事会、审计委员会或类似机构对其是否实施有效监督；

c. 管理层在承担和监控经营风险方面是风险偏好者还是风险规避者；

d. 管理层在选择会计政策和进行会计估计时是倾向于激进还是保守；

e. 管理层对于信息管理人员及财会人员是否给予了适当关注；

f. 对于重大的内部控制和会计事项，管理层是否征询注册会计师的意见，或者经常在这些方面与注册会计师存在不同意见。

⑤ 组织结构及职权与责任的分配。

注册会计师应当考虑被审计单位的组织结构中是否采用向个人或小组分配控制职责的方法，是否建立了执行特定职能（包括交易授权）的授权机制，是否确保每个人都清楚地了解报告关系和责任。注册会计师还需审查对分散经营活动的监督是否充分。有效的权责分配制度有助于形成整体的控制意识。

注册会计师应当关注组织结构及权责分配方法的实质，而不是仅仅关注其形式。相应地，注册会计师应当考虑相关人员对政策与程序的整体认识水平和遵守程度，以及管理层对其实施监督的程度。

注册会计师在对被审计单位的组织结构和职权与责任的分配进行了解和评估时，考虑的主要因素可能包括以下几个。

a. 在被审计单位内部是否有明确的职责划分，是否将业务授权、业务记录、资产保管的职责相分离；

b. 数据的所有权划分是否合理；

c. 是否已针对授权交易建立适当的政策和程序。

⑥ 人力资源政策与实务。

在对被审计单位的人力资源政策与实务进行了解和评估时，注册会计师考虑的主要因素可能包括以下几个。

a. 被审计单位在招聘、培训、考核、晋升、薪酬、调动和辞退员工方面是否都有适当的政策和程序（特别是在会计、财务和信息系统方面）；

b. 是否有书面的员工岗位职责手册，或者在没有书面文件的情况下，对于工作职责和期望是否进行了适当的沟通和交流；

c. 人力资源政策与程序是否清晰，并且定期发布和更新；

d. 是否设定适当的程序，对分散在各地区和海外的经营人员建立、沟通人力资源政策与程序。

在对控制环境的评价过程中，注册会计师应当对控制环境的构成要素有足够的了解，并考虑内部控制的实质及其综合效果，以了解管理层和治理层对内部控制及其重要性的态度、认识及所采取的措施。

（2）被审计单位的风险评估过程

风险评估过程包括识别与财务报告相关的经营风险，以及针对这些风险所采取的措施。注册会计师在对被审计单位整体层面的风险评估过程进行了解和评估时，考虑的主要因素可能包括如下内容。

a. 被审计单位是否已建立并沟通其整体目标，并辅以具体策略和业务流程层面的计划。

b. 被审计单位是否已建立风险评估过程，包括识别风险，估计风险的重大性，评估风险发生的可能性及确定需要采取的应对措施。

c. 被审计单位是否已建立某种机制，识别和应对可能对被审计单位产生重大且普遍影响的变化，如在金融机构中建立资产负债管理委员会，在制造型企业中建立期货交易风险管理组等。

d. 会计部门是否建立了某种流程，以识别会计准则的重大变化。

e. 当被审计单位业务操作发生变化并影响交易记录的流程时，是否存在沟通渠道以通知会计部门。

f. 风险管理部门是否建立了某种流程，以识别经营环境包括监管环境发生的重大变化。

注册会计师可以通过了解被审计单位及其环境的其他方面信息，评价被审计单位风险评估过程的有效性。例如，在了解被审计单位的业务情况时，发现了某些经营风险，注册会计师应当了解管理层是否也意识到这些风险及如何应对。在对业务流程的了解中，注册会计师还可能进一步地获得被审计单位有关业务流程的风险评估过程的信息。例如，在销售循环中，如果发现了销售的截止性错报的风险，注册会计师应当考虑管理层是否也识别了该错报风险以及如何应对该风险。

（3）与财务报告相关的信息系统和沟通

注册会计师在对被审计单位整体层面的信息系统与沟通进行了解和评估时，考虑的主要因素可能包括如下内容。

① 与财务报告相关的信息系统。

a．信息系统是否能够向管理层提供有关被审计单位业绩的报告，包括相关的外部和内部；

b．向适当人员提供的信息是否充分、具体和及时，使其能够有效地履行职责；

c．信息系统的开发及变更在多大程度上与被审计单位的战略计划相适应，以及如何与被审计单位整体层面和业务流程层面的目标相适应；

d．管理层是否提供适当的人力和财力，以开发必需的信息系统；

e．管理层是如何监督程序开发、变更和测试工作的；

f．对于主要的数据中心，是否建立了重大灾难数据恢复计划。

② 沟通。

a．管理层就员工的职责和控制责任是否进行了有效沟通；

b．针对可疑的不恰当事项和行为是否建立了沟通渠道；

c．组织内部沟通的充分性是否能够使人员有效地履行职责；

d．对于与客户、供应商、监管者和其他外部人士的沟通，管理层是否及时采取适当的进一步行动；

e．被审计单位是否受到某些监管机构发布的监管要求的约束；

f．外部人士（如客户和供应商）在多大程度上获知被审计单位的行为守则。

与财务报告相关的信息系统应当与业务流程相适应，其职能更多地体现在业务流程层面，因此，注册会计师应当更进一步地在业务流程层面了解业务流程和相关信息系统。

（4）控制活动

在了解和评估一般控制活动时，注册会计师考虑的主要因素可能包括如下内容。

① 对被审计单位的主要经营活动是否都有必要的控制政策和程序。

② 管理层对预算、利润、其他财务和经营业绩方面是否都有清晰的目标，在被审计单位内部，是否对这些目标加以清晰的记录和沟通，并且积极地对其进行监控。

③ 是否存在计划和报告系统，以识别与目标业绩的差异，并向适当层次的管理层报告该差异。

④ 是否由适当层次的管理层对差异进行调查，并及时采取适当的纠正措施。

⑤ 不同人员的职责应在何种程度上相分离，以降低舞弊和不当行为发生的风险。

⑥ 会计系统中的数据是否与实物资产定期核对。

⑦ 是否建立了适当的保护措施，以防止未经授权接触文件、记录和资产。

⑧ 是否存在信息安全职能部门负责监控信息安全政策和程序。

（5）对控制的监督

注册会计师在对被审计单位整体层面的监督进行了解和评估时，考虑的主要因素可能包括如下内容。

a．被审计单位是否定期评价内部控制。

b．被审计单位人员在履行正常职责时，能够在多大程度上获得内部控制是否有效运行的证据。

c．与外部的沟通能够在多大程度上证实内部产生的信息或者指出存在的问题。

d．管理层是否采纳内部审计人员和注册会计师有关内部控制的建议。

e．管理层是否及时纠正控制运行中的偏差。

f．管理层根据监管机构的报告及建议是否及时采取纠正措施。

g．是否存在协助管理层监督内部控制的职能部门（如内部审计部门）。若存在协助管理层监督内部控制的职能部门，则对内部审计职能需进一步考虑的因素包括：独立性和权威性；向谁报告；是否有足够的人员、培训和特殊技能；是否坚持适用的专业准则；活动的范围；计划、风险评估和执行工作的记录和形成结论的适当性；是否不承担经营管理责任。

2. 在业务流程层面了解和评价内部控制

（1）在重要业务流程层面了解和评估内部控制的一般步骤

① 确定重要业务流程和重要交易类别。

在实务中，将被审计单位的整个经营活动划分为几个重要的业务循环，有助于注册会计师更有效地了解和评估重要业务流程及相关控制。通常，制造业企业的经营活动可以划分为销售与收款循环、采购与付款循环、存货与生产循环、工资与人员循环、筹资与投资循环等。被审计单位经营活动的性质不同，所对应的业务循环也不同。例如，对于银行，就没有存货与生产循环，而有发放贷款循环、吸收存款循环。又如，某些被审计单位出口销售与国内销售的流程完全不同，可将销售与收款循环进一步划分为外销和内销两个子循环。对于某些被审计单位，固定资产的采购和维护可能很重要，也可以将固定资产单独作为一个业务循环。重要交易类别是指可能对被审计单位财务报表产生重大影响的各类交易。重要交易应与重大账户及其认定相联系。例如，对于一般制造业企业，销售收入和应收账款通常是重大账户，销售和收款都是重要交易类别。除了一般所理解的交易以外，对财务报表具有重大影响的事项和情况也应包括在内。例如，计提资产的折旧或摊销，考虑应收款项的可回收性和计提坏账准备等。

② 了解重要交易流程，并记录获得的了解信息。

在确定重要的业务流程和交易类别后，注册会计师便可着手了解每一类重要交易在信息技术或人工系统中生成、记录、处理及在财务报表中报告的程序，即重要交易流程。这是确定在哪个环节或哪些环节可能发生错报的基础。

交易流程通常包括一系列工作：输入数据的核准与修订、数据的分类与合并、计算、更新账簿资料和客户信息记录、生成新的交易、归集数据、列报数据。而与注册会计师了解重要交易相关的流程通常包括生成、记录、处理和报告交易等活动。例如，在销售循环中，这些活动包括输入销售订单、编制货运单据和发票、更新应收账款信息记录等。相关的处理程序包括通过编制调整分录，修改并再次处理以前被拒绝的交易，以及修改被错误记录的交易。

注册会计师可以通过下列方法了解重要交易流程：a. 检查被审计单位的手册和其他书面指引；b. 询问被审计单位的适当人员；c. 观察所运用的处理方法和程序；d. 穿行测试。

③ 确定可能发生错报的环节。

注册会计师需要确认和了解被审计单位应在哪些环节设置控制，以防止或发现并纠正各重要业务流程可能发生的错报。注册会计师所关注的控制，是那些能通过防止错报的发生，或者通过发现和纠正已有错报，从而确保每个流程中业务活动具体流程（从交易的发生到记录于账目）能够顺利运转的人工或自动化控制程序。

尽管不同的被审计单位为确保会计信息的可靠性而对业务流程设计和实施不同的控制，但设计控制的目的是为实现某些控制目标（见表8-6）。实际上，这些控制目标与财务报表重大账户的相关认定相联系，但注册会计师在此时通常不考虑列报认定。在本案例后述财务报告流程时将考虑该认定。

表8-6 控制目标表

控制目标	解 释
1. 完整性：所有的有效交易都已记录	必须有程序确保没有漏记实际发生的交易
2. 存在和发生：每项已记录的交易均真实	必须有程序确保会计记录中没有虚构的或重复入账的项目
3. 适当计量交易	必须有程序确保交易以适当的金额入账
4. 恰当确定交易生成的会计期间（截止性）	必须有程序确保交易在适当的会计期间内入账（例如，月、季度、年等）
5. 恰当分类	必须有程序确保将交易记入正确的总分类账，必要时，记入相应的明细账
6. 正确汇总和过账	必须有程序确保所有作为账簿记录中的借贷方余额都正确地归集（加总），确保加总后的金额正确过入总账，必要时，过入明细分类账

对于每个重要交易流程，注册会计师都会考虑这些控制目标。评价是否实现这些目标的重要标志是：是否存在控制来防止错报的发生，或发现并纠正错报，然后重新提交到业务流程处理程序中进行处理。

注册会计师通过设计一系列关于控制目标是否实现的问题，从而确认某项业务流程中需要加以控制的环节。这些问题针对的是业务流程中数据生成、转移或被转换的环节。表 8-7 列举了部分在销售交易中的控制目标是否实现的问题。

表 8-7 销售交易中的控制目标示例表

控制目标是否实现的问题	有关认定
怎样确保没有记录虚构或重复的销售？	发生
怎样确保所有的销售和收款均已记录？	完整性
怎样保证货物运送给正确的收货人？	发生
怎样保证发货单据只有在实际发货时才开具？	发生
怎样保证发票正确反映了发货的数量？	准确性

④ 识别和了解相关控制。

如果注册会计师计划对业务流程层面的有关控制进行进一步的了解和评价，那么针对业务流程中容易发生错报的环节，注册会计师应当确定：被审计单位是否建立了有效的控制，防止或发现并纠正这些错报；被审计单位是否遗漏了必要的控制；是否识别了可以最有效测试的控制。

a. 控制的类型。

控制包括被审计单位使用并依赖的、用于在交易流程中防止错报的发生或在发生错报后发现与纠正错报的所有政策和程序。有效的控制应与错报发生的环节相关，并能降低错报风险。通常将业务流程中的控制划分为预防性控制和检查性控制，下面分别予以说明。

- 预防性控制。预防性控制通常用在正常业务流程的每一项交易中，以防止错报的发生。在流程中防止错报是信息系统的重要目标。

缺少有效的预防性控制增加了数据发生错报的可能性，特别是在相关账户及其认定存在较高重大错报风险时，更是如此。

预防性控制可能是人工的，也可能是自动化的。表 8-8 所示是预防性控制及其能防止错报的例子。

表 8-8 预防性控制示例表

对控制的描述	控制用来防止的错报
生成收货报告的计算机程序，同时也更新采购档案	防止出现采购漏记账的情况
在更新采购档案之前必须先有收货报告	防止记录了未收到购货的情况
销货发票上的价格根据价格清单上的信息确定	防止销货计价错误
计算机将各凭证上的账户号码与会计科目表对比，然后进行一系列的逻辑测试	防止出现分类错报

- 检查性控制。检查性控制通常是管理层用来监督实现流程目标的控制。检查性控制可以由人工执行，也可以由信息系统自动执行。建立检查性控制的目的是发现流程中可能发生的错报（虽然有预防性控制，但是还是会发生的错报）。被审计单位通过检查性控制，监督其流程和相应的预防性控制能否有效地发挥作用。

检查性控制通常并不适用于业务流程中的所有交易，而适用于一般业务流程以外的已经处理或部分处理的某类交易，可能一年只运行几次，如每月将应收账款明细账与总账比较；也可能每周运行，甚至一天运行几次。

与预防性控制相比，不同被审计单位之间检查性控制差别很大。许多检查性控制取决于被审计单位的性质、执行人员的能力、习惯和偏好。检查性控制可能是正式建立的程序（如编制银行存款余额调节表，并追查调节项目或异常项目），也可能是非正式的程序。

有些检查性控制虽然并没有正式地设定，但员工会有规律地执行并进行记录。这些控制也是被审计单位内部控制的有机组成部分。例如，财务总监复核月度毛利率的合理性；信用管理部经理可能有一本记录每月到期应收款的备查簿，以确定这些应收款是否收到，并追查挂账的项目；财务总监实施特定的分析程序来确定某些费用与销售的关系是否与经验数据相符，如果不符，调查不符的原因并纠正其中的错报等。

表 8-9 所示是检查性控制及其可能查出的错报的例子。

表 8-9 检查性控制示例表

对控制的描述	设计控制预期查出的错报
定期编制银行存款余额调节表，跟踪调查挂账的项目	在对其他项目进行审核的同时，查找存入银行但没有记入日记账的现金收入，未记录的现金支付或虚构入账的不真实的银行现金收入或支付，未及时入账或未正确汇总分类的银行现金收入或支付
将预算与实际费用间的差异列入计算机编制的报告中并由部门经理复核。记录所有超过预算 2% 的差异情况和解决措施	在对其他项目进行审核的同时，查找本月发生的重大分类错报或没有记录及没有发生的大笔收入、支出及相关联的资产和负债项目
计算机每天比较运出货物的数量和开票数量。如果发现差异，产生报告，由开票主管复核和追查	查找没有开票和记录的出库货物，以及与真实发货无关的发票
每季度复核应收账款贷方余额并找出原因	查找没有记录的发票和销售与现金收入中的分类错误

如果确信存在以下情况，那么就可以将检查性控制作为一个主要的手段，来合理保证某特定认定发生重大错报的可能性较小。

- 控制所检查的数据是完整、可靠的；
- 控制对于发现重大错报足够敏感；
- 发现的所有重大错报都将被纠正。

对控制的分类取决于控制运用的目的和方式，以及被审计单位和注册会计师对控制的认识。从根本上看，控制被归为哪类并不重要，重要的是它是否有效，以及注册会计师能否测试其有效性。业务流程中重要交易类别的有效控制应同时包括预防性控制和检查性控制，因为没有相应的预防性控制，检查性控制也不能充分发挥作用。

b. 识别和了解相关控制时采用的方法。

识别和了解控制时采用的主要方法是询问被审计单位各级别的负责人员。业务流程越复杂，注册会计师越有必要询问信息系统人员，以辨别有关的控制。通常，应首先询问那些级别较高的人员，再询问级别较低的人员，以确定他们认为应该运行哪些控制，以及哪些控制是重要的。这种"从高到低"的询问方法使注册会计师能迅速地辨别被审计单位重要的控制，特别是检查性控制。如果注册会计师打算信赖控制，就需要实施控制测试。

注册会计师并不需要了解与每一控制目标相关的所有控制活动。在了解控制活动时，注册会计师应当重点考虑一项控制活动单独或连同其他控制活动，是否能够以及如何防止或发现并纠正各类交易、账户余额、列报存在的重大错报。如果多项控制活动能够实现同一目标，则注册会计师不必了解与该目标相关的每项控制活动。

防止或发现某一特定的错报可能，需要有多重控制，或者一项特别的控制目标是发现一种以上的潜在错报，为了实现该目标需要设置多项控制。例如，为实现销售的"存在性"这一控制目标，注册会计师可能要识别一种控制，该项控制的作用是保证出库单只为已经发出的货物编制。然而，注册会计师可能还要识别这样一种控制，其作用是保证销售发票只有在与一张出库单相匹配时才能开出并登记入账。而另一方面，注册会计师也可能认定不管存在多少种潜在的错报，某一特定的控制（如一个设计合理的检查性控制）自身可以足够有效地实现控制目标。例如，对实际发货数量与开票数量进行定期核对调节的程序本身就足以对销售流程中"存在性"这一目标提供合理保证，并且也能对销售流程中"完整性"这一目标提供合理保证。因此，在这种情况下，注册会计师只需了解对实际发货数量与开票数量进行定期核对调节的控制即可。

在实务中，注册会计师还会特别考虑一项检查性控制发现和纠正错报的能力。例如，将实际发货数量与开票数量进行核对调节的程序，比复核毛利率或进行实际销售和预算销售的比较更能发现未开票的发货，因为进行上述复核或比较的主要目的不是查出未开票的发货。也就是说，控制与认定直接或间接相关；关系越间接，控制对防止或发现并纠正认定错报的效果越小。注册会计师应考虑识别和了解与认定关系更直接、更有效的控制。

当然，如果在之后的穿行测试和评价中，注册会计师发现已识别的控制实际并未得到执行，则应当重新针对该项控制目标识别是否存在其他的控制。

c．记录相关控制。

在被审计单位已设置的控制中，如果有可以对应"哪个环节需设置控制"问题的控制，则注册会计师应将其记录于工作底稿中，同时记录由谁执行该控制。注册会计师可以通过备忘录、笔记或复印被审计单位相关资料而逐步使信息趋于完整。

⑤ 执行穿行测试，证实对交易流程和相关控制的了解。

为了解各类重要交易在业务流程中发生、处理和记录的过程，注册会计师通常会每年执行穿行测试。

执行穿行测试可获得下列证据。

a．确认对业务流程的了解；

b．确认对重要交易的了解是完整的，即在交易流程中所有与财务报表认定相关的可能发生错报的环节都已识别；

c．确认所获取的有关流程中的预防性控制和检查性控制信息的准确性；

d．评估控制设计的有效性；

e．确认控制是否得到执行；

f．确认之前的书面记录的准确性。

如果不打算信赖控制，注册会计师仍需要执行穿行测试以确认以前对业务流程及可能发生错报环节的了解的准确性和完整性。

对于重要的业务流程，不管是人工控制，还是自动化控制，注册会计师都要对整个流程执行穿行测试，涵盖交易从发生到记账的过程。当某重要业务流程有显著变化时，注册会计师应当根据变化的性质及其对相关账户发生重大错报的影响程度，考虑是否需要对变化前后的业务都执行穿行测试。

在执行穿行测试的过程中，注册会计师应当在每一个规定要执行处理程序或控制的环节上，询问被审计单位的员工，以了解他们对岗位职责的理解，并设法判断处理程序和控制是否得到执行。

注册会计师应将对业务流程和相关控制的穿行测试情况，记录于工作底稿中。记录的内容包括穿行测试中查阅的文件、穿行测试的程序及注册会计师的发现和结论。

⑥ 初步评价和风险评估。

在识别和了解控制后，根据执行上述程序和获取的审计证据，注册会计师需要评价控制设计的合理性并确定其是否得到执行。

对控制的评价结论可能是：所设计的内部控制单独或连同其他控制能够防止或发现并纠正重大错报，并得到执行；控制本身的设计是合理的，但没有得到执行；控制本身的设计就是无效的或缺乏必要的控制。

风险评估需考虑的因素如下。

a. 账户特征及已识别的重大错报风险。如果已识别的重大错报风险水平为高（例如，复杂的发票计算或计价过程增加了开票错报的风险；经营的季节性特征增加了在旺季发生错报的风险），相关的控制应有较高的敏感度，即在错报率较低的情况下也能防止或发现并纠正错报。相反，如果已发现的重大错报风险水平为低（例如，在一个较小的、劳动力相对稳定的公司中职工薪酬的会计处理未能实现恰当准确性目标的风险），相关的控制就无须具有像重大错报风险较高时那样的敏感性。

b. 对被审计单位整体层面控制的评价。注册会计师应将对整体层面获得的了解和结论，同在业务流程层面获得的有关重大交易流程及其控制的证据结合起来考虑。

（2）对财务报告流程的了解和评估

在实务中，注册会计师还需要进一步了解有关信息从具体交易的业务流程过入总账、财务报表及相关列报的流程，即财务报告流程及其控制。这一流程和控制与财务报表的列报认定直接相关。

由于财务报告流程将直接影响财务报告，因此，注册会计师应重视对这一重要流程的了解。注册会计师对该流程及该流程如何与其他重要流程相链接的了解，有助于其识别和评估与财务报表重大错报风险相关的控制。

财务报告流程如下。

① 将业务数据汇总记入总账的程序，即如何将重要业务流程的信息与总账和财务报告系统相连接；

② 在总账中生成、记录和处理会计分录的程序；

③ 记录对财务报表常规和非常规调整的程序，如合并调整、重分类等；

④ 草拟财务报表和相关披露的程序。

财务报告流程可能包括若干子流程。例如，编制试算平衡表，汇总、编制、复核和过入会计分录；草拟财务报表和相关披露；编制管理层对财务报表的内部分析等。

被审计单位的财务报告流程也应包括相关的控制程序，以确保按照适用的会计准则和相关会计制度的规定收集、记录、处理、汇总所需要的信息，并在财务报告中予以充分披露。例如，关联方交易、分部报告等。

了解和评估财务报告流程的控制采取的步骤与重要业务流程类似，也包括了解流程（包括上述的子流程，并考虑各个子流程之间如何链接），确定可能发生错报的环节，识别和了解用于防止或发现并纠正错报的控制，执行穿行测试，对控制的设计及是否得到执行进行评估等。

四、审计风险

（一）审计风险的基本概念

审计风险（Audit Risk）是指财务报表存在重大错报而注册会计师发表不恰当审计意见的可能性。可接受的审计风险的确定，需要考虑会计师事务所对审计风险的态度、审计失败对会计师事务所可能造成损失的大小等因素。其中，审计失败对会计师事务所可能造成的损失大小又受所审计财务报表的用途、使用者的范围等因素的影响。但必须注意，审计业务是一种保证程度高的鉴证业务，可接受的审计风险应当足够低，以使注册会计师能够合理保证所审计财务报表不含有重大错报。审计风险的存在可能导致财务报表使用者的错误决策，进而会引发注册会计师的法律责任承担问题。因此，加强审计风险意识和控制审计风险，对于维护审计职业的形象和地位，避免审计责任，具有十分重要的意义。

（二）审计风险的构成及其关系

审计风险取决于重大错报风险和检查风险。审计风险、重大错报风险和检查风险之间的关系用模型表示为：

$$审计风险=重大错报风险×检查风险$$

1. 重大错报风险

重大错报风险是指财务报表在审计前存在重大错报的可能性。在设计审计程序以确定财务报表整体是否存在重大错报时，注册会计师应当从财务报表层次和各类交易、账户余额、列报认定层次考虑重大错报风险。《中国注册会计师审计准则第 1211 号——了解被审计单位及其环境并评估重大错报风险》对注册会计师如何评估财务报表层次和认定层次的重大错报风险提出了详细的要求。

（1）两个层次的重大错报风险

① 财务报表层次重大错报风险与财务报表整体存在广泛联系，它可能影响多项认定。此类风险通常与控制环境有关，但也可能与其他因素有关，如经济萧条、企业所在行业处于衰退期。此类风险难以被界定于某类交易、账户余额、列报的具体认定，相反，此类风险增大了一个或多个不同认定发生重大错报的可能性，并与舞弊引起的风险特别相关。

注册会计师评估财务报表层次重大错报风险的措施包括：考虑审计项目组承担重要责任的人员的学识、技术和能力，是否需要专家介入；考虑给予业务助理人员适当程度的监督指导；考虑是否存在导致注册会计师怀疑被审计单位持续经营假设合理性的事项或情况。

② 注册会计师应当评估认定层次的重大错报风险，并根据既定的审计风险水平和评估的认定层次重大错报风险确定可接受的检查风险水平。某些类别的交易、账户余额、列报及其认定重大错报风险较高。例如，技术进步可能导致某项产品陈旧，进而导致存货易被高估错报（计价认定）；对高价值的、易转移的存货缺乏实物安全控制，可能导致注册会计师对存货的存在性认定出错；会计计量过程受重大计量不确定性影响，可能导致注册会计师对相关项目的准确性认定出错。注册会计师应当考虑各类交易、账户余额、列报认定层次的重大错报风险，以便于针对认定层次计划和实施进一步审计程序。

注册会计师应当获取认定层次充分、适当的审计证据，以便能够在审计工作完成时，以可接受的低审计风险对财务报表整体发表审计意见。对于各类交易、账户余额、列报认定层次的重大错报风险，注册会计师可以通过控制检查风险将审计风险降至可接受的低水平。

（2）固有风险和控制风险

认定层次的重大错报风险包括固有风险和控制风险。

固有风险是指假设不存在相关的内部控制，某一认定发生重大错报的可能性，无论该错报单独考虑，还是连同其他错报构成重大错报。

某些类别的交易、账户余额、列报及认定，固有风险较高。例如，复杂的计算比简单计算更可能出错；受重大计量不确定性影响的会计估计发生错报的可能性较大。产生经营风险的外部因素也可能影响固有风险。例如，技术进步可能导致某项产品陈旧，进而导致存货被高估错报（计价认定）。被审计单位及其环境中的某些因素还可能与多个甚至所有类别的交易、账户余额、列报有关，进而影响多个认定的固有风险。这些因素包括维持经营的流动资金匮乏、被审计单位处于夕阳行业等。

控制风险是指某项认定发生了重大错报，无论该错报单独考虑，还是连同其他错报构成重大错报，而该错报没有被企业的内部控制及时防止、发现和纠正的可能性。控制风险取决于与财务报表编制有关的内部控制的设计和运行的有效性。由于控制的固有局限性，某种程度的控制风险始终存在。

由于固有风险和控制风险不可分割地交织在一起，有时无法单独进行评估，审计准则通常不再单独提到固有风险和控制风险，而只是将这两者合并称为"重大错报风险"，但这不是说，注册会计师不可以单独评估固有风险和控制风险。相反，注册会计师既可以单独评估又可以对两者合并评估。

2. 检查风险

检查风险（Detection Risk）是指某一认定存在错报，该错报单独或连同其他错报是重大的，但注册会计师未能发现这种错报的可能性。检查风险取决于审计程序设计的合理性和执行的有效性。由于注册会计师通常并不对所有的交易、账户余额和列报进行检查，以及其他原因，因此，检查风险不可能降低为零。其他原因包括注册会计师可能选择了不恰当的审计程序、对审计过程执行不当，或者错误解读了审计结论。这些其他因素可以通过适当计划、在项目组成员之间进行恰当的职责分配、保持职业怀疑态度及监督、指导和复核助理人员所执行的审计工作得以解决。

3. 检查风险与重大错报风险的反向关系

在既定的审计风险水平下，可接受的检查风险水平与认定层次重大错报风险的评估结果成反向关系。评估的重大错报风险越高，可接受的检查风险越低；评估的重大错报风险越低，可接受的检查风险越高。检查风险与重大错报风险的反向关系正如以上提到的审计风险模型：

审计风险=重大错报风险×检查风险

假设针对某一认定，注册会计师将可接受的审计风险水平设定为5%，并在实施风险评估程序后将重大错报风险评估为25%，则这一模型可接受的检查风险为20%。当然，实务中注册会计师不一定用绝对数量表达这些风险水平，而选用"高""中""低"等文字描述。

注册会计师应当合理设计审计程序的性质、时间和范围，并有效执行审计程序，以控制检查风险。上例中，注册会计师根据确定的可接受检查风险（20%），设定审计程序的性质、时间和范围。审计计划在很大程度上围绕确定审计程序的性质、时间和范围而展开。

4. 控制环境对评估财务报表层次重大错报风险的影响

财务报表层次的重大错报风险很可能源于薄弱的控制环境。薄弱的控制环境带来的风险可能对财务报表产生广泛影响，难以限于某类交易、账户余额、列报，注册会计师应当采取总体应对措施。

例如，被审计单位治理层、管理层对内部控制的重要性缺乏认识，没有建立必要的制度和程序；或管理层经营理念偏于激进，又缺乏实现激进目标的人力资源等，这些缺陷源于薄弱的控制环境，可能对财务报表产生广泛影响，需要注册会计师采取总体应对措施。

5. 控制对评估认定层次重大错报风险的影响

在评估重大错报风险时，注册会计师应当将所了解的控制与特定认定相联系。

这是由于控制有助于防止或发现并纠正认定层次的重大错报。在评估重大错报发生的可能性时，除了考虑可能的风险外，还要考虑控制对风险的抵消和遏制作用。有效的控制会减少错报发生的可能性，而控制不当或缺乏控制，错报就会由可能变成现实。

控制可能与某一认定直接相关，也可能与某一认定间接相关。关系越间接，控制在防止或发现并纠正认定中错报的作用越小。例如，销售经理对分地区的销售网点的销售情况进行复核，与销售收入完整性的认定只是间接相关。相应地，该项控制在降低销售收入完整性认定中的错报风险方面的效果，要比与该认定直接相关的控制（例如，将发货单与开具的销售发票相核对）的效果差。控制与认定直接或间接相关；关系越间接，控制对防止或发现并纠正认定错报的效果越小。

注册会计师可能识别出有助于防止或发现并纠正特定认定发生重大错报的控制。在确定这些控制是否能够实现上述目标时，注册会计师应当将控制活动和其他要素综合考虑。如将销售和收款的控制置身于其所在的流程和系统中考虑，以确定其能否实现控制目标。因为单个的控制活动（如将发货单与销售发票相核对）本身并不足以控制重大错报风险。只有多种控制活动和内部控制的其他要素综合作用才足以控制重大错报风险。

当然，也有某些控制活动可能专门针对某类交易或账户余额的个别认定。例如，被审计单位建立的、以确保盘点工作人员能够正确地盘点和记录存货的控制活动，直接与存货账户余额的存在性和完整性认定相关。注册会计师只需要对盘点过程和程序进行了解，就可以确定控制是否能够实现目标。

注册会计师应当考虑对识别的各类交易、账户余额和列报认定层次的重大错报风险予以汇总和评估，以确定进一步审计程序的性质、时间和范围。表8-10所示为评估认定层次重大错报风险汇总表示例。

表8-10　　　　　　　　　　　评估认定层次的重大错报风险汇总表

重大账户	认定	识别的重大错报风险	风险评估结果
列示重大账户，如应收账款	列示相关的认定，如存在、完整性、计价或分摊等	汇总实施审计程序识别出的与该重大账户的某项认定相关的重大错报风险	评估该项认定的重大错报风险水平（应考虑控制设计是否合理，是否得到执行）

注：注册会计师也可以在该表中记录针对评估的认定层次重大错报风险而相应制定的审计方案。

6. 考虑财务报表的可审计性

注册会计师在了解被审计单位内部控制后，可能对被审计单位财务报表的可审计性产生怀疑。例如，对被审计单位会计记录的可靠性和状况的担心可能会使注册会计师认为可能很难获取充分、适当的审计证据，以支持对财务报表发表意见。再如，管理层严重缺乏诚信，注册会计师认为管理层在财务报表中做出虚假陈述的风险高到无法进行审计的程度。

如果通过对内部控制的了解发现下列情况，并对财务报表局部或整体的可审计性产生疑问，注册会计师应当考虑出具保留意见或无法表示意见的审计报告：（1）被审计单位会计记录的状况和可靠性存在重大问题，不能获取充分、适当的审计证据以发表无保留意见；（2）对管理层的诚信存在严重疑虑。必要时，注册会计师应当考虑解除业务约定。

第二节 风险应对

一、针对财务报表层次重大错报风险的总体应对措施

注册会计师应当针对评估的财务报表层次重大错报风险确定下列总体应对措施。

（1）向项目组强调保持职业怀疑态度的必要性。

（2）指派更有经验或具有特殊技能的审计人员，或利用专家的工作。

（3）提供更多的督导。对于财务报表层次重大错报风险较高的审计项目，项目组的高级别成员，如项目合伙人、项目经理等经验较丰富的人员，要对其他成员提供更详细、更经常、更及时的指导和监督并加强项目质量复核。

（4）在选择拟实施的进一步审计程序时融入更多的不可预见的因素。

注册会计师可以通过以下方式提高审计程序的不可预见性：对某些未测试过的低于设定的重要性水平或风险较小的账户余额和认定实施实质性程序；调整实施审计程序的时间，使被审计单位不可预期；采取不同的审计抽样方法，使当期抽取的测试样本与以前有所不同；选取不同的地点实施审计程序，或预先不告知被审计单位所选定的测试地点。

（5）对拟实施审计程序的性质、时间和范围进行总体修改。财务报表层次的重大错报风险很可能源于薄弱的控制环境。薄弱的控制环境带来的风险可能对财务报表产生广泛影响，难以限于某类交易、账户余额、列报，注册会计师应当采取总体应对措施。

有效的控制环境可以使注册会计师增强对内部控制和被审计单位内部产生的证据的信赖程度。

如果控制环境存在缺陷，则注册会计师在对拟实施审计程序的性质、时间和范围进行总体修改时应当考虑以下因素。

① 在期末而非期中实施更多的审计程序。控制环境的缺陷通常会削弱期中获得的审计证据的可信赖程度。

② 通过实施实质性程序获取更广泛的审计证据。良好的控制环境是其他控制要素发挥作用的基础。控制环境存在缺陷通常会削弱其他控制要素的作用，导致注册会计师可能无法信赖内部控制，而主要依赖实施实质性程序获取审计证据。

③ 增加拟纳入审计范围的经营地点的数量。

二、针对认定层次重大错报风险的进一步审计程序

注册会计师应当针对评估的认定层次重大错报风险设计和实施进一步审计程序，以将审计风险降至可接受的低水平。

（一）进一步审计程序的含义和设计时考虑的要素

1. 进一步审计程序的含义

进一步审计程序相对于风险评估程序而言，是指注册会计师针对评估的各类交易、账户余额、列报认定层次重大错报风险实施的审计程序，包括控制测试和实质性程序。

2. 设计进一步审计程序时的考虑因素

在设计进一步审计程序时，注册会计师应当考虑下列因素。

（1）风险的重要性。风险的重要性是指风险造成的后果的严重程度。风险的后果越严重，就越需要注册会计师关注和重视并精心设计有针对性的进一步审计程序。

（2）重大错报发生的可能性。

（3）涉及的各类交易、账户余额和列报的特征。不同的交易、账户余额和列报，产生的认定层次的重大错报风险也会存在差异，适用的审计程序也有差别，需要注册会计师区别对待，并设计有针对性的进一步审计程序予以应对。

（4）被审计单位采用的特定控制的性质。

（5）注册会计师是否拟获取审计证据，以确定内部控制在防止或发现并纠正重大错报风险方面的有效性。如果注册会计师在风险评估时预期内部控制运行有效，随后拟实施的进一步审计程序就必须包括控制测试，且实质性程序自然会受到之前控制测试结果的影响。

（二）进一步审计程序的性质

1. 进一步审计程序的性质的含义

进一步审计程序的性质是指进一步审计程序的目的和类型。

（1）目的：①通过实施控制测试来确定内部控制运行的有效性；②通过实施实质性程序来发现认定层次的重大错报。

（2）类型：进一步审计程序的类型包括检查、观察、询问、函证、重新计算、重新执行和分析程序。合理确定程序的性质是最重要的。不同审计程序对特定认定错报风险的效力不同。例如，应收账款函证程序对存在认定提供证据，但通常不能证明计价认定。

2. 进一步审计程序的性质的选择

在确定进一步审计程序的性质时，注册会计师首先需要考虑的是认定层次重大错报风险的评估结果。

评估的认定层次重大错报风险越高，对通过实质性程序获取的审计证据的相关性和可靠性的要求越高，从而可能影响进一步审计程序的类型及其综合运用。

注意

如果在实施进一步审计程序时拟利用被审计单位信息系统生成的信息，注册会计师应当就信息的准确性和完整性获取审计证据。

（三）进一步审计程序的时间

1. 进一步审计程序的时间的含义

进一步审计程序的时间是指注册会计师何时实施进一步审计程序，或审计证据适用的期间或时点。

2. 进一步审计程序的时间的选择

（1）注册会计师可以在期中或期末实施控制测试或实质性程序。

（2）当重大错报风险较高时，注册会计师应当考虑在期末或接近期末实施实质性程序，或采用不通知的方式，或在管理层不能预见的时间实施审计程序。

（3）在期中实施进一步审计程序，可能有助于注册会计师在审计工作初期识别重大事项，并在管理层的协助下及时解决这些事项；或针对这些事项制订有效的实质性方案或综合性方案。但在期中实施进一步审计程序有以下局限性。

① 期中时，交易或事项还没完结，可能不能获取充分适当的证据；

② 期中后还会发生重大的交易或事项对所审计期间的财务报表认定产生重大影响，因此，注册会计师还应当针对剩余期间获取审计证据；

③ 被审计单位管理层也完全有可能对期中以前的相关会计记录做出调整甚至篡改。

（4）注册会计师在确定何时实施审计程序时应当考虑如下重要因素。

① 控制环境。良好的控制环境可以抵消在期中实施进一步审计程序的局限性，使注册会计师在确定实施进一步审计程序的时间时有更大的灵活度。

② 何时能得到相关信息。

③ 错报风险的性质。

④ 审计证据适用的期间或时点。

注意

虽然注册会计师在很多情况下可以根据具体情况选择实施进一步审计程序的时间，但也存在着一些限制选择的情况。某些审计程序只能在期末或期末以后实施，包括将财务报表与会计记录相核对，检查财务报表编制过程中发生的会计调整等。如果被审计单位在期末或接近期末发生了重大交易，或重大交易在期末尚未完成，则注册会计师应当考虑交易的发生或截止等认定可能存在的重大错报风险，并在期末或期末以后检查此类交易。

（四）进一步审计程序的范围

1. 进一步审计程序的范围的含义

进一步审计程序的范围是指实施进一步审计程序的数量，包括抽取的样本量（实质性程序）、对某项控制活动的观察次数（控制测试）等。

2. 确定进一步审计程序的范围时考虑的因素

在确定审计程序的范围时，注册会计师应当考虑下列因素。

（1）确定的重要性水平。确定的重要性水平越低，注册会计师实施进一步审计程序的范围越广。

（2）评估的重大错报风险。评估的重大错报风险越高，对拟获取审计证据的相关性、可靠性的要求越高，因此注册会计师实施的进一步审计程序的范围也越广。

（3）计划获取的保证程度。计划获取的保证程度，是指注册会计师计划通过所实施的审计程序对测试结果可靠性所获取的信心。计划获取的保证程度越高，对测试结果可靠性要求越高，注册会计师实施的进一步审计程序的范围越广。例如，注册会计师对财务报表是否不存在重大错报的信心可能来自控制测试和实质性程序，如果注册会计师计划从控制测试中获取更高的保证程度，则控制测试的范围更广。

注意

随着重大错报风险的增加，注册会计师应当考虑扩大审计程序的范围。但只有当审计程序本身与特定风险相关时，扩大审计程序的范围才是有效的。

鉴于进一步审计程序的范围往往是通过一定的抽样方法加以确定的，因此，注册会计师需要慎重考虑抽样过程对审计程序范围的影响是否能够有效实现审计目的。注册会计师使用恰当的抽样方法通常可能得出有效结论。但如果存在下列情形，注册会计师使用恰当的抽样方法通常可能与对总体实施同样的审计程序得出的结论不同，出现不可接受的风险：从总体中选择的样本量过小；选择的抽样方法对实施特定目标不适当；未对发现的例外事项进行恰当的追查。

三、实施控制测试

（一）控制测试的含义及要求

控制测试指的是测试控制运行的有效性。对于这一概念，读者需要将其与"了解内部控制"进行区分。"了解内部控制"包含两层含义：一是评价控制的设计；二是确定控制是否得到执行。而控制测试的目的是测试控制运行的有效性。

作为进一步审计程序的类型之一，控制测试并非在任何情况下都需要实施。当存在下列情形之一时，注册会计师应当实施控制测试：在评估认定层次重大错报风险时，预期控制的运行是有效的；仅实施实质性程序不足以提供认定层次充分、适当的审计证据。

（二）控制测试的性质

控制测试的性质是指控制测试所使用的审计程序的类型及其组合。虽然控制测试与了解内部控制的目的不同，但两者采用审计程序的类型通常相同，包括询问、观察、检查和穿行测试。此外，控制测试的程序还包括重新执行。控制测试的审计程序类型及其组合如表8-11所示。

表8-11　　　　　控制测试的审计程序类型及其组合

程序类型	定义	组合运用举例
询问	向被审计单位的适当员工询问，获取与内部控制运行情况相关的信息	（1）本身并不足以测试控制运行的有效性 （2）注册会计师应当将询问与其他审计程序结合使用，以获取有关控制运行有效性的审计证据 （3）在询问过程中，注册会计师应当保持职业怀疑态度

程序类型	定义	组合运用举例
观察	测试不留下书面记录的控制（如职责分离）的运行情况的有效方法	（1）观察提供的证据仅限于观察发生的时点 （2）本身也不足以测试控制运行的有效性 （3）观察也可运用于实物控制，如查看仓库门是否锁好，或者空白支票是否妥善保管 （4）通常情况下，注册会计师通过观察直接获取的证据比间接获取的证据更可靠 （5）注册会计师还要考虑其所观察到的控制在注册会计师不在场时可能未被执行的情况
检查	对运行情况留有书面证据的控制，检查非常适用	书面说明、复核时留下的记号，或其他记录在偏差报告中的标志都可以被当作控制运行情况的证据。例如，检查销售发票是否有复核人员签字，检查销售发票是否附有客户订购单和出库单等
重新执行	通常只有当询问、观察和检查程序结合在一起仍无法获得充分的证据时，注册会计师才考虑通过重新执行来证实控制是否有效运行	（1）为了合理保证计价认定的准确性，被审计单位的一项控制是由复核人员核对销售发票上的价格与统一价格单上的价格是否一致。但是，要检查复核人员有没有认真执行核对，仅仅检查复核人员是否在相关文件上签字是不够的，注册会计师还需要自己选取一部分销售发票进行核对。这就是重新执行程序 （2）如果需要进行大量的重新执行，注册会计师就要考虑通过实施控制测试以缩小实质性程序的范围是否有效率 （3）将询问与检查或重新执行结合使用，通常能够比仅实施询问和观察更有保证
穿行测试	穿行测试不是单独的一种程序，而是将多种程序按特定审计需要进行结合运用的方法。穿行测试是通过追踪交易在财务报告信息系统中的处理过程，来证实注册会计师对控制的了解、评价控制设计的有效性及确定控制是否得到执行	穿行测试更多地在了解内部控制时运用。在执行穿行测试时，注册会计师可能获取部分控制运行有效性的审计证据

（三）控制测试的范围

控制测试的范围主要是指某项控制活动的测试次数。注册会计师应当设计控制测试，以获取控制在整个拟信赖的期间有效运行的充分、适当的审计证据。

注册会计师在确定某项控制的测试范围时通常考虑的因素如表 8-12 所示。

表 8-12　　　　　　　　　　　控制测试的范围应考虑的因素

因素	要求
1．在整个拟信赖的期间，被审计单位执行控制的频率	控制执行的频率越高，控制测试的范围越大
2．在所审计期间，注册会计师拟信赖控制运行有效性的时间长度	拟信赖控制运行有效性的时间长度不同，在该时间长度内发生的控制活动次数也不同。注册会计师需要根据拟信赖控制的时间长度确定控制测试的范围。拟信赖期间越长，控制测试的范围越大
3．为证实控制能够防止或发现并纠正认定层次重大错报，所需获取审计证据的相关性和可靠性	对审计证据的相关性和可靠性要求越高，控制测试的范围越大
4．通过测试与认定相关的其他控制获取的审计证据的范围	针对同一认定，可能存在不同的控制。当针对其他控制获取审计证据的充分性和适当性较高时，测试该控制的范围可适当缩小
5．在风险评估时拟信赖控制运行有效性的程度	注册会计师在风险评估时对控制运行有效性的拟信赖程度越高，需要实施控制测试的范围越大
6．控制的预期偏差	预期偏差可以用控制未得到执行的预期次数占控制应得到执行次数的比例加以衡量（也可称作预期偏差率）。考虑该因素的原因是在考虑测试结果是否可以得出控制运行有效性的结论时，不可能只要出现任何控制执行偏差就认定控制运行无效，所以需要确定一个合理水平的预期偏差。控制的预期偏差率越高，需要实施控制测试的范围越大。如果控制的预期偏差率过高，则注册会计师应当考虑控制可能不足以将认定层次的重大错报风险降至可接受的低水平，从而针对某一认定实施的控制测试可能是无效的

四、实质性程序

（一）实质性程序的概念

实质性程序是指注册会计师针对评估的重大错报风险实施的直接用于发现认定层次重大错报的审计程序。因此，注册会计师应当针对评估的重大错报风险设计和实施实质性程序，以发现认定层次的重大错报。实质性程序包括：对各类交易、账户余额、列报的细节测试；实质性分析程序。

细节测试是对各类交易、账户余额、列报的具体细节进行测试，目的在于直接识别财务报表认定是否存在错报。

实质性分析程序从技术特征上仍然是分析程序，主要是通过研究数据间的关系评价信息，只是将该技术方法用作实质性程序，即用于识别各类交易、账户余额、列报及相关认定是否存在错报。

由于细节测试和实质性分析程序的目的和技术手段存在一定差异，因此各自有不同的适用领域。注册会计师应当根据各类交易、账户余额、列报的性质选择实质性程序的类型。细节测试适用于对各类交易、账户余额、列报认定的测试，尤其是对存在或发生、计价认定的测试；对在一段时期内存在可预期关系的大量交易，注册会计师可以考虑实施实质性分析程序。

对于细节测试，注册会计师应当针对评估的风险设计细节测试，获取充分、适当的审计证据，以达到认定层次所计划的保证水平。该规定的含义是注册会计师需要根据不同的认定层次的重大错报风险设计有针对性的细节测试。例如，在针对存在或发生认定设计细节测试时，注册会计师应当选择包含在财务报表金额中的项目，并获取相关审计证据。又如，在针对完整性认定设计细节测试时，注册会计师应当选择有证据表明应包含在财务报表金额中的项目，并调查这些项目是否确实包括在内。如为应对被审计单位漏记本期应付账款的风险，注册会计师可以检查期后付款记录。

注册会计师在设计实质性分析程序时应当考虑的一系列因素：对特定认定使用实质性分析程序的适当性；对已记录的金额或比率做出预期时，所依据的内部或外部数据的可靠性；相关预期的准确程度是否足以在计划的保证水平上识别重大错报；已记录金额与预期值之间可接受的差异额。考虑到数据及分析的可靠性，当实施实质性分析程序时，如果使用被审计单位编制的信息，注册会计师应当考虑测试与信息编制相关的控制，以及这些信息是否在本期或前期经过审计。

注册会计师实施的实质性程序应当包括下列与财务报表编制完成阶段相关的审计程序：将财务报表与其所依据的会计记录相核对；检查财务报表编制过程中发生的重大会计分录和其他会计调整。注册会计师对会计分录和其他会计调整检查的性质和范围，取决于被审计单位财务报告过程的性质和复杂程度及由此产生的重大错报风险。

由于注册会计师对重大错报风险的评估是一种判断，可能无法充分识别所有的重大错报风险，并且由于内部控制存在固有局限性，无论评估的重大错报风险结果如何，注册会计师都应当针对所有重大的各类交易、账户余额、列报实施实质性程序。

（二）实质性程序的时间

实质性程序的时间选择如表 8-13 所示。

时间	考虑内容
如何考虑是否在期中实施实质性程序	在期中实施实质性程序，一方面消耗了审计资源，另一方面在期中实施实质性程序获取的审计证据又不能直接作为期末财务报表认定的审计证据，注册会计师仍然需要消耗进一步的审计资源使期中审计证据能够合理延伸至期末。于是这两部分审计资源的总和是否能够显著小于完全在期末实施实质性程序所需消耗的审计资源，是注册会计师需要权衡的。因此，注册会计师在考虑是否在期中实施实质性程序时应当考虑以下因素：控制环境和其他相关的控制；实施审计程序所需信息在期中之后的可获得性；实质性程序的目标；评估的重大错报风险；各类交易或账户余额及相关认定的性质；针对剩余期间，能否通过实施实质性程序或将实质性程序与控制测试相结合，降低期末存在错报而未被发现的风险
如何考虑期中审计证据	（1）如果在期中实施了实质性程序，注册会计师应当针对剩余期间实施进一步的实质性程序，或将实质性程序和控制测试结合使用，以将期中测试得出的结论合理延伸至期末。在考虑如何将期中实施的实质性程序得出的结论合理延伸至期末时，注册会计师有两种选择：其一是针对剩余期间实施进一步的实质性程序；其二是将实质性程序和控制测试结合使用。 （2）如果拟将期中测试得出的结论延伸至期末，注册会计师应当考虑针对剩余期间仅实施实质性程序是否足够。如果认为实施实质性程序本身不充分，注册会计师还应测试剩余期间相关控制运行的有效性或针对期末实施实质性程序。 （3）对于舞弊导致的重大错报风险（作为一类重要的特别风险），被审计单位存在故意错报或操纵的可能性，那么注册会计师更应慎重考虑能否将期中测试得出的结论延伸至期末。因此，如果已识别出由于舞弊导致的重大错报风险，为将期中得出的结论延伸至期末而实施的审计程序通常是无效的，注册会计师应当考虑在期末或者接近期末实施实质性程序
如何考虑以前审计获取的审计证据	（1）在以前审计中实施实质性程序获取的审计证据，通常对本期只有很弱的证据效力或没有证据效力，不足以应对本期的重大错报风险。 （2）只有当以前获取的审计证据及其相关事项未发生重大变动时（如以前审计通过实质性程序测试过的某项诉讼在本期没有任何实质性进展），以前获取的审计证据才可能用作本期的有效审计证据。 （3）如果拟利用以前审计中实施实质性程序获取的审计证据，注册会计师应当在本期实施审计程序，以确定这些审计证据是否具有持续相关性

表 8-13　实质性程序的时间选择

（三）实质性程序的范围

（1）注册会计师评估的认定层次的重大错报风险越高，需要实施实质性程序的范围越广。

（2）如果对控制测试结果不满意，注册会计师应当考虑扩大实质性程序的范围。

（3）细节测试范围。在设计细节测试时，注册会计师除了从样本量的角度考虑测试范围外，还要考虑选样方法的有效性等因素。例如，从总体中选取大额或异常项目，而不是进行代表性抽样或分层抽样。

（4）实质性分析程序的范围。有两层含义。第一层含义是对什么层次上的数据进行分析，注册会计师可以选择在高度汇总的财务数据层次进行分析，也可以根据重大错报风险的性质和水平调整分析层次。例如，注册会计师按照不同产品线、不同季节或月份、不同经营地点或存货存放地点等实施实质性分析程序。第二层含义是需要对什么幅度或性质的偏差展开进一步调查。实施分析程序可能发现偏差，但并非所有的偏差都值得展开进一步调查。可容忍或可接受的偏差（即预期偏差）越大，作为实质性分析程序一部分的进一步调查的范围就越小。于是确定适当的预期偏差幅度同样属于实质性分析程序的范畴。因此，在设计实质性分析程序时，注册会计师应当确定已记录金额与预期值之间可接受的差异额。在确定该差异额时，注册会计师应当主要考虑各类交易、账户余额、列报及相关认定的重要性和计划的保证水平。

精选案例

PTL 俱乐部资金挪用案

PTL 俱乐部是一家宗教广播联播公司。该俱乐部的主席泰米·贝克利用教徒们的虔诚心理募集了上万美元的资金。但当时有证据表明，PTL 俱乐部的资金被贝克挪用。于是，相关机构开始了针对 PTL 俱乐部的财务状况的一系列调查。调查机构有美国国内税务局、联邦调查局、美国邮政局及许多其他联邦或州的机构。

调查机构发现 PTL 俱乐部会计系统中存在一名谁也不知道的秘密工资会计人员。他过去经常以各种名义向贝克和他的亲密助手们支付资金。这名会计很神秘，甚至俱乐部的财务主管都不知道该会计支付的费用属于什么性质。PTL俱乐部的董事会成员也都不知道他的存在。令人惊讶的是，该会计人员的支票登记册被拉文索·郝瓦会计师事务所（以下简称"拉文索会计师事务所"）的一个合伙人所保存。该事务所是PTL俱乐部所聘请的执行外部审计业务的单位。事实上，那位秘密会计人员就是负责管理PTL俱乐部审计的审计合伙人。当一张支票在账上被开出时，贝克或他的一个助手就会打电话给这位拉文索会计师事务所的合伙人。他也会定期地打电话来决定PTL俱乐部是否该在账上存入额外的资金。

最后，在一场75 700万美元的集团诉讼案件中，拉文索会计师事务所被PTL俱乐部以前的资助者们指控为共同被告人。起诉人称，拉文索会计师事务所帮助贝克歪曲地表述了PTL俱乐部的财务状况，并且通过那位秘密工资会计人员，为贝克从PTL俱乐部贪污上百万美元创造了条件。该诉讼案件的另一个共同被告人是德勤·哈斯金斯·赛尔会计师事务所（以下简称"德勤会计师事务所"），它是PTL俱乐部1984年以前合作的会计师事务所。尽管德勤会计师事务所的所有人员均未替秘密工资会计人员保存支票登记册，但它还是面临与拉文索会计师事务所相似的指控。在1990年的秋天，拉文索会计师事务所，当时美国第七大会计师事务所，在PTL俱乐部以前的成员们发起的集团诉讼案件中沦为共同被告人后不久，就宣布破产。

尽管PTL俱乐部是一家非上市公司，同时又是一家非营利组织机构，但是，由于其资金来源广泛，其产生了众多的利害关系人。因此，在审核非上市公司时，注册会计师同样存在许多风险。从上述案例中，我们可从中汲取到如下几点启示与教训。

（1）不管是上市公司，还是非上市公司，会计师事务所在选择客户时，都应避免去选择那些高风险的客户。即使选上了，也要慎之又慎。在上述案例中，作为有多年历史的美国第七大会计师事务所——拉文索会计师事务所，由于想急于开拓市场，只要有客源，统统照单全收，使得当年的业务收入增加了300%，可谓风光至极。然而，好景不长，不出一年，该事务所连老本都赔光了。此教训不可谓不深刻。所以，会计师事务所在开拓市场时，不能以牺牲质量为前提，不能以放弃风险管理为前提；否则，这种短期行为，必将遭到市场经济的惩罚。

（2）不管是执行上市公司的审计，还是执行非营利性单位的审计，保持独立性是注册会计师职业道德的精髓。在上述案例中，拉文索会计师事务所的合伙人同时充当了PTL俱乐部的秘密工资会计人员的角色，严重违反了职业道德的精神。因此，只要有人起诉，注册会计师就必输无疑。所以，注册会计师能兼什么职、不能兼什么职，必须要以独立性来作为衡量标准。离开这一标准，注册会计师就有可能因违背职业道德而负相应的法律责任。这是我国注册会计师应从中汲取的第二个经验教训。

（3）不管一个会计师事务所资历多深，也不管一个会计师事务所实力多么雄厚。一旦遇到法律诉讼案，特别是卷入那些牵涉面广、涉及金额大的纠纷案，几代人的心血、几十年积累，很可能在顷刻之间化为乌有。因此，谨慎执业，严格遵循职业标准，应该成为所有会计师事务所的永恒主题。

分析：

1. 会计师事务所在接受一位顾客前应执行什么程序？对待像PTL俱乐部这样所谓的高风险顾客时，会计师事务所尤其应注意些什么？

2. 审计人员和企业管理当局对内部控制关注点的区别和联系有哪些？

3. 你认为外部审计人员对企业的内部控制有什么的影响？

重要概念

风险评估（Risk Assessment）　　　　重大错报风险（Risk of Material Misstatement）
内部控制（Internal Control）　　　　风险应对（Risk Response）
实质性程序（Substantive Procedures）　　控制测试（Test of Control）

思考与练习

一、单选题

1. 下列（　　）属于不相容职务。
   - A. 经理和董事长
   - B. 采购员与销售科长
   - C. 保管员与车间主任
   - D. 记录日记账和记录总账

2. 内部控制的中风险水平，是指审计结论偏离客观事实的可能在（　　）。
   - A. 10%～20%　B. 10%～40%　C. 20%～40%　D. 40%～60%

3. （　　）是指被审计单位具有健全、科学的内部控制制度，并且均能有效发挥作用。
   - A. 低信赖程度　B. 中信赖程度　C. 高信赖程度　D. 良好的信赖程度

4. 注册会计师可以通过设定审计程序而改变（　　）。
   - A. 审计风险和固有风险
   - B. 固有风险和控制风险
   - C. 检查风险和审计风险
   - D. 控制风险和检查风险

5. 在特定审计风险水平下，检查风险与重大错报风险的关系是（　　）。
   - A. 同向变动关系
   - B. 反向变动关系
   - C. 有时同向变动，有时反向变动
   - D. 没有确切关系

二、多选题

1. 内部控制制度描述的方法常见的有（　　）。
   - A. 观察法　B. 规划法　C. 文字表述法
   - D. 调查表法　E. 流程图法

2. 当检查风险不能降低至可接受的水平时，注册会计师应当发表（　　）意见。
   - A. 无保留意见　B. 保留意见　C. 否定意见　D. 拒绝表示意见

三、填空题

1. 建立内部控制制度，必须对某些＿＿＿＿进行分离，应分别由两人以上担任，便于相互核对、相互牵制，防止舞弊。

2. 绘制流程图一般有两种方法，一种是＿＿＿＿，另一种是＿＿＿＿。

3. 注册会计师评审内部控制制度的最终目的在于确定其健全性、有效性和风险水平，从而决定对它的＿＿＿＿。

4. 所谓关键控制点，是指未加控制就容易产生＿＿＿＿的＿＿＿＿。

5. 审计风险包括＿＿＿＿和＿＿＿＿。

四、判断题

1. 为了提高工作效率，减少工作环节，会计与出纳员应由一人承担。（　　）

2. 文字表述法几乎适用于任何类型、任何规模的单位，特别适用于内部控制制度不甚健全、内部控制程序比较简单和比较容易描述的小企业。（　　）

3. 描述内部控制制度的三种方法是相互排斥的，不能在同一单位内使用这三种方法。（　　）

4. 内部控制制度的高风险水平，是指内部控制制度未能防止或查出财务报表中包含的错误，而导致审计结论偏离客观事实的可能性大于10%。（　　）

5. 审计风险与重大错报风险和检查风险相关。（　　）

6. 如果评估结果表明被审计单位的重大错报风险较高，则注册会计师就应当将审计风险降至最低水平。（　　）

7. 控制风险与被审计单位内部控制是否存在、是否有效有关，注册会计师只能评估控制风险，但不能改变其实际水平。（　　）

8. 审计风险一定时，检查风险与重大错报风险之间存在正比关系。（　　）

9. 审计风险是随着审计抽样技术的产生而产生的。（　　）

10. 注册会计师可以改变审计风险和检查风险的实际水平，但无法改变固有风险、控制风险的实际水平。（　　）

11. 某注册会计师在审核应收账款时，采用的分类标准是客户是属于市内还是属于市外，对于市内客户的应收账款全部采用面询和审阅及核对的方法，对于市外客户的应收账款采用抽查一部分进行审阅和核对的方法。此注册会计师采用的审计方法非常正确。（　　）

五、思考题

1. 评估与财务报表有关的重大错报风险认定时应考虑的因素有哪些？

2. 在哪三种情况下，注册会计师可不进行控制测试而直接进行实质性测试？

六、案例分析题

1. 新华有限责任公司财务科有 A、B、C 三个会计人员，他们要完成如下几项工作。

（1）记录总账；

（2）记录应付款明细账；

（3）记录应收款明细账；

（4）开具支票，以便主管人员签章，并记载现金日记账；

（5）开具退货拒付通知书；

（6）调节银行对账单；

（7）处理并送存所收入的现金。

要求： 现已知这三个会计人员均具有相当的能力，除了调节银行对账单、签发拒付通知书工作量较小外，其他几项会计工作量基本相等。如何将上述几项工作分配给 A、B、C 三个会计人员，使会计工作起到较好的内部控制作用，并使这三个会计人员的工作量基本相等？

2. 下面的内容是对制造企业部分内部控制的描述。

（1）星星工厂检修部的采购程序如下：检修部的主管甲，根据机器修理需要，向供货商订购零配件。订货单一式三联，一联交供货商，一联留存，另一联送交验收部。收到零配件，验收部主管乙在订单上签字，表示货物已收到，然后把该订货单送交财会部，以备将采购的零配件和发生的应付账款登记入账。验收后的零配件，用车装运到检修车间的材料堆放点，车间的材料管理员在库存账上登记收到的零配件的数量。

（2）在联想集团公司，每天都有成百上千的员工，用工时卡打卡登记工作时间。计时员每周将这些卡片收集起来，送到计算机中心。在丙负责的计算机中心，计时卡上的数据，全被输入计算机。对于输入计算机的数据，丙负责用于核算应付工资、填制工资支票，用于编制人工成本分配记录和工资日记账。财务主管丁，核对工资支票与工资日记账，确定无误后，签发工资支票，并将工资支票还给丙。丙将工资支票发给相应的员工。

（3）东旗公司在一名为谏壁的江南小镇设立了一家销售点，雇佣李晴为负责人。东旗公司在工商银行谏壁分行开了一个账户，仅供销售点支付费用。要支付费用，须由李晴和销售点的会计陈琛共同签发支票。银行退回的作废支票（如损坏、填写不合规定），以及每月的银行对账单，均交由李晴处置保管。李晴登记从银行收到的作废支票和银行对账单，复核销售点的账目，还定期编制现金支出报告，送交公司总部。

要求：

（1）列举上述内部控制中的弱点。

（2）对于每一个内部控制弱点，尽可能详细地指出它们将导致的错误类型。

（3）对上述三家企业的内部控制，您有什么改进建议？

3. 爱乐者协会每周一至周五晚上在文化宫举办音乐会。音乐会开始前，协会的一名员工在入场处守门。协会的会员，出示会员卡后可以免费入场，非会员观众只有当场支付 30 元、换取到一张式样统一的入场券后，才能入场。

每晚演出结束，守门的员工将收到的现金交给协会的出纳。出纳当面清点，将现金存放入保险柜。每周六上午，出纳和守门的员工一起将保险柜中存放的所有现金，送存银行，收到银行出具的存款证明，作为每周登记账目的依据。

爱乐者协会的管理层认识到门票收入的内部控制需要改进，聘请您帮助出谋划策。

要求：

指出门票收入现有内部控制中存在的弱点，针对每个弱点，各提供一项改进建议。格式如表8-14所示。

表8-14 改进建议

弱点	建议
无法确定购票入场的非会员观众人数	门票应当连续编号，并按照售票顺序依次出票

4. 朱琳在流金公司从事会计工作10年有余。她对工作的忘我精神和高度的责任感，深得公司其他员工和老板的赞誉。最近，公司赋予她更多的职权和责任。然而，当注册会计师和公司的老板最后查明朱琳在过去的6年中采用非法手段侵吞了10万元巨款时，都感到吃惊和失望。朱琳作案的手法很简单，在向客户发出账单收款时，不登记销售日记账，待收到客户的付款时，不登记收款，而将款项侵吞。

要求： 请分析导致朱琳有机可乘的主要原因是什么？

5. 独城公司是一家从事食品批发、兼营食品零售业务的商业企业，去年出现了如下错误和不法行为。

（1）货物发出后，为向顾客收款而开具的销售发票中销售价格不对，因为在进行计算机输入时，输入了错误的销售价格。

（2）有一笔采购发生了重复付款。在第一次付款三周后，独城公司收到供货商发货单的复印件，因而又付了一次款。

（3）仓库的员工将部分牛肉带回家。收到购入的牛肉后，仓库的员工将一小部分牛肉放入自己的手提袋，其余部分则放入公司的冷冻冰柜，然后，按照总共收到的数量而不是入库的实际数量填写入库单，送交财会部。

（4）在对零售商店的存货进行盘点时，某些柜组将一些商品数量误记在另一些商品的名头下，在盘点数量时也出现了错误。

要求： 找出其中内部控制的缺陷，并点明可弥补相应缺陷的控制措施。

6. 最近，当您和您的家人到某豆浆店吃早点时，发现该店有一套特殊的控制方法。您先到点菜台点菜，服务小姐问您一共几位、坐哪一桌。点好菜后，她打印了一张清单，上面列出桌号、客人数、您点的各种菜的数量、价格及最后的总金额。然后，您就可以坐在座位上，等待服务员将各种菜肴送过来供您和您家人享用。后来，您想再加几个菜。结果，您又来到点菜台。服务小姐又打印出一张类似的清单，让您拿出原来的清单，将它们装订在一起交给您。当您和您的家人用餐完毕要离开时，您将两张清单交给收银台。收银台的服务小姐对清单进行复核后，加计出总金额，让您付款。

要求：

（1）该豆浆店设立的控制措施属于何种类型？

（2）豆浆店的老板应如何评价该控制措施的效果？

（3）豆浆店设立这些控制措施，有哪些成本和收益？

第九章 | 货币资金审计

【学习目标】

掌握货币资金的内部控制和控制测试的相关内容；

熟练掌握库存现金、银行存款和其他货币资金审计的审计目标和实质性程序。

货币资金与后述各交易循环均直接相关，每个交易循环均涉及货币资金的收支。所以货币资金是企业流动性最强的资产，尽管在企业资产总额中所占比重不大，但由于企业全部经营活动都可说是将各种资源转换为货币资金，并以货币资金支付债务，同时，企业发生的舞弊事件大都与货币资金有关，因此，货币资金审计非常重要。

货币资金审计涉及的凭证和会计记录主要有：（1）现金盘点表；（2）银行对账单；（3）银行存款余额调节表；（4）有关科目的记账凭证；（5）有关会计账簿。货币资金的审计主要包括控制测试和实质性测试两个方面。

第一节 | 货币资金的内部控制及控制测试

一、货币资金内部控制概述

由于货币资金是企业流动性最强的资产，因此，企业必须加强对货币资金的管理，建立良好的货币资金内部控制，以确保全部应收取的货币资金均能收取，并及时正确地予以记录；库存现金、银行存款报告正确，并得以恰当保管；正确预测企业正常经营所需的货币资金收支额，确保企业有充足又不过剩的货币资金余额。

一般而言，一个良好的货币资金内部控制应该达到以下几点：（1）货币资金收支与记账的岗位分离；（2）货币资金收支要有合理、合法的凭据；（3）全部收支及时准确入账，并且支出要有核准手续；（4）控制现金坐支，当日收入现金应及时送存银行；（5）按月盘点现金，编制银行存款余额调节表，以做到账实相符；（6）加强对货币资金收支业务的内部审计。

根据财政部于 2001 年 7 月 12 日发布的《内部会计控制规范——货币资金（试行）》，货币资金的内部控制包括下述内容。

（一）岗位分工及授权批准

1. 建立货币资金业务的岗位责任制

企业应当建立货币资金业务的岗位责任制，明确相关部门和岗位的职责权限，确保办理货币资金业务的不相容岗位相互分离、制约和监督。出纳人员不得兼任稽核、会计档案保管和收入、支出、费用、债权债务账目的登记工作。单位不得由一人办理货币资金业务的全过程。

2. 建立严格的授权批准制度

企业应当对货币资金业务建立严格的授权批准制度，明确审批人对货币资金业务的授权批准方式、权限、程序、责任和相关控制措施，规定经办人办理货币资金业务的职责范围和工作要求。审批人应当根据货币资金授权批准制度的规定，在授权范围内进行审批，不得超越审批权限。经办人应当在职责范围内，按照审批人的批准意见办理货币资金业务。对于审批人超越授权范围审批的货币资金业务，经办人有权拒绝办理，并及时向审批人的上级授权部门报告。

3. 应当按照规定的程序办理货币资金支付业务

（1）支付申请。企业有关部门或个人用款时，应当提前向审批人提交货币资金支付申请，注明款项的用途、金额、预算、支付方式等内容，并附有效经济合同或相关证明。

（2）支付审批。审批人根据其职责、权限和相应程序对支付申请进行审批。对不符合规定的货币资金支付申请，审批人应当拒绝批准。

（3）支付复核。复核人应当对批准后的货币资金支付申请进行复核，复核货币资金支付申请的批准范围、权限、程序是否正确，手续及相关单证是否齐备，金额计算是否准确。支付方式、支付单位是否妥当等。复核无误后，交由出纳人员办理支付手续。

（4）办理支付。出纳人员应当根据复核无误的支付申请，按规定办理货币资金支付手续，及时登记现金和银行存款日记账。

4. 集体决策和审批

单位对于重要货币资金支付业务，应当实行集体决策和审批，并建立责任追究制度，防范贪污、侵占、挪用货币资金等行为。

5. 货币资金接触控制

严禁未经授权的机构或人员办理货币资金业务或直接接触货币资金。

（二）现金和银行存款的管理

（1）企业应当加强现金库存限额的管理，将超过库存限额的现金应及时存入银行。

（2）企业必须根据《现金管理暂行条例》的规定，结合本企业的实际情况，确定本企业现金的开支范围。不属于现金开支范围的业务应当通过银行办理转账结算。

（3）企业现金收入应当及时存入银行，不得用于直接支付企业自身的支出。因特殊情况需坐支现金的，应事先报经开户银行审查批准。

企业借出款项必须执行严格的授权批准程序，严禁擅自挪用、借出货币资金。

（4）企业取得的货币资金收入必须及时入账，不得私设"小金库"，不得账外设账，严禁收款不入账。

（5）企业应当严格按照《支付结算办法》等国家有关规定，加强银行账户的管理，严格按照规定开立账户，办理存款、取款和结算。

企业应当定期检查、清理银行账户的开立及使用情况，发现问题，及时处理。

企业应当加强对银行结算凭证的填制、传递及保管等环节的管理与控制。

（6）企业应当严格遵守银行结算纪律，不准签发没有资金保证的票据或远期支票，套取银行信用；不准签发、取得和转让没有真实交易和债权债务的票据，套取银行和他人资金；不准无理拒绝付款，任意占用他人资金；不准违反规定开立和使用银行账户。

（7）企业应当指定专人定期核对银行账户，每月至少核对一次，编制银行存款余额调节表，使银行存款账面余额与银行对账单调节相符。如调节不符，应查明原因，及时处理。

（8）企业应当定期和不定期地进行现金盘点，确保现金账面余额与实际库存相符。发现不符，及时查明原因，进行处理。

（三）票据及有关印章的管理

（1）企业应当加强与货币资金相关的票据的管理，明确各种票据的购买、保管、领用、背书转让、注销等环节的职责权限和程序，并专设登记簿进行记录，防止空白票据的遗失和被盗用。

（2）企业应当加强银行预留印鉴的管理。财务专用章应由专人保管，个人名章必须由本人或其授权人员保管。严禁一人保管支付款项所需的全部印章。

按规定需要有关负责人签字或盖章的经济业务，必须严格履行签字或盖章手续。

（四）监督检查

（1）单位应当建立对货币资金业务的监督检查制度，明确监督检查机构或人员的职责权限，定期和不定期地进行检查。

（2）货币资金监督检查的主要内容如下。

① 货币资金业务相关岗位及人员的设置情况。重点检查是否存在货币资金业务不相容职务混岗的现象。

② 货币资金授权批准制度的执行情况。重点检查货币资金支出的授权批准手续是否健全，是否存在越权审批行为。

③ 支付款项印章的保管情况。重点检查是否存在办理付款业务所需的全部印章交由一人保管的现象。

④ 票据的保管情况。重点检查票据的购买、领用、保管手续是否健全，票据保管是否存在漏洞。

（3）对监督检查过程中发现的货币资金内部控制中的薄弱环节，应当及时采取措施，加以纠正和完善。

二、货币资金内部控制的测试

（一）了解内部控制

注册会计师可以根据实际情况采用不同的方法实现对货币资金内部控制的了解。一般而言，注册会计师可以采用调查问卷（详见表 9-1）和编制流程图的方法。进行问卷调查和编制货币资金内部控制流程图是货币资金控制测试的重要步骤。注册会计师在编制流程图之前应通过询问、观察等调查手段收集必要的资料，然后根据所了解的情况编制流程图。对中小企业，也可采用编写货币资金内部控制说明的方法。若年度审计工作底稿中已有以前年度的流程图，注册会计师可根据调查结果加以修正，以供本年度审计之用。一般地，了解货币资金内部控制时，注册会计师应当注意检查货币资金内部控制是否建立并严格执行。

表 9-1　　　　　　　　　　　　库存现金内部控制调查问卷表

被审计单位名称：

注册会计师：　　　　　　　审计日期：　　　　　　完成日期：　　　　　　复核人：

问　题	是	否	不适用	备注
1. 现金出纳与会计岗位是否分离				
2. 现金收支是否有合法的凭证				
3. 全部收入是否及时入账				
4. 现销业务较多的是否分设销货员和收款员				
5. 支出是否均有核准手续				
6. 是否控制现金收支，当日收入的现金是否及时送存银行				
7. 是否做到现金日清日结，做到账实相符				
8. 是否以白条抵充现金				
9. 是否私设小金库				
10. 出纳办理收付款后是否在收付款凭证上加盖"收讫""付讫"戳记				
11. 出纳人员收取现金后是否开出收款收据				
12. 有无现金收支业务的内部审计制度				
13. 是否有支票申领、签发制度				
14. 是否建立报销制度				

（二）抽取并检查收款凭证

货币资金收款内部控制薄弱，很可能会导致贪污舞弊或挪用等情况的发生。例如，在一个企业中，出纳员同时负责登记应收账款明细账，很可能导致循环挪用情况的发生。为测试货币资金收款的内部控制，注册会计师应选取适当样本的收款凭证，进行如下检查。

（1）核对收款凭证与存入银行账户的日期和金额是否相符。

（2）核对库存现金、银行存款日记账的收入金额是否正确。

（3）核对收款凭证与银行对账单是否相符。

（4）核对收款凭证与应收账款等相关明细账的有关记录是否相符。

（5）核对实收金额与销售发票等相关凭据是否一致。

（三）抽取并检查付款凭证

为测试货币资金付款内部控制，注册会计师应选取适当样本的货币资金付款凭证，进行如下检查。

（1）检查付款的授权批准手续是否符合规定。

（2）核对库存现金、银行存款日记账的付出金额是否正确。

（3）核对付款凭证与银行对账单是否相符。

（4）核对付款凭证与应付账款等相关明细账的记录是否一致。

（5）核对实付金额与购货发票等相关凭据是否相符。

（四）抽取一定期间的库存现金、银行存款日记账与总账核对

一方面，注册会计师应抽取一定期间的库存现金、银行存款日记账，检查其有无计算错误，加总是否正确无误。如果检查中发现问题较多，则说明被审计单位货币资金的会计记录不够可靠。另一方面，注册会计师应根据日记账提供的线索，核对总账中的库存现金、银行存款、应收账款、应付账款等有关账户的记录。

（五）抽取一定期间的银行存款余额调节表，查验其是否按月正确编制并经复核

为证实银行存款记录的正确性，注册会计师必须抽取一定期间的银行存款余额调节表，将其同银行对账单、银行存款日记账及总账进行核对，以确定被审计单位是否按月正确编制并复核银行存款余额调节表。

（六）检查外币资金的折算方法是否符合有关规定，是否与上年度一致

对于有外币货币的被审计单位，注册会计师应检查外币货币资金有关的日记账及"财务费用""在建工程"等账户的记录，确定企业有关外币货币资金的增减变动金额是否采用交易发生日的即期汇率折合为记账本位币金额，或者采用按照系统合理的方法确定的、与交易发生日即期汇率近似的汇率折合为记账本位币金额，选择采用汇率的方法前后各期是否一致；检查企业的外币货币资金的余额是否采用期末即期汇率折合为记账本位币金额；折算差额的会计处理是否正确。

（七）评价货币资金的内部控制

注册会计师在实施上述测试之后，应对货币资金的内部控制进行评价。评价时，注册会计师应首先确定货币资金内部控制可信赖的程度及存在的薄弱环节和缺点，然后据此确定在货币资金实质性程序中对哪些环节可以适当减少审计程序，哪些环节应增加审计程序进行重点检查，以降低审计风险。

第二节
库存现金实质性测试

一、审计目标

库存现金包括企业的人民币和外币。库存现金的审计目标一般包括以下内容。

（1）确定被审计单位资产负债表的货币资金项目中的库存现金在财务报表日是否确实存在，是否为被审计单位所拥有或控制。

（2）确定被审计单位在特定期间内发生的现金收支业务是否均记录完毕，有无遗漏。

（3）确定库存现金余额是否正确。

（4）确定库存现金是否已按照会计准则的规定在财务报表中有恰当列报。

二、库存现金的实质性测试程序

库存现金的实质性程序一般包括以下内容。

（一）核对库存现金日记账与总账的余额是否相符

注册会计师测试现金余额的起点，是核对库存现金日记账与总账的余额是否相符。如果不相符，则注册会计师应查明原因，并做出适当调整。

（二）监盘库存现金

监盘库存现金是证实资产负债表中所列现金是否存在的一项重要程序。

企业盘点库存现金，通常包括对已收到但未存入银行的现金、零用金、找换金等的盘点。盘点库存现金的时间和人员应视被审计单位的具体情况而定，但必须有现金出纳员和被审计单位会计主管人员参加，并由注册会计师进行监盘。盘点和监盘库存现金的主要步骤和方法如下。

（1）制订监盘计划，确定监盘时间。对库存现金的监盘最好实施突击性的检查，时间最好选择在上午上班前或下午下班时进行，盘点的范围一般包括被审计单位各部门经管的现金。在进行现金盘点前，出纳员应将现金集中起来存入保险柜，必要时可加以封存，然后把已办妥现金收付手续的收付款凭证登入库存现金日记账。若被审计单位库存现金存放部门有两处或两处以上，则各部门应同时进行盘点。

（2）审阅库存现金日记账并同时与现金收付凭证相核对。一方面检查库存现金日记账的记录与凭证的内容和金额是否相符；另一方面了解凭证日期与库存现金日记账日期是否相符或接近。

（3）由出纳员根据库存现金日记账加计累计数额，结出现金结余。

（4）盘点保险柜的现金实存数，同时由注册会计师编制"库存现金盘点表"（格式参见表9-2），分币种、面值列示盘点金额。

表 9-2　　　　　　　　　　　　　　　库存现金盘点表

被审计单位名称			签名	日期	索引号
		编制人			
审计项目	现金人民币	复核人			页次
截止日期		年　　　　月　　　　日			
清点现金			核对账目		
币面额	张数	金额	项目		金额
100 元					
50 元					
10 元					
5 元			现金账面余额		
2 元			加：收入凭证未记账		
1 元			减：付出凭证未记账		
5 角			调整后现金金额		
2 角			实点现金		
1 角			长款：		
5 分			短款：		
2 分					
1 分					
实点	合　　计				

编制说明：

1. 本表为现金汇总底稿的附表。

2. 根据盘点情况填制，注册会计师应监督盘点进行，并要求参与盘点的人员签字。

3. 若有外币现金，应单独编制盘点表。

企业负责人：　　　　　　　会计主管：　　　　　　　出纳员：　　　　　　　本所人员：

（5）财务报表日后进行盘点时，应调整至财务报表日的金额。

（6）将盘点金额与库存现金日记账余额进行核对，如有差异，应查明原因，并做出记录或适当调整。

（7）若有冲抵库存现金的借条、未提现支票、未报销的原始凭证，则应在"库存现金盘点表"中注明或做出必要的调整。

（三）抽查大额库存现金收支

注册会计师应检查大额现金收支的原始凭证是否齐全、原始凭证是否完整、有无授权批准、记账凭证和原始凭证是否相符、账务处理是否正确、是否记录于恰当的会计期间等项内容。

（四）检查现金收支的正确截止

被审计单位资产负债表的货币项目中的库存现金数额，应以结账日实有数额为准。因此，注册会计师必须验证现金收支的截止日期。通常，注册会计师可考虑对结账日前后一段时期内现金收支凭证进行审计，以确定是否存在跨期事项，是否应考虑提出调整建议。

（五）检查折算方法

检查外币现金的折算方法是否符合规定，是否与上年度一致。

（六）检查库存现金是否在资产负债表上恰当披露

根据有关规定，库存现金在资产负债表的"货币资金"项目中反映。注册会计师应在实施上述审计程序后，确定库存现金账户的期末余额是否恰当，进而确定库存现金是否在资产负债表上恰当披露。

第三节 银行存款的实质性测试

银行存款是指单位存放在银行或其他金融机构的各种款项。按照国家有关规定，凡是独立核算的单位都必须在当地银行开设账户。单位在银行开设账户以后，除按核定的限额保留库存现金外，对超过限额的现金必须存入银行；除了在规定的范围内可以用现金直接支付的款项外，在经营过程中所发生的一切货币收支业务，都必须通过银行存款账户进行结算。

一、审计目标

银行存款的审计目标一般应包括如下内容。

（1）确定被审计单位资产负债表的货币资金项目中的银行存款在财务报表日是否确实存在，是否为被审计单位所拥有或控制。

（2）确定被审计单位在特定期间内发生的银行存款收支业务是否均记录完毕，有无遗漏。

（3）确定银行存款余额是否正确。

（4）确定银行存款是否已按照企业会计准则的规定在财务报表中恰当列报。

二、银行存款的实质性测试程序

银行存款的实质性测试程序一般包括如下内容。

（一）函证银行存款余额

函证是证实资产负债表所列银行存款是否存在的另一重要程序。通过向往来银行函证，注册会计师不仅可了解企业银行存款的可用数，还可了解企业欠银行的债务。函证还可用于发现企业未登记的银行借款。函证时，注册会计师应向被审计单位在本年度内存过款（含外埠存款、银行汇票存款、银行本票存款、信用证存款）的所有银行发出银行往来询证函，其中包括企业存款账户已结清的银行，因为有可能存款账户虽已结清，但仍有银行借款或其他负债存在。银行往来询证函的一般格式如下。

银行往来询证函

致：　　　　　　　　　　　　　　　　　　　　　　编号：

本公司聘请的北京××会计师事务所正在对本公司财务报表进行审计，按照《中国注册会计师独立审计准则》的要求，应当询证本公司与贵行的存款、贷款往来。下列数据出自本公司账簿记录，如与贵行记录相符，请在本函下端"数额证明无误"处签章证明；如有不符，请在"数据不符及需加证明"处详为指正。回函请直接寄至北京××会计师事务所。

地址：北京朝外大街××号 北京××会计师事务所　邮编：100026

电话：　　　　　　　　　　　　　　　　　　　　传真：

（1）存款户：　　　　　　　　　　　　　　　　　　　　　　　　截止　　年　月　日

银行账号	金额	备注

（2）贷款户：　　　　　　　　　　　　　　　　　　　　　　　　截止　　年　月　日

贷款性质	担保或抵押	贷款期止时间	利率	贷款金额	备注
基建贷款					
生产贷款					
生产					

（3）其他事项：

① 抵押

② 担保

③ 其他

（公司印章）

年　　月　　日

数据证明无误	数据不符需加证明
签章：	签章：
日期：	日期：

（二）根据银行对账单和企业银行存款日记账记录，编制银行存款余额调节表

银行存款余额调节表是证实资产负债表中所列银行存款是否存在的重要程序。银行存款余额调节表通常应由被审计单位根据不同的银行账户及货币种类分别编制，格式如表9-3所示。

表 9-3   银行存款余额调节表

年　月　日

编制人：_____日期：_____索引号：

复核人：_____日期：_____页次：

户别：   币别：

项　目
银行对账单余额（　　年　　月　　日）

加：企业已收，银行尚未入账金额

其中：1. _____元

2. _____元

减：企业已付，银行尚未入账金额

其中：1. _____元

2. _____元

调整后银行对账单金额

企业银行存款日记账金额（　　年　　月　　日）

加：银行已收，企业尚未入账金额

其中：1. _____元

2. _____元

减：银行已付，企业尚未入账金额

其中：1. _____元

2. _____元

调整后企业银行存款日记账金额

经办会计人员：（签字）   会计主管：（签字）

（1）将被审计单位财务报表日的银行存款余额对账单与银行往来询证函回函核对，确认是否一致，抽样核对账面记录的已付票据金额及存款金额是否与对账单记录一致。

（2）检查财务报表日的银行存款余额调节表中加计数是否正确，调节后银行存款日记账余额与银行对账单余额是否一致。

（3）检查调节事项的性质和范围是否合理。

① 检查是否存在跨期收支和跨行转账的调节事项。编制跨行转账业务明细表，检查跨行转账业务是否同时对应转入和转出，未在同一期间完成的转账业务是否反映在银行存款余额调节表的调整事项中。

② 检查大额在途存款的日期，查明发生在途存款的具体原因，追查期后银行对账单存款记录日期，确定被审计单位与银行记账时间差异是否合理，确定在财务报表日是否需审计调整。

③ 检查被审计单位的未付票据明细清单，查明被审计单位未及时入账的原因，确定账簿记录时间晚于银行对账单的日期是否合理。

④ 检查被审计单位未付票据明细清单中有记录，但截止财务报表日银行对账单无记录且金额较大的未付票据，获取票据领取人的书面说明。确认财务报表日是否需要进行调整。

⑤ 检查财务报表日后银行对账单是否完整地记录了调节事项中的银行未付票据金额。

（4）检查是否存在未入账的利息收入和利息支出。

（5）检查是否存在其他跨期收支事项。

（6）如果被审计单位未经授权或授权不清支付货币资金的现象比较突出，检查银行存款余额调节表中支付给异常的领款人（包括没有载明收款人）、签字不全、收款地址不清、金额较大票据的调整事项，确认是否存在舞弊。

（三）对定期存款或限定用途的存款，应查明情况并记录

（1）对已质押的定期存款，应检查定期存单，并与相应的质押合同核对，同时关注定期存单对应的质押借款有无入账；

（2）对未质押的定期存款，应检查开户证实书原件；

（3）对审计外勤工作结束日前已提取的定期存款，应核对相应的兑付凭证、银行对账单和定期存款复印件。

（4）检查银行存款账户存款人是否为被审计单位，若存款人非被审计单位，应获取该账户户主和被审计单位的书面声明，确认财务报表日是否需要调整。

（5）关注是否存在质押、冻结等对变现有限制或存在境外的款项。是否已做必要的调整和披露。

（6）对不符合现金及现金等价物条件的银行存款在审计工作底稿中予以列明，以考虑对现金流量表的影响。

（7）抽查大额银行存款收支的原始凭证，检查原始凭证是否齐全、记账凭证与原始凭证是否相符、账务处理是否正确、是否记录于恰当的会计期间等项内容。检查是否存在非营业目的的大额货币资金转移，并核对相关账户的进账情况；若有与被审计单位生产经营无关的收支事项，应查明原因并进行相应的记录。

（8）检查银行存款收支的正确截止。选取财务报表日前后若干天的银行存款收支凭证实施截止测试，关注业务内容及对应项目，如有跨期收支事项，应考虑是否应提出调整建议。

（9）检查外币银行存款的折算是否符合有关规定，是否与上年度一致。

（10）检查银行存款的列报是否恰当。根据有关规定，企业的银行存款在资产负债表的"货币资金"项目中反映，所以，注册会计师应在实施上述审计程序后，确定银行存款账户的期末余额是否恰当，进而确定银行存款是否在资产负债表上恰当披露。

第四节 其他货币资金的实质性测试

其他货币资金包括单位到外地进行临时或零星采购而汇往采购地银行开立采购专户的款项所形成的外埠存款、单位为取得银行汇票按照规定存入银行的款项所形成的银行汇票存款、单位为取得银行本票按照规定存入银行的款项所形成的银行本票存款、信用卡存款和信用证保证金存款等。

一、审计目标

其他货币资金的审计目标主要包括以下内容。

（1）确定被审计单位资产负债表的货币资金项目中的其他货币资金在财务报表日是否确实存在，是否为被审计单位所拥有或控制。

（2）确定被审计单位在特定期间内发生的其他货币资金收支业务是否均记录完毕，有无遗漏。

（3）确定其他货币资金余额是否正确。

（4）确定其他货币资金是否已按照企业会计准则的规定在财务报表中恰当列报。

二、其他货币资金的实质性测试程序

其他货币资金的实质性测试程序主要包括以下内容。

（1）核对外埠存款、银行汇票存款、银行本票存款、信用卡存款、信用证保证金存款和存出投资款等各明细账期末合计数与总账数是否相符。

（2）获取所有其他货币资金明细的对账单，与账面记录核对，如果存在差异应查明原因，必要时应提出调整建议。

① 对于保证金账户，应将取得的对账单与相应的交易进行核对。检查保证金与相关债务的比例和合同约定是否一致。特别关注是否存在有保证金发生，而被审计单位账面无对应的保证事项涉及的交易的情形。

② 若信用卡持有人是被审计单位职员，则注册会计师应取得该职员提供的确认书，必要时提出调整意见。

③ 获取存出投资款全部交易流水单，从中抽取若干笔资金存取记录，审查有关原始凭证，关注资金的来源和去向是否正常，是否已正确入账。

（3）函证其他货币资金期末余额，并记录函证过程。

（4）关注是否有质押、冻结等对变现有限制，或存放在境外，或有潜在回收风险的款项。

（5）对于非记账本位币的其他货币资金，检查其采用的折算汇率是否正确。

（6）检查期末余额中有无较长时间未结清的款项。

（7）抽取若干大额的或有疑问的原始凭证进行测试，检查内容是否完整、有无授权批准，并核对相关账户的进账情况。

（8）抽取财务报表日前后若干天的其他货币资金收支凭证实施截止测试，如有跨期收支事项，应考虑是否应提出调整建议。

（9）对不符合现金及现金等价物条件的其他货币资金在审计工作底稿中予以列明。

（10）确定其他货币资金的披露是否恰当。

精选案例

帕玛拉特公司财务亏空案

2003年12月19日，意大利出现一条爆炸性消息：美国银行通知意大利乳业巨头帕玛拉特公司声称其一个下属子公司拥有的、在该行高达49亿美元的存款账户实际上并不存在。帕玛拉特公司前总裁卡利斯托·坦齐（Calisto Tanzi）向警方承认帕玛拉特公司的财务亏空有大约100亿美元，远远超过此前预计的80亿美元。

与安然丑闻中复杂的关联交易和金融工具的运用相比，帕玛拉特公司作案手段的简单和业余令人诧异。帕玛拉特公司财务部的会计波契向检察官详细供认了他是如何利用一个扫描仪和一台传真机制造了美国银行对49亿美元虚假账目的确认函。他说，他从公司的旧文件中剪下来一个美国银行的徽记，用扫描仪扫描进计算机后打印出来，又在传真机里传真了多次。当被问及为什么要传真多次时，他的回答是：这样会使那个确认函显得更加真实可信一些。至于文件上美国银行职员阿涅斯·贝尔格蕾的签名，则是从公司的一堆旧信件中找出来再扫描进去的。这位美国银行普通的数据处理员表示，她甚至连帕玛拉特公司的名字都未听说过。就是这封信函确认，有高达49亿美元的存款归属于Bonlat公司。这是一家注册在开曼群岛的帕玛拉特公司的分支机构。负责Bonlat公司审计工作的均富会计师事务所在2002年3月收到这个确认函后，将这笔钱列在了Bonlat公司的资产目录中，而负责整个帕玛拉特公司审计的德勤会计师事务所随后也在会计报表上签字确认。

另一个明目张胆的欺诈行为发生在2002年1月，一份伪造的确认函寄到了Bonlat公司，记载古巴哈瓦那一家国营的进出口公司购买了总量达30万吨，合同金额达6.2亿美元的奶粉。据估计，这么多的奶粉可以冲出25亿夸脱的牛奶。这家古巴公司的负责人得知此事后说，"如果他们说的销售量属实，我现在就每天在牛奶里游泳了"。

所有这些欺诈的目的不外乎两个，一个是隐瞒公司因长期扩张而导致的严重财务亏空，另一个就是把资产从帕玛拉特公司（其中坦齐家族占51%的股份）转移到坦齐家族完全控股的其他公司里。

帕玛拉特公司一直由总部设在伦敦的均富会计师事务所负责其账务的审计工作，但意大利法律规定一个公司不能由同一家会计师事务所审计九年以上。1999年，德勤会计师事务所取代均富会计师事务所负责帕玛拉特公司的审计。意大利均富会计师事务所的首席会计师彭卡（Penca）和合伙人比安奇（Bianchi）均已被捕。

分析：

1. 在帕玛拉特公司审计案例中，均富会计师事务所和德勤会计师事务所对帕玛拉特公司的银行存款审计在审计程序上存在哪些问题？注册会计师是否保持了应有的职业谨慎？

2. 审计人员应该采取哪些方法来识别企业可能存在的现金舞弊？

重要概念

货币资金（Cash）　　　　库存现金盘点（Cash Counts）
银行往来函证（Bank Confirmation）

思考与练习

一、单选题

1. 关于库存现金和银行存款的管理，以下情形中，正确的是（　　）。
   A. 出纳员每月应当针对每一银行账户分别编制银行存款余额调节表
   B. 记账会计应定期检查现金日报表
   C. 每月末，会计主管指定出纳员对空白票据、未办理收款和承兑的票据进行盘点
   D. 企业应当定期和不定期地进行现金盘点

2. 下列审计程序中，通常不能为定期存款的存在认定提供可靠的审计证据的是（　　）。
   A. 函证定期存款的相关信息
   B. 对于未质押的定期存款，检查开户证实书原件
   C. 对于已质押的定期存款，检查定期存单复印件
   D. 对于在资产负债表日后已提取的定期存款，检查、核对兑付凭证等

二、多选题

1. 注册会计师发现甲公司2020年12月31日的银行存款余额调节表包括一笔"企业已付、银行未付"调节项，其内容为以支票支付赊购材料款。下列实质性程序中，能为该调节项提供审计证据的

有（　　　）。

  A. 检查支票开具日期

  B. 检查 2021 年 1 月的银行对账单

  C. 检查付款申请单是否经适当批准

  D. 函证对相关供应商 2020 年 12 月 31 日的应付账款

 2. 针对现金付款的控制测试程序，下列说法中，正确的有（　　　）。

  A. 询问相关业务部门的部门经理和财务经理其在日常现金付款业务中执行的内部控制，以确定其是否与被审计单位内部控制政策要求保持一致

  B. 询问相关业务部门的部门经理和财务经理其在日常现金付款业务中执行的内部控制，以确定内部控制是否得到执行

  C. 观察财务经理复核付款申请的过程，是否核对了付款申请的用途、金额及后附相关凭据，以及在核对无误后是否进行了签字确认

  D. 重新核对经审批及复核的付款申请及其相关凭据，并检查是否经签字确认

三、判断题

1. 出纳员个人名章应当交由财务负责人保管。（　　　）

2. 请顾客将货款直接汇入公司所指定的银行账户，是最能预防员工贪污、挪用销货款的。（　　　）

四、思考题

ABC 会计师事务所的 A 注册会计师负责审计甲公司 2016 年度财务报表，与货币资金审计相关的部分事项如下。

（1）2017 年 1 月 5 日，A 注册会计师对甲公司库存现金实施了监盘，并与当日现金日记账余额核对一致，据此认可了年末现金余额。

（2）对于账面余额与银行对账单余额存在差异的银行账户，A 注册会计师获取了银行存款余额调节表，检查了调节表中的加计数是否正确，并检查了调节后的银行存款日记账余额与银行对账单余额是否一致，据此认可了银行存款余额调节表。

要求：针对上述第（1）项，指出 A 注册会计师的做法是否恰当。如不恰当，简要说明理由。

针对上述第（2）项，指出 A 注册会计师的做法是否恰当。如不恰当，简要说明理由。

五、案例分析题

1. 资料：2021 年 1 月 21 日上午 8 点，注册会计师王英、李强参加了对天隆化工公司库存现金的清点工作。该企业 1 月 20 日现金日记账余额是 8 320.10 元。清点结果如下。

（1）现金实有数 6 270.34 元。

（2）在保险柜中有下列单据已收、付款但未入账。

① 职工刘阳 6 月 4 日预借差旅费 2 000 元，已经领导批准。

② 职工刘钢借据一张，金额 1 400 元，未经批准，也没有说明用途。

③ 已收款但未记账的凭证共四张，金额 1 350.24 元。

（3）经核对 1 月 1 日至 20 日的收付款凭证和现金日记账，核实 1 月 1 日至 20 日收入现金数 23 500 元、支出现金数 25 800 元正确无误。

（4）银行核定该公司库存现金限额为 8 000 元。

注册会计师王英、李强对该企业 2020 年 12 月 31 日资产负债表的审计中，查得"货币资金"项目中的库存现金额为 10 620.10 元。

要求：根据清点结果填制库存现金情况表（见表 9-4）。核实库存现金实有数，并调查核实 2020

年 12 月 31 日资产负债表所列的数字是否公允，对现金收支、留存管理的合法性提出审计意见。

表 9-4 库存现金情况表

编制：李强　　　日期：2021 年 1 月 21 日
复核：王英　　　日期：2021 年 1 月 22 日

币别：人民币　　　　　　　　　2021 年 1 月 21 日　　　　　　　　　　单位：元

项　　目	金　　额	备　注
实点库存现金金额		
加：已付讫未入账的支出凭证 1 份		
加：白条抵库数　　　　　　 1 份		
减：已收入未入账的收入凭证 4 份		
减：代保管现金情况　　　　　 份		
库存现金实际占用额		
库存现金账面金额（1 月 20 日）		
银行核定库存现金限额		
现金管理人员：徐斌　　　　会计主管：林志		

2. 在对某公司银行存款进行审计时，发现以下情况：12 月 31 日，银行存款日记账账面余额是 35 000 元，资产负债表上"货币资金"项目中银行存款为 33 500 元，而开户银行送来的对账单中银行存款余额是 42 000 元，经查对发现以下几笔未达账项和记账差错。

（1）12 月 23 日，公司送存转账支票 5 800 元，银行尚未入账。

（2）12 月 24 日，公司开出转账支票 5 300 元，持票人尚未到银行办理转账手续。

（3）12 月 25 日，委托银行收款 10 300 元，银行已收妥入账，但公司尚未收到收款通知。

（4）12 月 30 日，银行代付水费 3 150 元，但银行付款通知单尚未到达该公司。

（5）12 月 15 日，收到银行通知单金额为 3 850 元，公司入账时将银行存款增加数错记为 3 500 元。

要求：

（1）根据上述资料，填制银行存款余额调节表（见表 9-5）。

（2）核实 12 月 31 日资产负债表上"货币资金"项目中银行存款数额的公允性。

表 9-5 银行存款余额调节表

20××年 12 月 31 日　　　　　　　　　　单位：元

项目	金额	项目	金额
公司银行存款账面余额		银行对账单存款余额	
加：银行已收，公司未收的款项		加：公司已收，银行未收的款项	
减：银行已付，公司未付的款项		减：公司已付，银行未付的款项	
记账差错数			
调整后存款余额		调整后存款余额	

销售与收款循环审计 | 第十章

【学习目标】

掌握销售与收款循环的内部控制和控制测试；

熟练掌握应收账款、坏账准备、应收票据、预收账款、长期应收款和其他相关账户的审计目标和实质性程序。

销售与收款循环审计属于财务报表审计实务。

我们可以把企业的销售循环用图 10-1 表示。

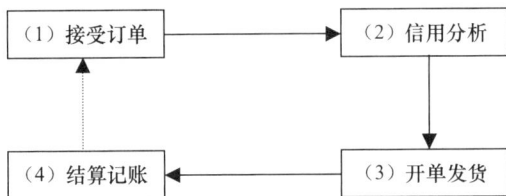

图 10-1　企业的销售循环

根据财务报表项目与业务循环的相关程度，销售与收款循环涉及的资产负债表项目主要包括应收票据、应收账款、长期应收款、预收账款、应交税费；所涉及的利润表项目主要包括营业收入、营业税金及附加、销售费用等。

第一节　销售与收款循环内部控制测试

销售与收款循环包括销售与收款两个方面，收款业务的一部分测试可以与销售业务的测试一并执行，但由于收款业务的特殊性，收款业务的内部控制符合性测试的另一部分工作仍需单独执行。本书在第九章货币资金审计中也涉及了一部分收款业务的内部控制、控制测试和实质性测试。

在对各个业务循环进行内部控制测试的同时，注册会计师应运用业务循环法了解、检查和评价被审计单位内部控制制度及其执行情况。根据对被审计单位内部控制制度的了解和评价，注册会计师可设定控制风险的计划评估水平，并据以选择合适的审计策略。在具体实施控制测试时，注册会计师应从各循环的关键控制程序着手设计控制测试。

表 10-1 所示是有关销售业务的内部控制和测试一览表。表中分类列示了与销售业务有关的内部控制目标、常见错弊、关键控制程序和注册会计师常用的内部控制测试。

在表 10-1 中，第一栏"内部控制目标"，列示企业销货业务内部控制的目标，也就是审计人员的审计目标；第二栏列示在内部控制制度不存在或失效时，可能发生的错弊；第三栏列示为达到上述目标、防止上述错弊而建立的关键内部控制程序；第四栏列示了注册会计师针对关键内部控制所实施的内部控制测试。下面以每项内部控制目标为单位来介绍一下销售业务中常用的符合性测试程序。

表 10-1　　　　　　　　　　　　　销售业务内部控制及其测试

内部控制目标	常见错弊	关键控制程序	常用内部控制测试
真实性（登记入账的销售业务确系已经发货给真实的客户）	虚假销售	适当的职责分离，如接受客户订单与赊销信用批准的职责分离、供货与发运货物的职责分离等	观察、判断相关职责是否适当分离
		赊销信用批准制度	观察企业的赊销信用批准程序；抽查销售单上的信用审批意见
		销售发票均经事先连续编号	检查销售发票连续编号的完整性
		销售业务依经审批的客户订货单和发运凭证登记入账	抽查销售发票副联是否附有经审批的客户订货单和发运凭证
		按月寄送客户对账单；由独立人员处理客户回函	审查客户对账单的寄送及回函处理程序；检查客户回函档案
完整性（所有已发生的销售业务均已登记入账）	商品已发运，未记录相应收入	发运凭证、销售发票事先连续编号并已登记入账	检查发运凭证、销售发票连续编号的完整性
及时性（及时记录销售业务）	销售业务记入错误的会计期间	所有的发运凭证应于发运当日送达开单部门	审查尚未送达开单部门和已送达而未开单的发运凭证
		当日发生的销售业务应于当日开单并登记入账	审查尚未登记入账的销售业务
估价或分摊（准确计算和记录销售收入）	销售收入记录不正确	采购合同、商品价目表、折扣折让等均经授权批准	审查相关文件及销售发票是否经适当的授权批准
	销售收入计算不正确	销售发票的编制由专人复核	审查销售发票上的复核标记
分类（销售业务的分类正确）	销售业务为正确分类	会计科目设置适当	审查有关会计科目表
		商品分类适当	审查商品分类及编码表
过账与汇总（销售业务已经正确地记入明细账并汇总）	销售业务未正确过入主营业务收入明细账或应收账款明细分类账	独立稽核（按日核对已入账的销售发票、主营业务收入明细账和应收账款明细分类账）	审查过账标记、复核标记
		凭证与记录控制（按月寄送客户对账单）；独立稽核（有独立人员处理客户回函）	审查客户对账单的寄送及回函处理程序；检查客户回函档案
	明细账未汇总或汇总不正确	独立稽核（定期将应收账款明细账余额合计数与总账余额核对）	审查应收账款明细账余额合计数与总账余额核对标记

第二节 应收账款审计

应收账款是单位销售商品或提供劳务而形成的债权，是业务往来结算过程中形成的商业信用。应收账款在销货业务中产生，其审计应在销货业务审计中进行。被审计单位容易通过虚增应收账款的手法来虚增利润，所以注册会计师在审计时对于应收账款的实有数及增减变动的合法性和公允性应做重点审查。

一、审计目标

应收账款审计的目标一般包括以下内容。

（1）确定应收账款是否存在。

（2）确定应收账款是否归被审计单位所有。

（3）确定应收账款的增减变动的记录是否完整。

（4）确定应收账款是否可收回，坏账准备的计提是否恰当。

（5）确定应收账款的期末余额是否正确。

（6）确定应收账款在财务报表上的披露是否恰当。

二、应收账款的实质性测试程序

（一）核对应收账款明细账与总账的余额并取得或自行编制应收账款明细表

对应收账款进行实质性测试，应首先核对应收账款明细账与总账的余额，视其是否相符。如有不符，应查明原因，并记入审计工作底稿和做必要的调整。

注册会计师在向被审计单位取得或自行编制应收账款明细表后，应复核加计数额是否正确，并核对是否与报表数、总账数和明细账合计数相符。

（二）取得或编制应收账款账龄分析表

注册会计师取得或编制应收账款账龄分析表是为了了解应收账款的可收回性。编制应收账款账龄分析表时，要体现重要性原则，对不重要的或余额比较小的客户可汇总列示。简单的应收账款账龄分析表如表 10-2 所示。

表 10-2　　　　　　　　　　　　　应收账款账龄分析表

年　　月　　日　　　　　　　　　　　　货币单位：

客户名称	期末余额	账龄			
		1 年以内	1～2 年	2～3 年	3 年以上
合计					

（三）运用分析性复核程序

注册会计师运用分析性复核程序，主要在于分析应收账款的变动，验证其是否合理。通常使用的财务比率如下。

（1）应收账款周转率，计算公式为：应收账款周转率＝赊销净额/平均应收账款。

（2）应收账款与总流动资产比率，计算公式为：应收账款与总流动资产比率＝应收账款/流动资产总额。

（3）坏账损失与赊销比率，计算公式为：坏账损失与赊销比率＝坏账损失/赊销净额。

注册会计师将本期某一财务比率与以前年度比率相比较，视其比率的变化，从中找出不符合正常变动规律的情况，从而确定审核的重点。

（四）选取适当的应收款项向债务人进行函证

函证是证明应收账款余额真实性、正确性的有效方法之一。通过函证，可以有力地证明债务人的存在和债权金额的可靠性，防止或发现赊销业务中的差错或舞弊行为。

1. 函证方式

函证分为肯定式函证和否定式函证两种。肯定式函证要求被函证单位无论是否同意函证中的数额信息，均应复函。否定式函证只要求被函证单位在对所函证的信息不同意时复函。否定式函证的参考格式如表 10-3 所示。肯定式函证还有一种不常用的形式，即不列示应收账款余额，而由债务人填写。这种方式获得的审计证据更为可靠，因为债务人必须从自己的会计账簿中获得数据，而排除了债务人不加核实就签章确认的问题。但由于这一函证方式增加了债务人的工作量，因此回函率较普通的肯定式函证较低。

表10-3   否定式应收账款询证函

索引号

询证函

_____（公司）   编号：

　　本公司聘请的××会计师事务所正在对本公司财务报表进行审计，按照《中国注册会计师独立审计准则》的要求，应当询证本公司与贵公司的往来项目。下列表中数据出自本公司账簿记录，如与贵公司记录不符，请在本函下端空格处填写贵公司相应的账面记录，并回函。如与贵公司数据相符，则没有必要回函。回函请直接寄至××会计师事务所。

　　××会计师事务所地址：_____
　　　　　　邮政编码：_____
　　　　　　电　话：_____
　　　　　　传　真：_____
　　注：本函仅为复核账目之用，并非催款结算。

截止日期	贵公司欠	欠贵公司	备注

　　　　　　（被审计单位签章）　　　　　　　　　　　　　　　　　　（日期）

结论：数据不符，请列示不符金额：_____
　　　　　　（签章）　　　　　　　　　　　　　　　　　　　　　　（日期）

　　选择何种函证方式，应由注册会计师根据被审计单位的实际情况决定。肯定式函证多用于余额较大的个别账户或欠款可能存在争议、差错的情况。当注册会计师认为被审计单位相关内部控制有效，并有理由相信被函证人能认真对待询证函时，可对小金额账款采用否定式函证。

　　2．应收账款函证的范围

　　为提高审计效率，注册会计师不必对被审计单位所有的应收账款进行函证，而应根据实际情况确定应收账款函证的范围和对象。需要考虑的主要因素如下。

　　①应收账款在企业资产总额中的重要性。如果应收账款在全部资产中所占比重较大，函证的范围应相应大一些。②被审计单位内部控制的强弱。如果内部控制制度健全，则可以减少函证量；反之，则应相应扩大函证范围。③以前函证的结果。若以前期间函证中曾发现重大差异，或欠款纠纷较多，则函证范围应相应大一些。④函证方式的选择。若采用肯定式函证，则可以减少函证量；若采用否定式函证，则要相应增加函证量。

　　3．函证的控制

　　为切实达到函证的目的，注册会计师应对整个函证过程予以关注。询证函由注册会计师根据被审计单位应收账款明细账户名及地址编制，应注明回函直接寄给注册会计师。询证函的寄发和回函的处理一定要由注册会计师亲自进行。对于无法投递而退回的询证函要查明退函原因，以判断该笔应收账款的客户是否为虚构。对于未复函的肯定式函证，一般应寄送第二次及第三次询证函，仍得不到答复的，应采用替代审计程序。对于函证结果有差异的账户，注册会计师应研究差异原因，并进行必要的处理。

　　4．函证结果的处理

　　注册会计师应根据回函情况编制应收账款函证情况分析表。根据函证结果的不同，注册会计师可以采用以下不同的处理方法。

　　①如果函证结果表明不存在审计差异，则注册会计师可以对应收账款余额合理确定。

　　②若函证结果表明存在一定的审计差异，则注册会计师应推算应收账款总额中的差错，将其与可容忍误差相比较。如果应收账款项目的总体误差未超过可容忍误差，则注册会计师应结合其他实质性测试程序，进一步确认应收账款余额。如果应收账款项目的总体误差超过了可容忍误差，则注

册会计师应重新考虑过去对内部控制测试的结果及风险评价是否适当，是否应对应收账款采用替代审计程序。为对应收账款总体误差取得更准确的估计，也可以考虑进一步扩大函证范围。

【例 10-1】 注册会计师对某企业的应收账款进行审计。该企业应收账款账户有 100 户，除有 10 户应收账款每户超过 10 万元外，其余 90 户均在 5 万元左右。注册会计师首先对应收账款内部控制进行调查、研究和评价，发现各控制点均有良好的控制。

分析：注册会计师根据对应收账款内部控制的评价，发现各控制点均有良好控制，这就不需要再对 100 户全部进行审查，只需对 10 万元以上的账户和其余账户的 20% 即 18 户进行审查。如果对 28 户审查发现有问题，则注册会计师可扩大抽查范围，直至对 100 户全部进行审查。

审查：首先，注册会计师按照随机原则选择 18 户，并将这 18 户与 10 万元以上的 10 户一起作为审查对象。根据 18 户的发生额、上次函调后的余额，以及计算出来的现金余额，编制发生额及余额明细表（也可做对账单），并将相关余额与应收账款明细账余额进行核对。核对相符后，注册会计师向对方发函并进行调查（调查函的内容和格式见前述内容）。注册会计师应将调查函的对账单与回函的对账单进行核对，如果不符，应查明不符的原因。然后，注册会计师再根据回函情况编制应收账款函证结果汇总表（见表 10-4）。最后，注册会计师确定应收账款的真实性和正确性。

表 10-4　　　　　　　　　　　　应收账款函证结果汇总表　　　　　　　　　　单位：元

函证编号	债务人名称	债务人地址	函证日期	账面金额	函证结果	差异金额及说明	审定金额
9915	汇宇公司	X 市	2000/1/20	150 000	150 000	0	150 000
9916	天航商场	Y 市	2000/1/20	65 000	60 000	5 000	60 000
略	略	略	略	略	略	略	略

根据函证结果汇总表记载，注册会计师应对天航商场的回函与本企业的对账单进行认真核对，发现天航商场在 12 月 15 日退货 5 000 元，该企业尚未进行账务处理。经进一步查实，所退货物确系质量问题，仍堆放在第三仓库。其他 27 户的回函余额与本企业的账目完全相符。

结论：应收账款的余额基本正确。

（五）对未发函询证的应收账款实施替代审计程序

对未发函询证的应收账款，注册会计师应采用替代审计程序予以确认。替代审计程序包括抽查有关原始凭证、抽查应收账款的期后收回情况等。抽查原始凭证，包括销售合同、销售订单、发票副本、发运凭证、提货证明等。抽查应收账款的期后收回情况也是比较有效的方法之一。货款收回的同时就证明了应收账款的存在性和估价的正确性。对一项未回函的应收账款，如何确认账款是否已如数收回，应视被审计单位的内部控制制度的有效性而定。如果现金收款的合法性和记录准确性的控制较好，则注册会计师可能只需追查至现金收款日记账；如果控制不足，则注册会计师可能有必要追查至汇款通知书。

（六）审查坏账的确认和处理

注册会计师应检查是否有应确认而未确认的坏账。注册会计师应查明有无债务人破产或死亡，以其破产财产或遗产清偿后仍无法收回的款项；有无债务人长期未履行清偿义务但仍然挂账的款项。然后，注册会计师应检查是否有已确认而不应确认的坏账。审查被审计单位坏账的处理是否经授权批准，有关会计处理是否正确；对已转为坏账损失的应收账款应查明是否确属对方无力支付；已转为坏账损失的应收账款产生时是否有合法的审批手续，有无私自转销私人欠款等非法行为。无论是对长期挂账的应收账款，还是因为长期无法收回而转销的坏账，注册会计师都应予以关注，查清其无法收回的真正原因。

（七）抽查有无不属于结算业务的债权

不属于结算业务的债权，不应在应收账款中核算。注册会计师应在应收账款明细账中抽查若干分录，追查有关原始凭证。如有不属于结算业务的债权，应做记录或进行适当调整。

（八）检查外币应收账款的折算是否正确

注册会计师应审查被审计单位外币应收账款的增减变动是否按适当的市场汇率折合为记账本位币金额；折合汇率的选择方法前后期是否一致；期末应收账款余额是否按期末市场汇率折合为记账本位币金额；外币折算差额的处理是否正确。

（九）检查应收账款是否已在资产负债表上恰当披露

注册会计师应确定资产负债表中的"应收账款"数额是否根据审定的"应收账款"账户期末余额填列。如果被审计单位设置有"预收货款"账户，则其借方余额也应一并计入表中"应收账款"项目。如果被审计单位为上市公司，则其财务报表附注应披露期初、期末余额及账龄分析；期末欠款金额较大的单位账款；持有5%以上（含5%）股份的股东单位欠款等。

第三节 | 坏账准备的审计

一、审计目标

根据稳健性原则，企业应对应收账款（上市公司还包括其他应收款）计提坏账准备，以真实反映企业的财务状况和收益水平。对坏账准备的审查是财务报表审计的一项重要内容。

坏账准备审计的目标一般包括以下内容。

（1）确定坏账准备的计提方法和比例是否恰当，坏账准备的计提是否充分。

（2）确定坏账准备增减变动的记录是否完整。

（3）确定坏账准备期末余额是否正确。

（4）确定坏账准备的披露是否恰当。

二、坏账准备的实质性测试程序

（一）核对坏账准备明细账和总账余额、总账与报表余额是否相符

注册会计师若发现不相符，则应查明原因，并进行调整。注册会计师应将坏账准备总账上的期末余额与资产负债表上的数据进行核对，并在应收款项审计的基础上计算应收款项净值的准确性。

（二）审查坏账准备的计提

注册会计师对坏账准备计提的审查主要包括以下内容。

1. 坏账准备的计提范围

坏账是指企业无法收回或收回的可能性极小的应收款项。根据《企业会计制度》，应收款项应包括应收账款和其他应收款。

2. 坏账准备的计提方法

《企业会计制度》规定，企业只能用备抵法核算坏账损失，而计提坏账准备的具体方法由企业自行确定。

3. 坏账准备的计提比例

坏账准备的计提方法和计提比例由企业自行确定。一经确定不可随意更改。这就要求企业根据以往的

经验、债务单位的实际财务状况和现金流量情况及其他情况，合理地估计应收款项发生坏账损失的可能性，进而确定坏账准备的计提方法和比例。计提坏账准备后的应收账款的净额要真实地反映企业的财务状况。

注册会计师应审查被审计单位坏账准备计提方法是否正确，前后期是否保持一致；计提比例的确定方法是否合理，前后期是否一致；坏账准备计提的会计处理是否正确。

（三）对坏账准备进行分析性复核

为确定被审计单位计提的坏账准备的合理性，注册会计师可进行如下比较分析。

（1）计算坏账准备占应收账款余额的比例，并和以前期间相关比例核对，对重大差异进行检查分析，以发现存在问题的领域。

（2）计算坏账损失占当期主营业务收入的比例，并和以前期间及同行业的相关比例核对，以判断企业是否提取了足够的坏账准备。

（四）审查坏账损失

对于被审计单位在被审计期间发生的坏账损失，注册会计师应审查是否有确凿的证据表明其确实无法收回，是否经过授权批准。对于已做坏账处理后又重新收回的应收账款应重点审核。例如，注册会计师在审查某企业 2000 年 9 月的应收账款明细账时发现有一笔应收账款业务的发生时间与确认为坏账损失的时间相差仅半年，且没有有关部门的审批意见。通过进一步调查，注册会计师发现该企业存在违反坏账损失确认标准，在未经批准的情况下擅自将应收账款做坏账损失处理的问题，并针对该问题提出了处理意见。

（五）审查坏账准备在财务报表上的披露是否恰当

被审计单位应在财务报表附注说明坏账准备的计提方法和计提比例，并分别披露应收账款和其他应收款不同账龄的坏账准备余额。对于上市公司而言，除应满足上述要求外，还应在财务报表附注中披露以下内容。

（1）本期全额计提坏账准备，或计提坏账准备的比例较大的（一般指计提比例超过 40%），应说明计提的比例及理由。

（2）以前期间已全额计提坏账准备，或计提坏账准备的比例较大，在本期又全额或部分收回的，应说明原因及原计提比例的合理性。

（3）对某些金额较大的应收账款不计提坏账准备或计提比例较低（一般指低于 5%）的理由。

（4）本期实际冲销的应收账款及其理由。

另外，按照《企业会计制度》的规定，计提资产减值准备的企业应按年填报资产减值准备明细表。因此，注册会计师除审查上述事项外，还应关注企业资产减值准备明细表中有关坏账准备内容披露的恰当性。

第四节　其他相关账户审计

一、应收票据的审计

（一）审计目标

应收票据审计的目标为：确定应收票据是否存在；确定应收票据是否归被审计单位所有；确定应收票据增减变动的记录是否完整；确定应收票据是否有效，可否收回；确定应收票据期末余额是否正确；确定应收票据在财务报表上的披露是否恰当。

（二）应收票据的实质性测试程序

（1）取得或编制应收票据明细表，复核其加计数是否正确，并核对是否与报表数、总账数和明细账合计数相符。

应收票据明细表中应列出出票人、背书人、承兑人、票据类型、出票日、到期日、金额、是否带息及利率等要素，除满足复核加计及有关数额核对的需要外，还可帮助审计人员了解应收票据的整体情况。

（2）监盘库存应收票据。注册会计师应对库存票据进行监盘，并编制应收票据盘点表。对于应收票据报表账面金额与盘点数间的差额，注册会计师应根据财务报表日与盘点日之间收到、兑付的票据予以调整。调节后账实不相符的，应查明原因。必要时，注册会计师可抽取部分票据向出票人进行函证，证实其存在性和可收回性。对于债务人与出票人不同的票据，注册会计师应注意其背书手续是否恰当。

（3）对转入应收账款的应收票据进行检查。《企业会计制度》规定：企业对持有的未到期的应收票据，若有确凿证据表明不能收回或收回的可能性不大，则应将其账面余额转入应收账款，并计提相应的坏账准备。注册会计师应对被审计单位转入应收账款的应收票据予以审查，检查其是否有确凿证据，是否有恰当的审批手续。

（4）审查带息应收票据的利息收入是否处理恰当。注册会计师应对应收票据的应计利息加以复算，与账面金额有差异的，应分析原因，判断是否有未入账的带息票据。

（5）审查应收票据的贴现。对于已贴现的票据，注册会计师应审查其贴现额和贴现息的计算是否正确，会计处理方法是否恰当。

（6）若被审计单位有以非记账本位币结算的应收票据，则注册会计师应检查折算汇率和汇兑损益的处理。

（7）检查应收票据在财务报表上的披露是否恰当。审定后，审计人员应检查被审计单位资产负债表中应收票据的金额是否与审定数一致，相关信息的披露是否符合规定。

二、预收账款的审计

预收账款是买卖双方协议商定，由购货方预先支付一部分货款给供应方而发生的一项负债。《企业会计制度》规定，预收账款应于实际收到时确认为一项流动负债，并按照实际收到金额计量。对预收账款的审计要点包括以下几个。

（一）审查预收账款的发生是否正常合规

审计人员可抽查与预收账款有关的销售合同、相关凭证，以审查预收账款的发生是否符合有关规定，是否属于正常的业务经营范围。

（二）审查预收账款的账务处理是否正确

注册会计师应审查预收账款账户的借方发生额及其对应账户反映的经济业务是否合理，应查明借方所反映的数额是否属于商品销售实现后按售价转记的收入数额；审查借方对应的账户，确认是否有将已实现的收入不入账，转结到其他账户以转移收入的非法现象；审查以非记账本位币结算的预收账款的处理是否正确。

（三）审查预收账款的期末余额是否正确、是否在财务报表上恰当披露

注册会计师应通过函证或其他替代审计程序确保预收账款期末余额的正确性和合理性；检查长期挂账的预收账款，分析原因并记录，必要时提请被审计单位予以调整；检查预收账款是否存在借方余额，决定是否建议进行重分类调整；检查报表上预收账款的数额是否与审定数一致，报表附注中是否已按规定进行披露。

三、长期应收款审计

（一）审计目标

长期应收款的审计目标一般包括：确定资产负债表中的长期应收款和未实现融资收益是否存在；确定被审计单位所有应当记录的长期应收款均已记录；确定记录的长期应收款和未实现融资收益由被审计单位拥有或控制；确定长期应收款的发生、收回和未实现融资收益的入账、摊销的记录是否完整；确定长期应收款是否可收回，坏账准备的计提方法和比例是否恰当，计提是否充分，其坏账准备增减变动的记录是否完整；确定长期应收款及其坏账准备和未实现融资收益期末余额是否正确；确定长期应收款和未实现融资收益是否已按照企业会计准则的规定在财务报表中有恰当列报。

（二）长期应收款的实质性测试程序

1. 获取或编制长期应收款明细表

（1）复核加计是否正确，并与总账数和明细账合计数核对是否相符，结合坏账准备科目和未实现融资收益科目与报表数核对是否相符；

（2）检查非记账本位币长期应收款的折算汇率及折算是否正确。

2. 检查与融资租赁产生的长期应收款相关的合同和契约

对于融资租赁产生的长期应收款，注册会计师应取得相关的合同和契约。

（1）关注租赁合同的主要条款，检查是否满足企业会计准则对于融资租赁的相关规定，检查授权批准手续是否齐全。

（2）根据合同及协议，检查最低租赁收款额、每期租金、租赁期、担保余值和未担保余值等项目的金额是否正确；检查初始直接费用及其相关会计处理是否正确。

（3）检查租赁资产在租赁期开始日的公允价值，如与账面价值有差额，检查其会计处理是否正确。

（4）检查应收租赁款项的收回情况，了解有无未能按合同规定收款或延期收款现象，并查明原因，检查坏账准备的计提是否恰当。

3. 检查与递延方式下的长期应收款项相关的销售合同或协议

对于采用递延方式、有融资性质的销售形成的长期应收款项，注册会计师应取得相关的销售合同或协议进行检查。

（1）根据合同或协议，检查是否满足确认销售收入的条件；检查合同规定的售价、每期租金、收款期等要素；检查所销售资产在销售收入确认日的公允价值；检查会计处理是否正确。

（2）检查应收款项的收回情况，了解有无未能按合同规定收款或延期收款现象，并查明原因。

（3）如果应收款项的收回存在问题，则注册会计师应检查相关坏账准备的计提是否恰当。

4. 向债务人函证重大的长期应收款

一般在长期应收款中选择金额大的项目进行函证。

5. 对长期应收款相关的坏账准备进行审计

审计程序参见与应收账款相关的坏账准备的审计程序。

6. 执行关联方及其交易审计程序

如果被审计单位为上市公司，应标明应收关联方［包括持股5%以上（含5%）的股东］的款项。执行关联方及其交易审计程序，并注明合并报表时应予抵销的金额。

7. 检查折算汇率

对于以非记账本位币结算的长期应收款，注册会计师应检查其采用的折算汇率是否正确。

8. 确定长期应收款的披露是否恰当

注册会计师应注意一年内到期的长期应收款是否在编制报表时已重分类至一年内到期的非流动资产。

精选案例

FM 公司销售业务审查案例

注册会计师王某对 FM 公司 2011 年度销售业务审查时，依据其销售收入账簿资料，编制了该公司 2011 年度销售收入分析表，如表 10-5 所示。

表 10-5   FM 公司 2011 年度销售收入分析表

单位：元

月份	销售收入额			销售收入百分比（%）
	甲产品	乙产品	合计	
1	849 456.72	571 061.07	1 420 517.79	8.44
2	870 430.96	558 370.82	1 428 801.78	8.49
3	912 379.44	501 264.72	1 413 644.16	8.40
4	985 789.28	634 512.30	1 620 301.58	9.62
5	1 027 737.76	513 954.96	1 541 692.72	9.16
6	1 153 583.20	513 954.96	1 667 538.16	9.91
7	1 258 454.40	609 131.81	1 867 586.21	11.1
8	1 048 712.00	710 653.78	1 759 365.78	10.45
9	943 840.80	583 751.32	1 527 592.12	9.07
10	975 302.16	767 759.88	1 743 062.04	10.36
11	293 639.36	190 353.69	483 993.05	2.88
12	167 793.92	190 353.69	358 147.61	2.13
合计	10 487 120	6 345 123	16 832 243	100

分析：

1. 结合案例分析注册会计师王某应如何确定具体审计程序？
2. 结合案例分析 FM 公司 2011 年度销售业务中可能存在哪些问题？
3. 讨论未入账销售收入的审计程序及方法。

重要概念

销售与收款循环（Sales and Revenue Cycle）   营业收入（Operating Revenue）

截止测试（Cutoff Test）   函证（Confirmation）

肯定式函证（Positive Confirmation）   否定式函证（Negative Confirmation）

思考与练习

一、单选题

1. 下列认定中，与销售信用批准控制最相关的是（   ）。

     A. 准确性、计价和分摊   B. 发生   C. 权利和义务   D. 完整性

2. 下列程序中，与查找隐瞒销售收入最不相关的是（   ）。

     A. 从次年 1 月份主营业务收入明细账记录中抽取某些项目，检查相应的记账凭证、发运单和销售发票

     B. 以当年 12 月 31 日主营业务收入明细账记录为起点，抽取项目，检查相应的记账凭证、发运凭证和销售发票

  C. 抽取本年度 12 月 31 日开具的销售发票，检查相应的发运凭证和账簿记录

  D. 抽取本年度 12 月 31 日的发运凭证，检查相应的销售发票和账簿记录

二、多选题

1. 下列各项审计程序中，可以为营业收入发生认定提供审计证据的有（ ）。

  A. 对应收账款本期销售额实施函证

  B. 从营业收入明细账中选取若干记录，检查相关原始凭证

  C. 检查应收账款明细账的贷方发生额

  D. 调查本年新增客户的工商资料、业务活动及财务状况

2. 下列控制测试程序中，与营业收入发生认定相关的有（ ）。

  A. 检查发运凭证连续编号的完整性

  B. 检查顾客的赊购是否经授权批准

  C. 检查销售发票是否附有发运凭证及销售单

  D. 询问是否寄发对账单，并检查顾客回函档案

三、判断题

1. 在实施截止测试时，检查开具发票日期、记账日期、发货日期时最应当关注的是相距是否不超过 30 天。（ ）

2. 针对应收账款函证时间，注册会计师通常以资产负债表日为截止日，在资产负债表日适当时间内实施函证。（ ）

四、思考题

1. ABC 会计师事务所首次接受委托，审计上市公司甲公司 2016 年度财务报表，委派 A 注册会计师担任项目合伙人。A 注册会计师确定财务报表整体的重要性为 1200 万元。甲公司主要提供快递物流服务。

  A 注册会计师在审计工作底稿中记录了审计计划，部分内容摘录如下。

  甲公司应收账款会计每月末向排名前 10 位的企业客户寄送对账单，并调查回函差异。因该控制仅涉及一小部分应收账款余额，A 注册会计师拟不测试该控制，直接实施实质性程序。

  要求： 针对上述情况，假定不考虑其他条件，指出审计计划的内容是否恰当。如不恰当，简要说明理由。

2. 上市公司甲公司是 ABC 会计师事务所的常年审计客户，主要从事电子商务业务。A 注册会计师负责审计甲公司 2015 年度财务报表，确定财务报表整体的重要性为 600 万元，实际执行重要性为 360 万元，明显微小错报临界值为 30 万元。

  A 注册会计师在审计工作底稿中记录了实施实质性程序的情况，部分内容摘录如下。

  A 注册会计师在实施销售截止测试时，因收入存在高估风险，从资产负债表日前若干天的客户签收记录查至收入明细账，并从资产负债表日后若干天的收入明细账查至客户签收记录，未发现异常。

  要求： 针对上述情况，假定不考虑其他条件，指出 A 注册会计师的做法是否恰当。如不恰当，提出改进建议。

五、案例分析题

1. 20×6 年 1 月 1 日，甲公司采用分期收款方式向乙公司销售一套大型设备，合同约定的销售价格为 2 000 万元，分 5 次于每年 12 月 31 日等额收取。该大型设备成本为 1 560 万元。在现销方式下，该大型设备的销售价格为 1 600 万元。假定甲公司发出商品时开出增值税专用发票，注明的增值税税额为 260 万元，并于当天收到增值税税额 260 万元。该公司的会计处理如下。

  （1）结转发出商品成本。

借：分期收款发出商品　　　15 600 000

　　贷：库存商品　　　　　　　　15 600 000

借：银行存款　　　　　　　2 600 000

　　贷：应交税费　　　　　　　　2 600 000

（2）20×6 年 12 月 31 日，收取货款。

借：银行存款　　　　　　　4 000 000

　　贷：主营业务收入　　　　　　4 000 000

借：主营业务成本　　　　　3 120 000

　　贷：分期收款发出商品　　　　3 120 000

20×7 年、20×8 年、20×9 年、20×0 年年末的会计处理跟 20×6 年 12 月 31 日的相同。

要求：试分析该企业会计处理是否正确？如有问题，请给出正确的会计分录。

2. 注册会计师在审查某企业收入业务时，发现该企业与黄河公司签订了来料加工合同。合同中规定，加工费 8 000 元通过银行转账支付，剩余材料留归该企业。审查该企业银行存款收款凭证时，收款凭证的会计分录是：借：银行存款 8 000 元，贷：其他应付款 8 000 元；后又发现加工多余的材料 100 千克，合同中标价为每千克 10 元，被加工车间出售，共得 1 000 元收入并将此收入作为加工人员奖金分掉。

要求：指出该企业上述来料加工业务中存在的问题，并加以纠正。

3. 某企业 2018 年首次计提坏账准备，应收账款年末余额 110 万元，坏账准备提取率为 0.5%。2019 年发生坏账损失 0.4 万元，其中，A 单位为 0.3 万元，B 单位为 0.1 万元，年末应收账款余额 130 万元。2020 年收回上年已转销的 A 单位的坏账损失 0.3 万元，年末应收账款余额 100 万元。假定该企业不单独设置"预收账款"账户核算。

要求：根据上述资料，计算核实 2018 年、2019 年、2020 年应提的坏账准备和资产负债表中"应收账款净额"项目的数额。

4. 某企业年末"应收账款"借方余额为 200 万元，其所属明细账借方余额的合计数为 300 万元，贷方余额的合计数为 100 万元。该企业年末"预收账款"总账贷方余额 100 万元，其所属明细账贷方余额的合计数为 150 万元，借方余额的合计数为 50 万元。该企业按财务会计制度规定，根据"应收账款"总账年末余额 6 000（2 000 000×0.3%）元计提坏账准备，请予以审计。

5. 注册会计师 2021 年 1 月审查伟康股份公司应收票据时，发现 2020 年 12 月 20 日贴现一张票面面额为 20 000 元、利率为 8%、90 天到期的带息应收票据。该公司已持有 60 天，按 10% 的贴现率进行贴现。该公司账户资料记载所得贴现款为 19 830 元，无银行出具的有关凭证，账务处理如下。

借：银行存款　　　　　　　19 830

　　财务费用　　　　　　　170

　　贷：应收票据　　　　　　　20 000

要求：根据上述资料，审查该笔贴现业务的公允性，指出存在的问题，并给出调整分录。

6. 注册会计师 2021 年 1 月审查甲股份公司应收票据时，发现该公司 2020 年 12 月 20 日贴现一张票面面额为 40 000 元、利率为 6%、90 天到期的带息应收票据。该公司已持有 60 天，按 8% 的贴现率进行贴现。该公司账户资料记载所得贴现款为 39 733.33 元，无银行出具的有关凭证，账务处理如下。

借：银行存款　　　　　　　39 733.33

　　财务费用　　　　　　　266.67

　　贷：应收票据　　　　　　　40 000

要求：根据上述资料，审查该笔贴现业务的公允性，指出存在的问题，并给出调整分录。

采购与付款循环审计 | 第十一章

【学习目标】

掌握采购与付款循环的内部控制和控制测试的相关内容；

熟练掌握应付账款、应付票据、预付账款、长期应付款、固定资产和累计折旧、固定资产清理、在建工程、管理费用、长期待摊费用和其他相关账户的审计目标和实质性程序。

采购与付款循环可用图 11-1 所示。

采购与付款循环中的业务活动可分为：制订采购计划，购买商品和劳务；记录采购业务；支付账款；定期与供货方、开户行对账等。根据财务报表项目与该业务循环的相关程度，采购与付款循环涉及的资产负债表项目主要包括

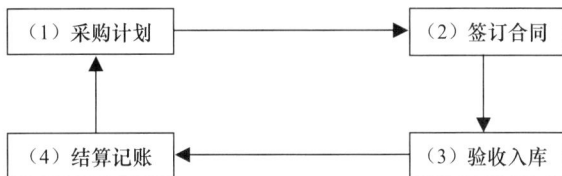

图 11-1　采购与付款循环

预付款项、固定资产、在建工程、工程物资、固定资产清理、无形资产、开发支出、商誉、长期待摊费用、应付票据、应付账款和长期应付款等；所涉及的利润表项目通常为管理费用。

第一节　采购与付款循环内部控制测试

采购与付款循环包括采购与付款两个方面，关于付款业务的内部控制测试大部分已在第九章货币资金审计中介绍过。表 11-1 所示是采购业务的内部控制和测试一览表。表 11-1 中分类列示了与采购业务有关的内部控制目标、常见错弊、关键控制程序和注册会计师常用的内部控制测试。

表 11-1　采购业务内部控制及其测试

内部控制目标	常见错弊	关键控制程序	常用内部控制测试
真实性（登记入账的采购均经审批，且已经收到货物或已接受劳务）	所记录的采购业务未经授权	请购单必须经相应的预算负责人签字批准	检查核准采购的授权签字
		将已验收商品的保管与采购的其他职责相分离	观察并判断相关职责是否适当分离
	所记录的采购业务实际并未收到相应的货物或并未被提供相应的劳务	付款凭单后应附有经审批的请购单、订货单和供应方发票	检查付款凭单是否附有完整的支持凭证
		采购款一经支付，应在其付款凭单和支持性凭证上以加盖印戳或打洞的方式注销，以免重复付款	抽查凭证上的注销标志
		有独立人员对请购单、订购单、验收单、付款凭单的编制及供应方发票计算的正确性进行检查	抽查内部检查的标志
完整性（所有已发生的采购业务均已登记入账）	采购业务已发生，并未记录相应支出和资产增加	订购单、验收单、付款凭单事先连续编号，并设立未付凭单登记册	检查订购单、验收单、付款凭单变好的完整性；检查未付凭单登记册中定期对账的标志
		已验收货物的验收单和应付凭单一一对应，并已入账	检查验收单和应付凭单编号的完整性，并检查凭证上的入账标志
及时性（及时记录采购业务）	采购业务记入错误的会计期间	所有的验收单应于验收入库当日与订购单、供应方发票一同送达应付凭单部门	审查有无尚未开具应付凭单的验收单和供应方发票存在
		收到货物或接受劳务的当日应确认并记录负债；由专人定期核对编制记账凭证的日期与应付凭单的日期	审查内部审查的标志

内部控制目标	常见错弊	关键控制程序	常用内部控制测试
估价或分摊（准确计算和记录销售收入）	所采购货物的价格不合理，不符合采购方最大利益	应用合理的程序确定最佳供应来源；对重要的采购项目，采取竞价招标程序	审查供应来源的确定程序；观察竞价招标程序
	供应商发票上价格列示不正确；供应商发票的计算不正确	编制应付凭单前，应确定供应商发票、验收单和订购单上有关内容的一致性，并检查供应商发票计算的准确性	审查有关凭证上的内部检查标志
分类（采购业务的分类正确）	采购业务未正确分类	会计科目设置适当	审查有关会计科目表
		内部核查采购业务的分类	检查有关凭证上的内部核查标记
过账与汇总（采购业务已经正确地记入明细账并汇总）	采购业务未正确过入存货等明细账或应付账款明细分类账	按日核对已入账供应方发票、相应的资产明细账和应付账款明细分类账	审查过账标记、复核标记
		将供应方定期寄送的对账单与未付款凭单档案核对，对异常情况及时处理	审查对卖方对账单的处理过程
	明细账未汇总或汇总不正确	定期将应付账款明细账月合计数与总账余额核对	审查应付账款明细账余额合计数与总账余额核对标记

一般而言，注册会计师在出现以下情况之一时，可不进行控制测试，直接实施实质性测试：（1）相关的内部控制不存在；（2）相关的内部控制虽然存在，但注册会计师经过了解发现其并未有效运行；（3）控制测试的工作量可能大于进行控制测试所减少的实质性测试的工作量。例如，注册会计师在预备调查阶段，通过问卷形式对被审计单位的采购与付款循环进行了了解分析，发现该企业的内部控制虽然存在，但内部控制本身设计上的严重缺陷不仅使其内部控制不能起到控制作用，而且可能使控制测试的工作量大于进行控制测试所减少的实质性测试的工作量。注册会计师应该不对被审计单位的采购与付款循环进行控制测试，而直接进行实质性测试。

如果注册会计师准备信赖被审计单位的内部控制，则应当实施控制测试程序，以评估控制风险。下面以内部控制目标为单位来介绍一下采购业务的控制测试。

第二节　应付账款审计

应付账款是企业因购买商品和接受劳务等而发生的债务，是买卖双方在购销活动中由于取得物资与支付货款在时间上不一致而产生的负债。对应付账款入账金额和时间的确认，《企业会计制度》规定：物资和发票账单同时到达，而物资验收入库后尚未付款时，应按发票账单登记入账；发票账单已到物资未到时，应根据发票账单入账；物资已到发票账单未到时，应在月末按所购物资和应付债务估计入账，待下月初再用红字冲回。应付账款是许多企业重要的流动负债，是资产负债表审计的一个重要项目。

一、审计目标

应付账款审计的目标一般包括：确定应付账款增减变动的记录是否完整；确定应付账款的期末余额是否正确；确定应付账款在财务报表上的披露是否恰当。

二、应付账款实质性测试程序

（一）取得或编制应付账款明细表

注册会计师应从被审计单位取得或自己编制应付账款明细表，复核加计数额是否正确，并核对是否与报表数、总账数和明细账合计数相符。

应付账款明细表如表 11-2 所示。

表 11-2 应付账款明细表

	签名	日期	索收号
编制人	王阳	1 月 12 日	B3-1
复核人	李苏	1 月 13 日	页次 1

被审计单位名称：AAA 公司
测试项目名称：应付账款
截止日期：2018 年 12 月 31 日

单位：元

账户名称	贷方		借方		余额	备注
	发生日期	发生金额	偿付日期	偿付金额		
正大工厂	2009 年 11 月	10 000			10 000	已撤销
扬帆公司	2010 年 2 月	15 000			15 000	已破产
天宇公司	2011 年 8 月	30 000	2013 年 8 月	10 000	20 000	
大地工厂	2012 年 12 月	45 000	2014 年 12 月	40 000	5 000	
宏达工厂	2013 年 2 月	70 000	2013 年 10 月	50 000	20 000	
方远工厂	2014 年 12 月	10 000	2015 年 12 月	8 000	2 000	
鸣亮公司	2015 年 8 月	70 000			70 000	
青春宝公司	2015 年 12 月	20 000			20 000	
蓝帅公司	2016 年 2 月	150 000			150 000	
好亮公司	2016 年 7 月	50 000			50 000	
发达公司	2016 年 8 月	45 000			45 000	
明鸣公司	2016 年 9 月	28 000			28 000	
合计		543 000			435 000	

（二）对应付账款进行分析性复核

注册会计师可以通过计算各种比率，并同以前各期相比较，以发现需要加以关注的地方。常用的比率及其计算公式如下：

应付账款占进货比率=应付账款/进货

应付账款占流动负债比率=应付账款/流动负债

应付账款周转率=赊购净额/应付账款

如果这些比率变动较大，则注册会计师应查明变动的原因。如应付账款周转率的增加不正常，则说明可能有未入账的应付账款。若遇此种情况，则注册会计师应进一步审查。

（三）函证应付账款的真实情况

在一般情况下，注册会计师不需要对应付账款进行函证。这有两个方面的原因，一是债权人会主动来函询证，二是因为函证并不能保证查出未入账的应付账款（审计应付账款的主要目的是查出漏记的应付账款，防止被审计单位低估负债），而且注册会计师能取得采购发票、运输单等外部凭证来证实应付账款的余额。但是，如果被审计单位内部控制风险较高，某些应付账款账户金额较大或被审计单位处于经济困难阶段，则注册会计师应进行应付账款的函证。

选择函证账户时，注册会计师应注意以下事项。

第一，除了金额较大的账户，还应包括那些在财务报表日金额不大，甚至为零，但为企业重要供货商的账户。因为这些账户较之金额大的账户，更有可能被低估。

第二，对于上一年度供过货而本年度又没有供货的，以及没有按月寄送对账单的供货商，应进行函证。

第三，存在关联方交易的账户，应进行函证。

以上三条实际也告诉了我们在什么情况下需要函证。我们知道函证是审计应收账款时一项非常重要的审计程序，而对于应付账款则一般不需要函证，只在以上几种情况下使用。

函证最好采用肯定式，在函证中不宜指明应付账款的余额，而由债权人填写。这样能保证函证的有效性，便于查出漏记的应付账款。

（四）审查应付账款是否全部入账

与应收账款不同，函证无法查出未入账的应付账款。为确认应付账款的完整性，注册会计师应审查以下内容。

（1）尚未处理的验收单或供应方发票。

（2）财务报表日后收到的采购货物发票入账时间的正确性。

（3）财务报表日后应付账款明细账贷方发生额入账时间的正确性。

（五）抽查有无由于非正常生产经营活动而形成的应付账款

注册会计师应抽查一定数量的采购业务，查明所购商品或劳务是否属于业务经营的实际需要，是否存在非法买卖等违法乱纪的行为。

（六）审查应付账款长期挂账的原因

注册会计师应对被审计单位长期挂账的应付账款予以分析，查明是否存在虚假账项、隐匿收入或赖账不还的现象。对呆账收益是否经过一定的审批手续，注册会计师按有关规定进行处理。

（七）检查外币应付账款的折算方法是否正确

注册会计师应审查被审计单位外币应付账款的增减变动是否按适当的市场汇率折合为记账本位币金额；折合汇率的选择方法前后期是否一致；期末应付账款余额是否按期末市场汇率折合为记账本位币金额；外币折算差额的处理是否正确。

（八）检查应付账款明细账借方余额

如果应付账款明细账有借方余额，则审计人员应查明是否由于漏记采购款或其他原因所致，必要时应建议被审计单位做重分类调整。

（九）检查应付账款是否已在资产负债表上恰当披露

注册会计师应查明资产负债表上应付账款的金额是否与审定数一致。如果被审计单位为上市公司，则其财务报表附注应披露持有 5%以上（含 5%）股份单位账款情况等。

第三节　应付票据和预付账款审计

一、应付票据的审计

（一）审计目标

应付票据的审计目标主要包括：确定应付票据增减变动的记录是否完整；确定应付票据期末余额是否正确；确定应付票据在财务报表上的披露是否恰当。

（二）应付票据的实质性测试程序

1. 取得或编制应付票据明细表

注册会计师应复核其加计数是否正确，并核对是否与报表数、总账数和明细账合计数相符。

应付票据明细表中应列出收款人、票据类型和编号、出票日、到期日、金额、是否带息和利率、是否抵押和抵押品的名称、数量和金额等要素。这些要素除满足复核加计和有关数额核对的需要外，还可帮助注册会计师了解应付票据的整体情况。

2. 审查应付票据的真实性

为确定应付票据的真实性，注册会计师可以选择应付票据中的重要项目进行函证。函证的内容除了票面金额，还应包括出票日、到期日、未付金额、已付息期间、利率及抵押品等。对未函证或未回函的应付票据还可采取其他替代审计程序来证实应付票据的真实性。

3. 审查带息应付票据的利息费用是否真实正确

注册会计师应查明带息应付票据的利息率是否合理合法、应计利息和利息费用的计算是否正确无误、其账务处理是否正确。

4. 审查有关票据逾期未付的原因

如果是有抵押的票据，则注册会计师应进行记录，并提请被审计单位进行必要的披露。

5. 检查折算汇率和汇兑损益的处理

若被审计单位有以非记账本位币结算的应付票据，则注册会计师应检查其折算汇率和汇兑损益的处理。

6. 检查应付票据在财务报表上的披露是否恰当

审定后，审计人员应检查被审计单位资产负债表中应付票据的金额是否与审定数一定，相关信息的披露是否符合规定。

二、预付账款的审计

预付账款是企业按合同或协议商定，预先支付给供货方的贷款。预付账款是一种商业信用。预付账款的审计要点包括以下几个。

（一）审查预付账款的发生是否正常合规

注册会计师可抽查与预付账款有关的采购合同、相关凭证，以审查预付账款的发生是否符合有关规定，是否属于正常的业务经营范围，有无随意预付的现象。

（二）审查预付账款的真实性

注册会计师应对预付账款明细账余额进行函证，对于回函金额不符的，应查明原因，并进行记录，或建议被审计单位进行适当调整；对未函证或未回函的，可采用替代审计程序，并根据其结果判断预付账款的真实性和可收回的可能性。注册会计师应审查借方对应的账户，确认是否有将已实现的收入不入账，转结到其他账户以转移收入的非法现象；审查以非记账本位币结算的预收账款的处理是否正确。

（三）审查预付账款的会计处理的正确性

注册会计师应结合应付账款明细表抽查挂账的情况，结合应收账款的审查，查明是否有将预付账款记入应收账款贷方的情况，如有应建议被审计单位做重分类调整。

（四）审查预付账款的期末余额是否正确并在财务报表上恰当披露

注册会计师应检查长期挂账的预付账款，分析原因并记录，必要时提请被审计单位予以调整；检查预付账款是否存在贷方余额，决定是否建议被审计单位进行重分类调整；检查报表上预付账款的数额是否与审定数一致，报表附注中是否已按规定进行披露。

第四节
固定资产和累计折旧审计

固定资产是指使用期限超过 1 年的房屋、建筑物、机械、运输工具及其他与生产经营有关的设备、器具、工具等。不属于生产经营主要设备的物品，单位价值在 2 000 元以上，并且使用年限超过 2 年的，也应当作为固定资产。固定资产使用时间长，价值大，更新慢，增减变化的频率小，相对来说，发生的差错或弊端也较少。对固定资产，注册会计师一般安排的审计时间较少，审计程序和方法也较简单。固定资产在资产总额中一般占有较大的比重，固定资产价值的真实、完整，在很大程度上决定着企业整体资产的真实、完整；而固定资产的折旧、维修等费用则影响着企业损益的大小，因此注册会计师应对固定资产的审计给予高度重视。

一、固定资产的审计

（一）审计目标

固定资产审计的目标包括：确定固定资产是否存在；确定固定资产是否归被审计单位所有；确定固定资产的增减变动的记录是否完整；确定固定资产的计价是否恰当；确定固定资产的期末余额是否正确；确定固定资产在财务报表上的披露是否恰当。

（二）固定资产的实质性测试程序

1. 索取或编制固定资产及累计折旧分类汇总表

汇总表又称一览表或综合分析表，它是分析固定资产账户余额变动的依据之一，是固定资产审计的重要工作底稿，其格式如表 11-3 所示。

表 11-3　　　　　　　　　　固定资产及累计折旧分类汇总表

年　　月　　日

被审计单位：　　　　　　　　　编制：　　　　　　　　　日期：
　　　　　　　　　　　　　　　复核：　　　　　　　　　日期：

固定资产类别	固定资产				累计折旧				
	期初余额	本期增加	本期减少	期末余额	折旧方法	折旧率	期初余额	本期增加	本期减少	期末余额
合计									

2. 对固定资产进行分析性复核

在所有审计领域中，分析性复核的性质应视被审计单位经济业务的性质而定。固定资产审计时常用的分析性复核方法是比率分析法和趋势分析法。具体做法包括以下内容。

（1）计算单位产量所含的固定资产总成本比率。公式：

单位产量所含的固定资产总成本比率=固定资产总值/全年产品产量

将此比率与以前年度相比较，如果数值明显增大，而产品产量数值正确，则固定资产总值可能偏大，以此为线索，可能发现固定资产或已减少固定资产未在账户上注销的问题。

（2）计算本年折旧计提率。公式：

本年折旧计提率=本年计提的折旧额/固定资产总值

将此比率与以前年度相比较，如果数值明显偏大或偏小，可能发现本年折旧额计算中存在的错误。

（3）计算固定资产新旧率。公式：

固定资产新旧率=累计折旧/固定资产原值

将此比率与上年度相比较，可能发现累计折旧核算的错误。

（4）比较本年各月间和本年度与以前各年度间的修理及维护费用，以确定是否存在资本性支出与收益性支出划分上的错误。

（5）比较本年与以前各年度的固定资产增加和减少。由于被审计单位的生产经营情况在不断变化，各年度间固定资产增加和减少的数额可能相差很大。注册会计师应当深入分析差异，并根据被审计单位以往和今后的生产经营趋势判断差异产生的原因是否合理。

3. 审计期初余额

注册会计师对期初余额进行审计时应分以下三种情况。

（1）在连续常年审计情况下，应注意与上年审计工作底稿中的固定资产和累计折旧的期末余额审定数核对相符。

（2）在被审计单位变更委托的会计师事务所时，后任注册会计师应借调、参阅前任注册会计师有关工作底稿。如果以前年度均由具有良好信誉的会计师事务所审计，则后任注册会计师的审核范围通常仅限于一般性复核。

（3）如果被审计单位以往未经注册会计师审计，即初次审计，则注册会计师应对期初余额进行较全面的审计，尤其是当被审计单位的固定资产数量多、价值大、占资产总额比重高时。最理想的方法是彻底审计自开业起的固定资产和累计折旧账户中的所有重要的会计记录。这样，既可核实期初余额的真实性，又可从中加深对被审计单位固定资产管理和会计核算工作的了解。

4. 审计固定资产的增加情况

（1）固定资产的增加是否合理合法。被审计单位对所拥有的固定资产应充分利用，购建的新固定资产应确属生产经营业务所必需。注册会计师应审查新增的固定资产在购建之前是否进行技术上、经济上的可行性分析，资金来源是否正当。

对于外购的固定资产，注册会计师应检查其采购合同、发票、保险单、发运凭证等相关文件是否完整齐全；是否有相关的财务承诺，必要时提请被审计单位进行适当披露。

对于在建工程转入的固定资产，注册会计师应检查其竣工决算、验收或移交报告是否正确。

对于投资者投入的固定资产，如需经评估确认，注册会计师应检查是否有经国有资产管理部门确认的评估报告、固定资产交接手续是否齐全。

对于抵债转入的固定资产，注册会计师应检查产权过户手续是否齐备。

对于因清产核资、资产评估调整的固定资产，注册会计师应查阅有关报告及有关国有资产管理部门的确认文件。

（2）新增固定资产的入账价值是否正确。固定资产取得时的入账价值，包括被审计单位为购建某项固定资产达到预定状态前所发生的一切合理的、必要的支出。由于固定资产的来源渠道不同，固定资产取得时的入账价值构成的具体内容也不同。

对于外购的固定资产，注册会计师应通过核对采购合同、发票、保险单、运输凭证等文件，检查其是否按实际支付的买价、包装费、运输费、安装成本、缴纳的有关税金作为入账价值。

对于在建工程转入的固定资产，注册会计师应结合在建工程的审计，检查其是否按建造该资产达到预定可使用状态前所发生的全部支出作为入账价值，资本化利息金额是否恰当。若有实际已投入使用但尚未办理竣工结算的固定资产，则注册会计师应检查其是否已暂估入账，并按规定计提折旧；竣工决算完成后，是否及时调整入账价值。

对于投资者投入的固定资产，注册会计师应检查其入账价值与投资合同中的投资各方确认的价值是否一致。

对于融资租入的固定资产，注册会计师应获取租赁合同，检查其是否将租赁开始日租赁资产的账面价值与最低租赁付款额的现值两者中较低者，作为入账价值。

对于以非货币性交易换入的固定资产，注册会计师应检查相关合同、文件，判断其入账价值的确定是否正确，涉及补价的，补价的处理是否合规。

对于接受捐赠转入的固定资产，注册会计师应检查是否有捐赠方提供的原始凭证，并将凭证上的金额加上支付的相关税费作为入账价值；如果捐赠方未提供有关凭证，注册会计师应检查其入账价值的确认是否合规；如果受赠的是旧的固定资产，则注册会计师应查明被审计单位估计的价值损耗是否合理。

对于盘盈的固定资产，注册会计师应检查是否按同类或类似固定资产的市场价格，减去按该项资产的新旧程度估计的价值损耗后的余额，作为其入账价值入账。

对于以其他方式增加的固定资产，注册会计师应通过检查相关的原始凭证，对其入账价值的正确性予以检查。若有与关联方之间的固定资产购售活动，则注册会计师应确定交易价格是否正常。

5. 审查固定资产的减少情况

固定资产减少的原因也有很多，如报废、出售和调出等。注册会计师对固定资产减少的审计包括以下几个方面。

（1）审查固定资产减少的合法性、合理性。根据实际情况，被审计单位对生产经营上不适用或不需用的固定资产可以出售转让。注册会计师应仔细审阅出售的批准文件，检查出售的固定资产是否确属多余闲置不用的固定资产；检查批准出售的固定资产的名称、型号、规格、数量等是否与实际出售的相符。同时，注册会计师还应检查报废的尤其是非正常报废固定资产的情况，审查其是否经过技术鉴定，是否经过报废审批手续。

（2）审查固定资产减少会计处理的正确性。注册会计师应审查出售固定资产有关款项收入凭证及账目，查明出售的尤其是出售给关联方的固定资产，作价是否合理，所得价款是否全部收到，有无故意低价出售或隐瞒所得价款不入账的情况；应审查出售固定资产的账务处理是否正确。对于调出固定资产，注册会计师应查明调出固定资产的账面价值是否按规定注销。对于固定资产报废，注册会计师应着重审查废料处理的作价是否合理，账务处理是否正确。

6. 审查固定资产是否已在财务报表上恰当披露

被审计单位应在财务报表附注中分类披露固定资产在本期的增减变动情况，以及用作抵押、担保的固定资产数和本期从在建工程转入固定资产数、本期出售固定资产数、本期置换固定资产数等情况。

二、累计折旧的审计

固定资产的折旧，是对固定资产由于磨损或损耗而转移到产品中的那一部分价值的补偿。影响固定资产折旧数额大小的因素有四个：一是计提折旧基数，即固定资产的原始价值或固定资产的账面价值；二是固定资产的折旧年限；三是折旧方法；四是固定资产预计净残值。根据规定，被审计单位应该根据有关因素，合理地确定固定资产的折旧年限、预计净残值和折旧方法，报经有关部门批准后，作为计提折旧的依据，一经确定，不得随意变更。

（一）审计目标

累计折旧审计的目标包括：确定折旧政策和方法是否符合国家有关财务会计制度并一贯遵循；确定累计折旧增减变动的记录是否完整；确定折旧的计提、分摊是否正确、合理和一贯；确定累计折旧的期末余额是否正确；确定累计折旧在财务报表上的披露是否恰当。

（二）累计折旧的实质性测试程序

1. 获取或编制固定资产及累计折旧余额明细表

注册会计师应复核加计数是否正确并与明细账和总账的余额核对相符。在实际工作中，注册会计师可在固定资产的审计过程中取得固定资产及累计折旧余额明细表。

2. 审查折旧政策和方法

注册会计师应审查所用的折旧政策和方法是否符合国家有关财务会计制度、折旧方法是否符合相应固定资产的实际使用情况、前后各期的折旧政策和方法是否一致。若有确凿的理由证明必须变更折旧政策或方法，则注册会计师应查阅有关机构或部门的审批意见，并检查是否已在财务报表中予以说明。

3. 审查折旧计提

注册会计师应首先审查折旧的计提范围，查明有无故意将未使用固定资产列为使用中固定资产而多提折旧，或将使用中固定资产列入未使用固定资产而少提折旧，借此人为调节成本或利润的情况。

如有可能，注册会计师应对本期折旧的计提进行复算。在复算过程中，注册会计师如果借助电子表格或审计辅助软件，对本期折旧费用计提的复算将会容易很多。复算时，注册会计师应将本期增加和减少的固定资产单独列出计算本期应计提的折旧额。这种处理方式既可简化复算过程，也便于注册会计师检查本期增加或减少的固定资产的折旧计提情况。

4. 审查折旧费用的分配

注册会计师应检查折旧费用的分配是否合理，是否符合一贯性原则，并结合有关成本费用账户的审计，查明所计提的折旧费用是否全部转入本期成本或费用。

5. 审查累计折旧是否已经在财务报表中恰当披露

被审计单位应在财务报表附注中分类披露累计折旧在本期的增减变动情况。

第五节　其他相关账户审计

一、固定资产清理的审计

（一）审计目标

固定资产清理的审计目标一般包括：确定资产负债表中记录的固定资产清理是否实际存在；确定被审计单位所有应当记录的固定资产清理是否均已记录；确定资产负债表中记录的固定资产清理是否为被审计单位拥有或控制；确定固定资产清理是否以恰当的金额包括在财务报表中，与之相关的计价调整是否已恰当记录；确定固定资产清理是否已按照企业会计准则的规定在财务报表中恰当列报。

（二）固定资产清理的实质性测试程序

对固定资产清理的审计，注册会计师应结合固定资产、累计折旧等账户的审计进行。在实际工作中，注册会计师往往将三者的审计同时进行。固定资产清理的审计要点包括以下几个。

（1）要查明其发生是否合法合理，是否经过有关部门的授权批准。

（2）确定固定资产清理的借方和贷方发生额是否真实、准确。

（3）确定固定资产清理净损益的转销是否正确、及时。

（4）对于长期挂账的固定资产清理净损益应查明原因，必要时可提请被审计单位进行适当调整。

二、在建工程的审计

在建工程核算企业为建造或修理固定资产而进行的各项建筑和安装工程，包括固定资产新建工程、改扩建工程、大修理工程等所发生的实际支出，以及改扩建工程等转入的固定资产净值。

（一）审计目标

在建工程的审计目标一般包括：确定资产负债表中记录的在建工程是否存在；确定所有应记录的在建工程是否均已记录；确定记录的在建工程是否由被审计单位拥有或控制；确定在建工程是否以恰当的金额包括在资产负债表中，与之相关的计价调整是否已恰当记录；确定在建工程是否已按照会计准则的规定在财务报告中有恰当列报。

（二）在建工程的实质性测试程序

在建工程的审计主要包括如下内容。

1. 审查在建工程项目、规模是否经授权批准

对于重大的在建工程项目，注册会计师应取得有关工程项目的立项批文、预算总额等业务资料。

2. 审查在建工程的本期增加数

造成在建工程增加的原因很多，有工程款的支付、工程物资的领用、借款费用和工程管理费用的资本化及相关税费的缴纳等。注册会计师应对这些项目的发生金额及会计处理是否正确进行检查。

3. 审查在建工程的本期减少数

在建工程完工转固定资产造成在建工程的减少。注册会计师应检查已完成项目的相关凭证是否齐全，转销额是否正确；是否存在已交付使用，但未办理竣工交付手续、未及时进行会计处理的项目。

4. 审查在建工程账户期末余额的构成内容

判断是否存在长期挂账的在建工程，如有应予以适当关注。注册会计师还应实地观察了解工程项目的实际完工进度，查看未安装设备是否实际存在。

5. 审查在建工程是否已在财务报表上恰当披露

被审计单位的在建工程如存在抵押担保情况，应在财务报表上进行必要披露。如果被审计单位为上市公司，则其财务报表附注中应披露主要在建工程本期的增减变动、期末余额的组成、相应的资金来源和工程进度等内容。

三、无形资产的审计

无形资产是指没有实物形态的可辨认非货币性资产，包括专利权、非专利技术、商标权、著作权、土地使用权等。

（一）审计目标

无形资产的审计目标一般包括：确定资产负债表中记录的无形资产是否存在；确定被审计单位所有应当记录的无形资产是否均已记录；确定资产负债表中记录的无形资产是否由被审计单位拥有或控制；确定无形资产是否以恰当的金额包括在财务报表中，与之相关的计价或分摊调整是否已恰当记录；确定无形资产是否已按照企业会计准则的规定在财务报表中有恰当列报。

（二）无形资产的实质性测试程序

1. 获取或编制无形资产明细表

注册会计师应复核加计是否正确，并与总账数和明细账合计数核对是否相符，结合累计摊销、无形资产减值准备科目与报表数核对是否相符。

2. 检查无形资产的所有权

注册会计师应检查无形资产的权属证书原件、非专利技术的持有和保密状况等，并获取有关协议和董事会会议纪要等文件、资料，检查无形资产的性质、构成内容、计价依据、使用状况和受益期限，确定无形资产是否存在，并由被审计单位拥有或控制。

3. 检查无形资产的增加

（1）注册会计师应检查投资者投入的无形资产是否按投资各方确认的价值入账，并检查确认价值是否公允，交接手续是否齐全；涉及国有资产的，是否有评估报告并经国有资产管理部门评审备案或核准确认；

（2）对自行研发取得、购入或接受捐赠的无形资产，注册会计师应检查其原始凭证，确认计价是否正确，法律程序是否完备（如依法登记、注册及变更登记的批准文件和有效期），会计处理是否正确；

（3）对债务重组或非货币性资产交换取得的无形资产，注册会计师应检查有关协议等资料，确认其计价和会计处理是否正确；

（4）注册会计师应检查本期购入土地使用权相关税费计算清缴情况，与购入土地使用权相关的会计处理是否正确。

4. 检查无形资产的减少

（1）注册会计师应取得无形资产处置的相关合同、协议，检查其会计处理是否正确；

（2）注册会计师应检查房地产开发企业取得的土地用于建造对外出售的房屋建筑物，相关的土地使用权是否转入所建造房屋建筑物的成本；在土地上自行开发建造厂房等建筑物的，土地使用权和地上建筑物是否分别进行摊销和计提折旧；

（3）当土地使用权用于出租或增值目的时，注册会计师应检查其是否转为投资性房地产核算，会计处理是否正确。

5. 检查无形资产使用寿命

注册会计师应检查被审计单位确定无形资产使用寿命的依据，分析其合理性。

6. 检查无形资产的后续支出

注册会计师应检查无形资产的后续支出是否合理；会计处理是否正确。

7. 确定无形资产是否转销

注册会计师应检查无形资产预计是否能为被审计单位带来经济利益，若否，检查是否将其账面价值予以转销，计入当期营业外支出。

8. 检查无形资产是否用于担保

注册会计师应结合长、短期借款等项目的审计，了解是否存在用于债务担保的无形资产。若有，注册会计师应取证、记录，并提请被审计单位进行恰当披露。

9. 检查无形资产的披露

注册会计师应检查无形资产是否已按照企业会计准则的规定在财务报表中恰当列报。

按照企业会计准则的规定，被审计单位在财务报表附注中应当披露如下与无形资产有关的内容。

（1）无形资产的期初和期末账面余额、累计摊销额及减值准备累计金额。

（2）使用寿命有限的无形资产，其使用寿命的估计情况；使用寿命不确定的无形资产，其使用寿命不确定的判断依据。

（3）无形资产的摊销方法。

（4）用于担保的无形资产账面价值、当期摊销额等情况。

（5）计入当期损益和确认为无形资产的研究开发支出金额。

四、长期待摊费用的审计

（一）审计目标

长期待摊费用的审计目标一般包括：确定资产负债表中记录的长期待摊费用是否存在；确定应

当记录的长期待摊费用是否均已记录；确定记录的长期待摊费用是否由被审计单位拥有或控制；确定资产负债表中的长期待摊费用是否以恰当的金额包括在财务报表中，与之相关的计价或分摊调整是否已恰当记录；确定长期待摊费用是否已按照企业会计准则的规定在财务报表中恰当列报。

（二）长期待摊费用的实质性测试程序

（1）注册会计师应获取或编制长期待摊费用明细表，复核加计是否正确，并与总账数和明细账合计数核对是否相符，减去将于一年内（含一年）摊销的数额后与报表数核对是否相符。

（2）注册会计师应抽查长期待摊费用的原始凭证，查阅有关合同、协议等资料，确定是否真实，检查会计处理是否正确。

（3）注册会计师应检查摊销政策是否符合会计制度的规定，复核计算摊销额及相关的会计处理是否正确，前后期是否保持一致，是否存在随意调节利润的情况。

（4）注册会计师应检查被审计单位筹建期间发生的开办费是否在发生时直接计入管理费用。

（5）对于经营租赁方式租入的固定资产发生的改良支出，注册会计师应检查相关的原始资料（如承租合同、装修合同和决算书等），确定改良支出金额是否正确，摊销期限是否合理，摊销额的计算及会计处理是否正确。

（6）注册会计师应检查被审计单位是否将预期不能为其带来经济利益的长期待摊费用项目的摊余价值予以转销。

（7）确定长期待摊费用的披露是否恰当。

五、长期应付款审计

（一）审计目标

长期应付款的审计目标一般包括：确定资产负债表中记录的长期应付款是否存在；确定所有应当记录的长期应付款是否均已记录；确定记录的长期应付款是否为被审计单位应当履行的现时义务；确定长期应付款是否以恰当的金额包括在财务报表中，与之相关的计价调整是否已恰当记录；确定长期应付款是否已按照企业会计准则的规定在财务报表中有恰当列报。

（二）长期应付款的实质性测试程序

1. 获取或编制长期应付款明细表

（1）注册会计师应复核加计是否正确，并与报表数、总账数和明细账合计数核对是否相符；

（2）注册会计师应检查非记账本位币长期应付款的折算汇率及折算是否正确；

（3）注册会计师应检查长期应付款的内容是否符合企业会计准则的规定（主要包括应付融资租入固定资产的租赁费、以分期付款方式购入固定资产等发生的应付款项等）。

2. 检查应付融资租入固定资产的租赁费

（1）注册会计师应重点关注被审计单位融资租入的固定资产，检查被审计单位融资租入的固定资产是否经授权批准，在租赁期开始日，长期应付款是否按最低租赁付款额确认；

（2）注册会计师应结合合同，审查被审计单位是否按合约规定的付款条件按期支付租金；

（3）注册会计师应检查会计处理是否正确。

3. 检查以分期付款方式购入固定资产等发生的应付款项

（1）注册会计师应检查购入超过信用条件延期支付价款、实质上具有融资性质的资产、长期应付款是否按应支付的金额确认；

（2）注册会计师应结合合同，审查被审计单位是否按合约规定的付款条件按期支付价款；

（3）注册会计师应检查会计处理是否正确。

4. 函证长期应付款

必要时，注册会计师应现场查看交易涉及的资产，并向债权人函证长期应付款。

5. 检查未入账的长期应付款

注册会计师应结合固定资产的审计，检查有无未入账的长期应付款。

6. 检查长期应付款本息的计算

注册会计师应检查各项长期应付款本息的计算是否准确，会计处理是否正确。

7. 执行关联方及其交易审计程序

注册会计师应标明应付关联方［包括持股5%以上（含5%）的股东］的款项，执行关联方及其交易审计程序，并注明合并报表时应予抵销的金额；对关联企业、有密切关系的主要被审计单位的交易事项进行专门核查。

（1）了解交易事项目的及应付款项的原因，检查相关合同等相关文件资料。

（2）向关联方、有密切关系的主要被审计单位或其他注册会计师函询，以确认交易的真实性、合理性。

8. 检查长期应付款的披露

注册会计师应检查长期应付款是否已按照企业会计准则的规定在财务报表中有恰当的列报。

（1）长期应付款是否按减去未确认融资费用后的余额列示。

（2）一年内到期的长期应付款是否列入一年内到期的非流动负债。

六、管理费用的审计

（一）审计目标

管理费用的审计目标一般包括：确定记录的管理费用是否已发生，且与被审计单位有关；确定管理费用记录是否完整；确定与管理费用有关的金额及其他数据是否已恰当记录；确定管理费用是否已记录于正确的会计期间；确定管理费用的内容是否正确；确定管理费用的披露是否恰当。

（二）管理费用的实质性测试程序

（1）注册会计师应取得或编制管理费用明细表，复核加计是否正确，与报表数、总账数及明细账合计数核对是否相符。

（2）注册会计师应检查管理费用项目的核算内容与范围是否符合规定。

（3）注册会计师应对本期、上期管理费用各期各明细项目进行比较分析，必要时比较本期各月份管理费用，对有重大波动和异常情况的项目应查明原因，考虑是否提请被审计单位调整。

（4）注册会计师应将管理费用中列支的职工薪酬、研究费用、折旧费及无形资产、长期待摊费用、其他长期资产的摊销额等项目与相关科目进行交叉勾稽，并进行相应记录。

（5）注册会计师应选择管理费用中数额较大，以及本期与上期相比变化异常的项目追查至原始凭证，并注意：董事会费是否已经实际支出并有合法依据；业务招待费的支出是否合理，如超过规定限额，应建议进行纳税调整；差旅费支出是否符合企业开支标准及报销手续；咨询费支出是否符合规定；有无诉讼费及赔偿款项支出，并关注是否存在或有损失；无形资产的摊销额和筹建期间内发生的开办费核算是否符合规定；支付外资机构的特许权使用费支出是否超过规定限额，必要时应建议进行纳税调整；上交母公司或其他关联方的管理费用是否有合法的单据及证明文件；检查大额支出、不均匀支出和有疑问支出的内容和审批手续、权限是否符合有关规定；对被审计单位行政管理部门等发生的大额固定资产修理费，关注其原因；检查库存现金、存货等流动资产盘盈盘亏处理是否符合规定；复核本期发生的车船使用税、印花税等税费是否正确；对管理费用中的支出内容，关注有无不正常开支。

（6）注册会计师应抽取财务报表日前后若干天的一定数量的凭证，实施截止性测试，对于重大跨期项目，应进行必要调整。

（7）注册会计师应检查管理费用的披露是否恰当。

精选案例

巨人零售公司破产案

巨人零售公司（以下简称"巨人公司"）于 1959 年建立，总部设立在美国马萨诸塞州的詹姆斯福特。在 20 世纪 60 年代，巨人公司的销售增长速度令人震惊。直至 1972 年，巨人公司已经拥有 112 家零售批发商店，但就在那一年，巨人公司的管理部门面临着历史中第一次重大经营损失。为了掩盖这一真相，该公司的管理层决定篡改公司的会计记录。他们把 1971 年发生的 250 万美元的经营损失，篡改成了 150 万美元的收益，并且提高了与之有关的流动比率和周转率。案情暴露后，巨人公司的四名管理人员被大陪审团以各种形式的舞弊起诉，经联邦法院审判后，被定为有罪。

巨人公司的管理部门为了能在财务报告上减少应付给供应商的金额，曾经故意歪曲公司的财务状况。表 11-4 概括了五种主要的舞弊方法，巨人公司的 4 个管理人员就是利用这几种方法，篡改了 1972 年 1 月 29 日结束的会计年度的应付账款余额。同时，表 11-4 还显示了由于使用这些方法而涉及的金额，以及巨人公司向罗斯会计师事务所所提供编造虚假调整分录的理由，相关调整分录就是用来改变应付账款余额的。

表 11-4　　　　　　　　　巨人零售公司对应付账款的蓄意调整

卖方	应付账款减少金额（美元）	应付账款减少的理由
米尔布鲁克发行商	300 000	以前未入账的预付广告费用
罗兹盖尔公司	257 000	①商品退回；②总购折扣；③折扣优惠
各个供应商	130 000	商品退回
健身器材公司	170 000	以前购足货物索价过高
健身器材公司	163 000	商品退回

根据证券交易委员会的调查结果，巨人公司的总裁和财务主管曾经在 1972 年 1 月 29 日结束的会计年度中，命令下属广告部门的经理，捏造了至少 30 万美元的预付广告费用，而这些广告费用还未入账。广告部门吩咐，准备了一份 14 页的备忘录。该备忘录虚构了大约 1 100 家的广告商名单，同时记载着巨人公司以前曾向这些广告商预付过广告费用但并未入账。当罗斯会计师事务所询问"为何有那么多笔广告费均未入账"时，巨人公司的管理人员答复：公司的广告部门曾有几个月忘了收集记录并记账。

为了验证这些预付的广告费是否属实，罗斯会计师事务所向名单中的 4 个广告商发函询证，并且要求巨人公司为另外 20 笔未入账费用提供证明文件。美国证券交易委员会认为罗斯会计师事务所使用的审计程序是不充分的。美国证券交易委员会指出，抽取 24 个样品，不能提供足够的证据，来证明预付的 30 万美元广告费是发生过的。此外，罗斯会计师事务所对 4 个广告商的回信缺乏足够的重视，因为信中曾指出那笔预付广告费是错误的。美国证券交易委员会指出，罗斯会计师事务所的会计师依靠大量文件，来证实从详细名单上抽取的 20 笔费用的正确性。考虑到这些费用的可疑之处和时间因素，美国证券交易委员会认为，罗斯会计师事务所有责任获得足够多的精确且充分的证据，来证明客户所提供名单中重大事项的正确性。

1972 年 4 月 28 日，巨人公司在会计年度结束 90 天内，把经过审计的财务报告提交给了美国证券交易委员会。1972 年 8 月，巨人公司把年度财务报表和无保留审计意见书，提交给了美国证券交易委员会。巨人公司利用这份意见书，出售了大约 300 万美元的普通股，并获取了 1 200 万美元的借款。但在 1973 年的新闻稿中，巨人公司总裁宣布，公司发现由于潜在的簿记错误，可能会影响公司前一年的报告收益。大约一个月后，罗斯会计师事务所撤回了 1972 年签发的无保留审计意见书。1973 年 8 月，巨人公司向波士顿法院提交破产申请，两年后法庭宣布公司破产。

巨人公司的总裁和副总裁于 1978 年由于蓄意向美国证券交易委员会提交虚假的财务报表被定罪。在这之前，巨人公司的前任董事长和财务主管因为相同的指控服罪。这 4 个人都被判罚款及入狱 6 至 18 个月。

根据调查结果，美国证券交易委员会指责了罗斯会计师事务所，并且在联邦办此事前，禁止负责该公司审计聘约的合伙人执业五个月。美国证券交易委员会同时要求：由独立的专家中的一位陪审员，对罗斯会计师事务所的审计程序进行一次大规模的检查。

分析：

1. 每年年末，为了证实有关当事人流动负债的正确性和重大性，审计人员通常会对未入账的负债进行查找。简要分析查找未入账负债的原因，以及这种审计程序对巨人公司为了篡改应付账款而对经济记录所做的防护措施会产生怎样的影响？

2. 请找出罗斯会计师事务所可以使用的统计抽样方法，去验证长达 14 页、金额为 30 万美元的广告费的重大事项的正确性。

3. 应付账款证明程序与应收账款的有何不同？请对二者在技术上和审计目标上的差异进行评估。

重要概念

采购与付款循环（Acquisition and Payment Cycle）

应付账款（Accounts Payable）   请购单（Purchase Requisition）

订购单（Purchase Order）   付款凭单（Voucher）

思考与练习

一、单选题

1. 注册会计师为审查被审计单位未入账负债而实施的下列审计程序中，最有效的是（   ）。

   A. 审查购货发票与债权人名单

   B. 审查资产负债表日前后几天的发票

   C. 审查应付账款、应付票据的函证回函

   D. 审查资产负债表日后货币资金支出情况的有关付款凭证

2. 为了验证期末应付账款是否存在低估，下列审计证据最有效的是（   ）。

   A. 被审计单位编制的连续编号的请购单   B. 被审计单位编制的连续编号的订购单

   C. 被审计单位编制的连续编号的验收单   D. 月末供应商对账单

二、多选题

1. 下列审计程序中，与采购交易记录的完整性认定相关的有（   ）。

   A. 从有效的订购单追查至验收单   B. 从验收单追查至采购明细账

   C. 从付款凭单追查至购货发票   D. 从供应商发票追查至采购明细账

2. 下列各项审计程序中，能够提供应付账款未入账的审计证据的有（   ）。

   A. 结合存货监盘程序，检查被审计单位在资产负债表日前后的存货入库资料，检查是否有大额货到单未到的情况，确认相关负债是否计入了正确的会计期间

B. 针对资产负债表日后付款项目，检查银行对账单及有关付款凭证，询问被审计单位内部或外部的知情人员，查找有无未及时入账的应付账款

C. 获取并检查被审计单位与其供应商之间的对账单，并将对账单和被审计单位财务记录之间的差异进行调节，查找有无未入账的应付账款，确定应付账款金额的准确性

D. 检查资产负债表日后应付账款明细账贷方发生额的相应凭证，关注其验收单、供应商发票的日期，确认其入账时间是否合理

三、判断题

1. 从应付账款明细账追查至验收单、供应商发票和采购合同等凭证与应付账款完整性认定有关。（　　）

2. 从资产负债表日应付账款明细账记录追查至相关支持性凭证与查找未入账应付账款无关。（　　）

四、思考题

1. ABC 会计师事务所负责审计甲公司 2020 年度财务报表，审计项目组确定财务报表整体的重要性为 200 万元，明显微小错报的临界值为 10 万元，审计工作底稿中与函证程序相关的部分内容摘录如下。

甲公司应付账款年末余额为 550 万元，审计项目组认为应付账款存在低估风险，选取了年末余额合计为 480 万元的两家主要供应商实施函证，未发现差异。

要求：针对上述情况，指出审计项目组的做法是否恰当。如不恰当，简要说明理由。

2. ABC 会计师事务所的 A 注册会计师负责审计甲公司 2018 年度财务报表。审计工作底稿中与函证相关的部分内容摘录如下。

甲公司 2018 年向乙公司采购的某设备价格显著高于同类设备的市场价格，管理层解释该设备采用了特殊材质，A 注册会计师了解了使用特殊材质的原因，检查了采购合同，查询了特殊材质的市场价格，并就该设备的采购价格和使用材质向乙公司进行了函证，回函相符，据此认可了设备采购价格。

要求：针对上述情况，指出 A 注册会计师的做法是否恰当。如不恰当，简要说明理由。

五、案例分析题

1. 注册会计师在对 ×× 股份有限公司年度财务报表审计时，发现应付账款项目上年度审计的有关资料：上年度工作底稿显示共寄发 50 封询证函，对该公司 500 家供货单位进行抽样函证，样本从余额较大的各明细账中抽取，函证结果与供货单位会计记录间的差异很小。对于未回复的供货单位，注册会计师均运用其他审计程序进行审计，没有发生异议。

要求：（1）说明注册会计师本年度应否使用函证方法？

（2）说明上年度函证是否存在问题？

2. 注册会计师李苏询问会计人员得知，应付账款中的正大工厂已撤销，扬帆公司已破产，应付账款长期挂账，未进行账务处理，其中，欠正大工厂 10 000 元，扬帆公司 15 000 元。

要求：请说明注册会计师应如何提出审计意见？

3. 注册会计师李苏通过对应付账款明细账的审查，发现某企业付款后购货退回的一笔经济业务，将其以表格的形式记录在审计工作底稿中，如表 11-5 所示。

表 11-5　　　　　　　　　　　　　应付账款借方余额　　　　　　　　　　　　单位：元

20×5年		凭证号	摘要	会计分录	借方	贷方
月	日	转50	购甲材料退回	应付账款—光明厂原材料	28 000	28 000
10	5					
			合计		28 000	28 000

要求：请说明注册会计师应如何提出审计意见？

4. 某企业在经济效益较好期间，为给以后年度留有余地，年终以车间修理为名，虚设一个提供劳务的单位，并编制虚假劳务费用 20 万元的单据，作为应付账款进行账务处理，其会计分录如下。

借：制造费用——修理费　　　　　200 000

贷：应付账款——××公司　　　　　200 000

要求：假如 12 月生产的产品全部完工入库，并已销售 80%，注册会计师应如何进行审查并给出调整分录？

5. 2020 年 1 月初，注册会计师审查立华股份有限公司固定资产账簿时发现，该公司 2019 年 6 月购进机床一台，买价 20 000 元，支付运杂费 2 500 元，包装费 500 元，该公司将运杂费及包装费计入管理费用，进一步审计查明该设备安装费 1 000 元也计入 6 月管理费用（假设该机床至少使用 5 年）。

要求：针对上述情况，提出审计意见，并给出调整分录。

6. 注册会计师在审查华润股份有限公司 2020 年度固定资产折旧时，发现该公司本年度 1 月初新增已投入生产使用的机床一台，原价为 100 000 元，预计净残值为 10 000 元，预计使用年限为 5 年，使用年数总和法对该项固定资产进行折旧，其余各类固定资产均用直线法折旧，且该公司对这一事项在财务报表附注中未进行揭示。

要求：根据上述情况，简述上述事项对被审计单位资产负债表和损益表的影响。

7. 注册会计师在 10 月结账前审阅某工业企业固定资产增加业务时发现，该企业 2020 年 8 月转字第 12 号凭证反映在建工程结束、固定资产增加业务时，编制了如下会计分录。

借：固定资产——××生产线　　　　　200 000

贷：在建工程　　　　　200 000

通过审阅原始凭证，注册会计师发现：其成本计算中不含安装费和调试费项目。而该生产线显然是需要经过安装调试才能投入使用的。因此，注册会计师又查阅了该企业 8 月的"营业费用""管理费用"等明细账及有关会计凭证，发现在该月银行存款付字第 6 号凭证中，摘要栏内注明是"付给××设备安装公司款项"，所做的会计分录如下。

借：营业费用　　　　　20 000

管理费用　　　　　10 000

贷：银行存款　　　　　30 000

在审阅相关原始凭证时，注册会计师发现一张发票是××设备安装公司开具的，标明××生产线安装费 20 000 元，调试费 10 000 元，另一张原始凭证是转账支票存根，金额为 30 000 元。

要求：试分析会计处理是否正确？若不正确，注册会计师应如何提出处理意见并给出调整分录（假定该生产线可使用 5 年）。

8. 表 11-6 列示了固定资产项目的若干审计目标及可能实施的主要审计程序。

表 11-6　　　　　　　　　　　　　　固定资产审计

审计项目	审计目标	审计程序
固定资产	（1）被审计单位对所审会计期间内所增固定资产享有所有权 （2）在财务报表日，所有在册固定资产均存在 （3）在财务报表日，所有固定资产的净值均已正确计量	A. 将固定资产明细账期初余额与上年度审计工作底稿核对 B. 复核折旧费用的计提，并确定固定资产有效使用年限及折旧方法与以前年度一致 C. 确定固定资产记录部门与保管使用部门的职责分离 D. 审查固定资产的契约和保险单据 E. 实施截止测试，证实固定资产维修费用已计入恰当的会计期间 F. 确定所有机器设备均已保险 G. 实地检查所有主要的机器设备

要求：请针对每一审计目标，选出能够实现该审计目标的最佳审计程序，将其英文大写字母编号填列在表 11-7 内，每一项审计程序最多只能选择一次。

表 11-7   审计程序

审计目标	（1）	（2）	（3）
审计程序			

9. 2021 年元月，注册会计师对三丰电器公司预付账款进行审计时发现该公司明细账 2020 年 1 月 1 日借方余额是 50 000 元，2020 年度借、贷方均无发生额，2021 年元月仍为借方余额 50 000 元。据查此预付款无购销合同，但有口头协议，实际未履行协议，客户单位为南山电机厂，业务为购销电机。

要求：分析此项预付账款可能存在的问题，并给出处理意见。

10. 2021 年 1 月 1 日，A 股份有限公司购入一块土地的使用权，以银行存款转账支付 8 000 万元，并在该土地上自行建造厂房等工程，发生材料支出 12 000 万元、工资费用 8 000 万元、其他相关费用 10 000 万元等。该工程已经开工并达到预定可使用状态。假定土地使用权的使用年限为 50 年，该厂房的使用年限为 25 年，两者都没有净残值，都采用直线法进行摊销和计提折旧。为简化核算，不考虑其他相关税费。

要求：如何进行会计处理？

11. 2020 年 1 月 1 日，甲公司经董事会批准研发某项新产品专利技术。该公司董事会认为，研发该项目具有可靠的技术和财务等资源的支持，并且一旦研发成功将降低该公司的生产成本。该公司在研究开发过程中发生材料费 5 000 万元、人工工资 1 000 万元，以及其他费用 4 000 万元，总计 10 000 万元，其中，符合资本化条件的支出为 6 000 万元。2020 年 12 月 31 日，该专利技术已经达到预定用途。

要求：如何进行会计处理？

12. 2020 年 1 月 1 日，A 企业将一项专利技术出租给 B 企业使用。该专利技术账面余额为 500 万元，摊销期限为 10 年，出租合同规定，承租方每销售 10 万件用该专利生产的产品，必须付给出租方 100 万元专利技术使用费。假定承租方当年销售该产品 10 万件，应交的增值税税额为 13 万元。B 企业的会计处理如下。

（1）取得该项专利权技术使用费。

借：银行存款   1 000 000
　　贷：无形资产   1 000 000

（2）按年对该项专利技术进行摊销并计算应交的增值税。

借：其他业务成本   630 000
　　贷：累计摊销   500 000
　　　应交税费——应交营业税   130 000

要求：会计分录是否正确？若不正确，请给出调整分录。

13. 注册会计师接受委托，对河海公司 2020 年财务报表进行审计，发现下列事项。

（1）河海公司某职工反映公司领导只抓利润忽视安全，该公司 2020 年木工车间失火，损失巨大。经查工厂为修复厂房及核销火灾损失共付 105 000 元。该工厂将该项支出列入"管理费用——其他管理费用"科目。

（2）该公司技术科 2020 年租入实验设备 4 台，租期一年，按合同规定每月支付租金 50 000 元，并按设备原价 6 000 000 元逐月计提折旧，折旧率为 5%，共计 300 000 元，两项共计 900 000 元，已列入管理费用。

（3）由于 2020 年出纳员岗位轮换，全年银行存款利息收入 25 000 元一直未做处理。

（4）职工宿舍全年生活用水用电共计 87 000 元，社会摊派款 30 000 元，企业自行组织职工外出休养所开支车船费、住宿费等共计 5 660 元，均已列入管理费用。

要求：指出上列事项中存在的问题，并提出审计意见。

筹资与投资循环审计 | 第十二章

【学习目标】

理解筹资与投资循环审计的基本理论和程序；

掌握筹资与投资循环的内部控制和控制测试；

熟练掌握短期借款、长期借款、应付债券、交易性金融资产、持有至到期投资、长期股权投资、可供出售金融资产、实收资本（股本）、资本公积、盈余公积、未分配利润、其他应收款、其他应付款、财务费用和其他相关账户的审计目标和实质性程序。

第一节 筹资与投资循环的内部控制及控制测试

一、筹资活动的内部控制和控制测试

对于股东权益增减变动的业务较少而金额较大的被审计单位，注册会计师在审计中一般直接进行实质性程序。下面以应付债券为例简单介绍筹资活动的内部控制及其测试。

应付债券的内部控制和控制测试

1. 应付债券的内部控制

（1）应付债券的发行要有正式的授权程序，每次均要由董事会授权。

（2）申请发行债券时，应履行审批手续，向有关机关递交相关文件。

（3）应付债券的发行，要由受托管理人来行使保护发行人和持有人合法权益的权利。

（4）每种债券发行都必须签订债券契约。

（5）债券的承销或包销必须签订有关协议。

（6）记录应付债券业务的会计人员不得参与债券发行。

（7）如果被审计单位保存债券持有人明细分类账，应同总分类账核对相符，若这些记录由外部机构保存，则须定期同外部机构核对。

（8）未发行的债券必须有专人负责。

（9）债券的回购要有正式的授权程序。

2. 应付债券的控制测试

如果被审计单位应付债券业务不多，则注册会计师可根据成本效益原则直接进行实质性程序；如果被审计单位应付债券业务繁多，则注册会计师就可考虑进行控制测试。

被审计单位应付债券控制测试内容通常包括以下内容。

（1）注册会计师应取得债券发行的法律性文件，检查债券发行是否经董事会授权、是否履行了适当的审批手续、是否符合法律的规定。

（2）注册会计师应检查被审计单位发行债券的收入是否立即存入银行。

（3）注册会计师应取得债券契约，检查被审计单位是否根据契约的规定支付利息。

（4）注册会计师应检查债券入账的会计处理是否正确。

（5）注册会计师应检查债券溢（折）价的会计处理是否正确。

（6）注册会计师应取得债券偿还和回购时的董事会决议，检查债券的偿还和回购是否按董事会的授权进行。

二、投资活动的内部控制和控制测试

（一）投资活动的内部控制

1. 合理的职责分工

投资业务应在业务的授权、业务的执行、业务的会计记录及投资资产的保管等方面都有明确的分工，不得由一人同时负责上述两项工作。

例如，投资业务在企业高层管理机构核准后，可由高层负责人员授权签批，由财务经理办理具体的股票或债券的买卖业务，由会计部门负责进行会计记录和财务处理，并由专人保管股票或债券。这种合理的分工所形成的相互牵制机制有利于避免或减少投资业务中发生错误或舞弊的可能性。

2. 健全的资产保管制度

一般有两种保管方式。一种是由独立的专门机构保管，如在企业拥有较大的投资资产的情况下，委托银行、证券公司、信托投资公司等机构进行保管。另一种是由企业自行保管。在这种方式下，至少要由两名以上人员共同控制，不得由一人单独接触证券。对于任何证券的存入或取出，都要将债券名称、价值及存取的日期、数量等详细记录于证券登记簿内，并由所有在场的经手人员签名。

3. 详尽的会计核算制度

企业应对每一种股票或债券分别设立明细分类账，并详细记录其名称、面值、证书编号、数量、取得日期、经纪人（证券商）名称、购入成本、收取的股息或利息等。

4. 严格的记名登记制度

企业在购入股票或债券时应在购入的当日尽快登记于企业名下，切忌登记于经办人员名下，防止冒名转移并借其他名义牟取私利的舞弊行为发生。

5. 完善的定期盘点制度

企业应由内部审计人员或不参与投资业务的其他人员进行定期盘点，检查是否确为企业所拥有，并将盘点记录与账面记录相互核对以确认账实的一致性。

（二）投资活动的控制测试

1. 进行抽查

注册会计师应从各类投资业务的明细账中抽取部分会计分录，按原始凭证、明细账、总账的顺序核对有关数据和情况，判断被审计单位的会计处理过程是否合规完整。

2. 审阅内部盘核报告

注册会计师应审阅内部审计人员或其他授权人员对投资资产进行定期盘核的报告。如果各期盘核报告的结果未发现账实之间存在差异（或差异不大），说明投资资产的内部控制得到了有效执行。

3. 分析被审计单位投资业务管理报告

在做出长期投资决策之前，被审计单位最高管理阶层（如董事会）需要对投资进行可行性研究和论证，并形成一定的纪要。

投资业务一经执行，又会形成一系列的投资凭据或文件，如证券投资的各类证券及联营投资中的投资协议、合同和章程等。

负责投资业务的财务经理须定期向被审计单位最高管理层提交投资业务管理报告书，供最高管理层投资决策和控制。

注册会计师应认真分析这些投资管理报告的具体内容，并对照前述的有关文件和凭据资料，判断被审计单位长期投资业务的管理情况。

第二节 借款相关项目审计

借款是企业承担的一项经济义务，是企业的负债项目。负债是企业承担的，能以货币计量的，需以未来资产或劳务偿付的经济义务。作为现代企业会计的一大要素，负债对企业财务报表的反映有着直接、重大的影响。为了正确反映企业的财务状况和经营成果，必须把企业的负债完整地列示于资产负债表中，并正确地予以计价。如果说注册会计师对于企业资产项目的审计，主要是防止企业通过各种不同的手段高估期末余额，从而虚增资产，那么，注册会计师对于负债项目的审计，则主要是防止企业低估债务。低估债务，又经常伴随着低估成本费用，从而达到高估利润的目的。因此，低估债务正如高估资产一样，不仅影响企业财务状况的反映，而且还会极大地影响企业财务成果的反映。

一、短期借款的审计

（一）审计目标

短期借款的审计目标包括：确定期末借款是否存在；确定期末短期借款是否为被审计单位应履行的偿还义务；确定短期借款的借入、偿还及计息的记录是否完整；确定短期借款的期末余额是否正确；确定短期借款的披露是否恰当。

（二）短期借款的实质性测试程序

（1）获取或编制短期借款明细表，复核加计数是否正确，并与明细账和总账核对相符。

（2）函证短期借款的实有数。注册会计师应在期末短期借款余额较大或认为必要时向银行或其他债权人函证短期借款。

（3）检查短期借款的增加。对年度内增加的短期借款，注册会计师应检查借款合同和授权批准，了解借款数额、借款条件、借款日期、还款期限、借款利率，并与相关会计记录相核对。

（4）检查短期借款的减少。对年度内减少的短期借款，注册会计师应检查相关记录和原始凭证，核实还款数额。

（5）检查有无到期未偿还的短期借款。注册会计师应检查相关记录和原始凭证，检查被审计单位有无到期未偿还的短期借款，若有，则应查明是否已向银行提出申请并经同意后办理延期手续。

（6）复核短期借款利息。注册会计师应根据短期借款的利率和期限，复核被审计单位短期借款的利息计算是否正确，有无多算和少算利息的情况，如有未计利息和多计利息，应做出记录，必要时进行调整。

（7）检查外币借款的折算是否正确。

二、长期借款的审计

（一）审计目标

长期借款的审计目标包括：确定期末借款是否存在；确定期末长期借款是否为被审计单位应履

行的偿还义务；确定长期借款的借入、偿还及计息的记录是否完整；确定长期借款的期末余额是否正确；确定长期借款的披露是否恰当。

（二）长期借款的实质性测试程序

长期借款如同短期借款一样，都是企业向银行或其他金融机构借入的款项，因此，长期借款的实质性测试程序同短期借款的实质性测试程序较为相似。长期借款的实质性测试程序通常包括如下内容。

（1）获取或编制长期借款明细表，复核加计数是否正确，并与明细账和总账核对相符。

（2）了解金融机构对被审计单位的授信情况及被审计单位的信用等级评估情况。

（3）对年度内增加的长期借款，注册会计师应检查借款合同和授权批准，了解借款数额、借款条件、借款日期、还款期限、借款利率，并与相关会计记录相核对。

（4）检查长期借款的使用是否符合借款合同的规定，检查重大的长期借款使用的合理性。

（5）向银行或其他债权人函证重大的长期借款。

（6）检查长期借款的减少。对年度内减少的长期借款，注册会计师应检查相关记录和原始凭证，核实还款数额。

（7）检查有无到期未偿还的长期借款。注册会计师应查明逾期贷款是否办理延期手续，分析计算逾期借款的金额、比率和期限，判断被审计单位的资信程度和偿债能力。

（8）计算短期借款、长期借款在各个月份的平均余额，选取适用的利率匡算利息支出总额，并与财务费用的相关记录核对，判断被审计单位是否高估或低估利息支出，必要时进行适当调整。

（9）检查外币借款的折算是否正确。

（10）检查借款费用的会计处理是否正确。借款费用，指企业因借款而发生的利息及其他相关成本，包括折价或溢价的摊销、辅助费用及因外币借款而发生的汇兑差额。按照《企业会计准则第17号——借款费用》的规定，企业发生的借款费用，可直接归属于符合资本化条件的资产的购建或生产的，应当予以资本化，计入相关资产成本；其他借款费用，应当在发生时根据其发生额确认费用，计入当期损益。

（11）检查企业抵押长期借款的抵押资产的所有权是否属于企业，其价值和实际状况是否与抵押契约中的规定相一致。

（12）检查长期借款是否已在资产负债表上充分披露。长期借款在资产负债表上列示于长期负债类下，该项目应根据"长期借款"科目的期末余额扣减将于一年内到期的长期借款后的数额填列，该项扣除数应当在"一年内到期的非流动负债"项目中反映。注册会计师应根据审计结果，确定被审计单位长期借款在资产负债表上的列示是否充分，并注意长期借款的抵押和担保是否已在财务报表附注中做了充分的说明。

【例12-1】 注册会计师对某公司今年财务报表进行审计。本年度内公司向银行借入一笔长期贷款，贷款合同规定：（1）公司以固定资产和存货为贷款担保；（2）公司债务总额与所有者权益之比不得高于2:1；（3）非经银行同意，公司不得派发股利；（4）自明年7月1日起分期归还贷款。

要求：如果不考虑相关的内部控制，注册会计师对上述借款项目应采用哪些审计程序？

三、应付债券的审计

（一）审计目标

应付债券的审计目标一般包括：确定期末应付债券是否存在；确定期末应付债券是否为被审计

单位应履行的偿还义务；确定应付债券的发行、偿还及计息的记录是否完整；确定应付债券的期末余额是否正确；确定应付债券的披露是否恰当。

（二）应付债券的实质性测试程序

1. 获取或编制应付债券明细表

注册会计师应复核加计数是否正确，并与明细账和总账核对相符。

2. 检查债券交易的有关原始凭证

注册会计师通常检查以下内容。

（1）检查债券副本，确定发行是否合法、各项内容是否与相关会计记录相一致。

（2）检查发行债券的现金收据、汇款通知单、送款登记簿及相关银行对账单。

（3）检查用于偿还债务的支票存根，并检查利息费用的计算。

（4）检查已偿还债券数额同应付债券借方发生额是否相符。

（5）如果发行债券已作抵押或担保，则注册会计师还应检查相关契约的履行情况。

（6）检查借款费用的会计处理是否正确。

（7）检查应付债券是否已在资产负债表上充分披露。应付债券在资产负债表中列示于长期负债类下，该项目应根据"应付债券"科目的期末余额扣除将于一年内到期的应付债券后的数额填列，该扣除数应当在"一年内到期的非流动负债"项目中反映。

四、财务费用的审计

（一）审计目标

财务费用的审计目标一般包括：确定记录的财务费用是否已发生，且与被审计单位有关；确定财务费用记录是否完整；确定与财务费用有关的金额及其他数据是否已恰当记录；确定财务费用是否已记录于正确的会计期间；确定财务费用的内容是否正确；确定财务费用的披露是否恰当。

（二）财务费用的实质性测试程序

（1）获取或编制财务费用明细表，复核加计数是否正确，并与明细账和总账核对相符。

（2）将本期、上期财务费用各明细项目进行比较分析，必要时比较本期各月份财务费用，如有重大波动和异常情况应追查原因，扩大审计范围或增加测试量。

（3）检查利息支出明细账，确认利息收支的真实性及正确性。

（4）检查汇兑损失明细账。

（5）检查"财务费用——其他"明细账，注意检查大额金融机构手续费的真实性与正确性。

（6）审阅下期期初的财务费用明细账，检查财务费用各项目有无跨期入账的现象，对于重大跨期项目，应进行必要调整。

（7）检查从其他企业或非银行金融机构取得的利息收入是否按规定计缴相关税费。

（8）检查财务费用的披露是否恰当。

第三节 所有者权益相关项目审计

所有者权益，是企业投资者对企业净资产的所有权，包括投资者对企业的投入资本及企业存续过程中形成的资本公积、盈余公积和未分配利润。由于所有者权益增减变动的业务较少、金额较大，因此，注册会计师在审计了被审计单位的资产和负债之后，往往只花费相对较少的时间对所有者权益进行审计。尽管如此，在审计过程中，对所有者权益进行单独审计仍是十分必要的。

一、实收资本（股本）的审计

（一）审计目标

实收资本（股本）的审计目标一般包括：确定实收资本（股本）是否存在；确定实收资本（股本）的增减变动是否符合法律、法规和合同、章程的规定，记录是否完整；确定实收资本（股本）期末余额是否正确；确定实收资本（股本）的披露是否恰当。

（二）实收资本（股本）的实质性测试程序

实收资本（股本）的实质性测试程序通常包括以下内容。

（1）获取或编制实收资本（股本）增减变动情况明细表，复核加计数是否正确，与报表数、总账数和明细账合计数核对相符。

（2）查阅公司章程、股东大会、董事会会议记录中有关实收资本（股本）的规定。收集与实收资本（股本）变动有关的董事会会议纪要、合同、协议、公司章程及营业执照，公司设立批文、验资报告等法律性文件，并更新永久性档案。

（3）检查实收资本（股本）增减变动的原因，查阅其是否与董事会会议纪要、补充合同、协议及其他有关法律性文件的规定一致，逐笔追查至原始凭证，检查其会计处理是否正确。注意有无抽资或变相抽资的情况，若有，应取证核实，进行恰当处理。对首次审计的客户，除取得验资报告外，注册会计师还应检查并复印记账凭证及进账单。

（4）对于以资本公积、盈余公积和未分配利润转增资本的情况，注册会计师应取得股东（大）会决议等资料，并审核是否符合国家有关规定。

（5）确定实收资本（股本）的披露是否恰当。

二、资本公积的审计

（一）审计目标

资本公积的审计目标一般包括：确定资本公积是否存在；确定资本公积的增减变动是否符合法律、法规和合同、章程的规定，记录是否完整；确定资本公积期末余额是否正确；确定资本公积的披露是否恰当。

（二）资本公积的实质性测试程序

（1）获取或编制资本公积明细表，复核加计数是否正确，并与明细账和总账核对相符。

（2）收集与资本公积变动有关的股东（大）会决议、董事会会议纪要、资产评估报告等文件资料，更新永久性档案。对首次审计的客户，注册会计师应检查期初资本公积的原始发生依据。

（3）根据资本公积明细账，对股本溢价、其他资本公积各明细的发生额进行逐项审查。

① 对股本溢价，应取得董事会会议纪要、股东（大）会决议、有关合同、政府批文，追查至银行收款等原始凭证，结合相关科目的审计，检查会计处理是否正确，注意发行股票溢价收入的计算是否已扣除股票发行费用。

② 检查以权益法核算的被投资单位除净损益以外所有者权益的变动，被审计单位是否已按其享

有的份额入账，会计处理是否正确；处置该项目投资时，应注意是否已转销与其相关的资本公积。

③ 对拨款转入，审阅有关的拨款文件，检查拨款项目的完成情况，结合专项应付款的审计，检查会计处理是否正确。

④ 对以权益结算的股份支付，取得相关资料，检查在权益工具授予日和行权日的会计处理是否正确。

⑤ 对自用房地产或存货转换为以公允价值计量的投资性房地产，若转换日公允价值大于账面价值，则注册会计师应检查其差额是否正确计入本科目；若转换日公允价值小于账面价值，则注册会计师应检查其差额是否正确计入公允价值变动损益；对于处置的投资性房地产，注册会计师应检查相关的资本公积是否已转销。

⑥ 对可供出售金融资产形成的资本公积，注册会计师应结合相关科目，检查金额和相关会计处理是否正确。

⑦ 若有同一控制下的企业合并，则注册会计师应结合长期股权投资科目，检查被审计单位（合并方）取得的被合并方所有者权益账面价值的份额与支付的合并对价账面价值的差额计算是否正确，是否依次调整本科目、盈余公积和未分配利润。

⑧ 检查资本公积各项目，考虑所得税的影响。

（4）确定资本公积的披露是否恰当。

三、盈余公积的审计

（一）审计目标

盈余公积的审计目标一般包括：确定盈余公积是否存在；确定盈余公积的增减变动是否符合法律、法规、合同、章程的规定，记录是否完整；确定盈余公积期末余额是否正确；确定盈余公积的披露是否恰当。

（二）盈余公积的实质性测试程序

（1）获取或编制盈余公积明细表，复核加计数是否正确，并与明细账和总账核对相符。

（2）收集与盈余公积变动有关的董事会会议纪要、股东（大）会决议以及政府主管部门、财政部门批复等文件资料，并更新永久性档案。

（3）对法定盈余公积和任意盈余公积发生额逐项审查至原始凭证。法定盈余公积和任意盈余公积用于弥补亏损、转增资本和特别批准后支付股利，须符合国家规定的限制条件，如法定盈余公积转增资本或分配利润后，留存的该项公积金不得低于转增前注册资本的25%。

（4）确定盈余公积的披露是否恰当。

四、未分配利润的审计

（一）审计目标

未分配利润的审计目标一般包括：确定未分配利润是否存在；确定未分配利润的增减变动是否完整；确定未分配利润期末余额是否正确；确定未分配利润的披露是否恰当。

（二）未分配利润的实质性测试程序

（1）获取或编制未分配利润明细表，复核加计数是否正确，并与明细账和总账核对相符。

（2）收集和检查与利润分配有关的董事会会议纪要、股东大会决议、政府部门批文及有关合同、协议、公司章程等文件资料。

（3）检查本期未分配利润变动除净利润转入以外的全部相关凭证，结合获取的文件资料，确定其会计处理是否正确。

（4）了解本年利润弥补以前年度亏损的情况，对已超过弥补期限，且已因为抵扣亏损而确认递延所得税资产的，应当进行调整。

（5）结合以前年度损益调整科目的审计，检查以前年度损益调整的内容是否真实、合理及对以前年度所得税的影响。

（6）确定未分配利润的披露是否恰当。

五、应付股利的审计

（一）审计目标

应付股利的审计目标一般包括：确定资产负债表中列示的应付股利是否存在；确定所有应当列示的应付股利是否均已列示；确定列示的应付股利是否为被审计单位应当履行的现时义务；确定应付股利是否以恰当的金额列示在财务报表中；确定应付股利是否已按照企业会计准则的规定在财务报表中恰当列报。

（二）应付股利的实质性测试程序

（1）获取或编制应付股利明细表，复核加计数是否正确，并与报表数、总账数和明细账合计数核对相符。

（2）审阅公司章程和股东大会决议中有关股利的规定，了解股利分配标准和发放方式是否符合有关规定并经法定程序批准。如果被审计单位的董事会或类似机构通过利润分配方案拟分配现金股利或利润，则注册会计师应注意被审计单位是否披露利润分配方案。

（3）检查应付股利的发生额是否根据股东大会决定的利润分配方案从可供分配利润中计算确定，并复核应付股利计算和会计处理是否正确。

（4）检查股利支付的原始凭证的内容、金额和会计处理是否正确。

（5）检查现金股利是否按公告规定的时间、金额予以发放结算，对无法结算及委托发放而长期未结的股利是否进行适当处理。

（6）检查应付股利的列报是否恰当。

第四节
投资相关项目审计

与投资相关的项目包括交易性金融资产、可供出售金融资产、持有至到期投资、长期股权投资等。

一、交易性金融资产的审计

交易性金融资产，是指企业为了近期出售而持有的金融资产。在会计科目设置上，企业持有的直接指定为以公允价值计量且其变动计入当期损益的金融资产，也通过该科目核算。

（一）审计目标

交易性金融资产的审计目标一般包括：确定被审计单位所记录的交易性金融资产在特定期间内是否确实存在，是否归被审计单位所拥有；确定交易性金融资产的增减变动及其收益（或损失）的记录是否完整；确定交易性金融资产的年末余额是否正确，计价是否正确；确定交易性金融资产在财务报表上的披露是否恰当。

（二）交易性金融资产的实质性测试程序

（1）获取或编制交易性金融资产明细表，复核加计数是否正确，并与明细账和总账核对相符。

（2）对期末结存的相关交易性金融资产，向被审计单位核实其持有目的，检查本科目核算范围是否恰当。

（3）获取股票、债券及基金等交易流水单及被审计单位证券投资部门的交易记录，与明细账核对，检查会计记录是否完整、会计处理是否正确。

（4）监盘库存交易性金融资产，并与相关账户余额进行核对，如有差异，应查明原因，并记录，或进行适当调整。

（5）向相关金融机构发函询证交易性金融资产期末数量及是否存在变现限制（与存在投资款一并函证），并记录函证过程。取得回函时，注册会计师应检查相关签章是否符合要求。

（6）抽取交易性金融资产增减变动的相关凭证，检查其原始凭证是否完整合法，会计处理是否正确。

（7）复核与交易性金融资产相关的损益计算是否准确，并与公允价值变动损益及投资收益等有关数据核对。

（8）复核股票、债券及基金等交易性金融资产的期末公允价值是否合理，相关会计处理是否正确。

（9）关注交易性金融资产是否存在重大的变现限制。

（10）确定交易性金融资产的披露是否恰当。

二、可供出售金融资产的审计

可供出售金融资产，是指初始确认时即被指定为可供出售金融资产的非衍生金融资产，以及除下列各资产以外的金融资产：贷款和应收款；持有至到期投资；以公允价值计量且变动计入当期损益的金融资产。

（一）审计目标

可供出售金融资产的审计目标一般包括：确定可供出售金融资产是否存在；确定可供出售金融资产的增减变动记录是否完整；确定可供出售金融资产是否归被审计单位所有；确定可供出售金融资产期末余额是否正确；确定可供出售金融资产的披露是否恰当。

（二）可供出售金融资产的实质性测试程序

（1）获取或编制可供出售金融资产明细表，复核加计数是否正确，并与明细账和总账核对相符。

（2）获取可供出售金融资产对账单，与明细账核对，并检查其会计处理是否正确。

（3）检查库存可供出售金融资产，并与相关账户余额进行核对，若有差异，则应查明原因，并记录，或进行适当调整。

（4）向相关金融机构发函询证可供出售金融资产期末数量，并记录函证过程。取得回函时，注册会计师应检查相关签章是否符合要求。

（5）对期末结存的可供出售金融资产，向被审计单位核实其持有目的，检查本科目核算范围是否恰当。

（6）复核可供出售金融资产的期末公允价值是否合理，相关会计处理是否正确。

（7）如果可供出售金融资产的公允价值发生较大幅度下降，并且预期这种下降趋势属于非暂时性，则应当检查被审计单位是否计提资产减值准备，计提金额和相关会计处理是否正确。

（8）检查可供出售金融资产出售时，其相关损益计算及会计处理是否正确，已计入资本公积的公允价值累计变动额是否已转入投资收益科目。

（9）复核可供出售金融资产划转为持有至到期投资的依据是否充分，会计处理是否正确。

（10）了解是否存在已用于债务担保的可供出售金融资产。

（11）确定可供出售金融资产的披露是否恰当。

三、持有至到期投资的审计

持有至到期投资，是指到期日固定或可确定，且企业有明确意图和能力持有至到期的非衍生金融资产。通常情况下，该类投资主要是债权性投资。

（一）审计目标

持有至到期投资的审计目标和交易性金融资产的审计目标基本一致。

（二）持有至到期投资的实质性测试程序

（1）获取或编制持有至到期投资明细表，复核加计数是否正确，并与明细账和总账核对相符。

（2）获取持有至到期投资对账单，与明细账核对，并检查其会计处理是否正确。

（3）检查库存持有至到期投资，并与账户余额进行核对，如有差异，应查明原因，并记录，或进行适当调整。

（4）向相关金融机构发函询证持有至到期投资期末数量，并记录函证过程。取得回函时，注册会计师应检查相关签章是否符合要求。

（5）对期末结存的持有至到期投资，向被审计单位核实其持有目的，检查本科目核算范围是否恰当。

（6）抽取持有至到期投资增加的记账凭证，注意其原始凭证是否完整合法，成本、交易费用和相关利息的会计处理是否符合规定。

（7）抽取持有至到期投资减少的记账凭证，检查其原始凭证是否完整合法，成本、交易费用和相关利息的会计处理是否正确。

（8）根据相关资料，确定债券投资的计息类型，结合投资收益科目，复核计算利息采用的利率是否恰当，相关会计处理是否正确，检查持有至到期投资持有期间收到的利息会计处理是否正确。检查债券投资票面利率和实际利率有较大差异时，被审计单位采用的利率及其计算方法是否正确。

（9）结合投资收益科目，复核处置持有至到期投资的损益计算是否正确，已计提的减值准备是否同时结转。

（10）检查当持有目的改变时持有至到期投资划转为可供出售金融资产的会计处理是否正确。

（11）了解是否存在已用于债务担保的持有至到期投资。

（12）当有客观证据表明持有至到期投资发生减值时，应当复核相关资产项目的预计未来现金流量现值，并与其账面价值进行比较，检查相关准备计提是否充分。

（13）若发生减值，检查相关利息的计算及处理是否正确。

（14）确定持有至到期投资的披露是否恰当。

四、长期股权投资的审计

长期股权投资包括以下四类。

（1）企业持有的能够对被投资单位实施控制的权益性投资，即对子公司的投资。

（2）企业持有的能够与其他经营方一同对被投资单位实施共同控制的权益性投资，即对合营企业投资。

（3）企业持有的能够对被投资单位施加重大影响的权益性投资，即对联营企业投资。

（4）企业对被投资单位不具有控制、共同控制或重大影响，在活跃市场上没有报价且公允价值不能可靠计量的权益性投资。

（一）审计目标

长期股权投资的审计目标一般包括：确定长期股权投资是否存在；是否归被审计单位所有；确定长期股权投资的增减变动及投资收益的记录是否完整，核算方法是否正确；确定长期股权投资减值准备的计提方法及处理是否正确；确定长期股权投资在财务报表上的披露是否恰当。

（二）长期股权投资的实质性测试程序

（1）获取或编制长期股权投资明细表，复核加计数是否正确，并与明细账和总账核对相符。

（2）根据有关合同和文件，确定股权投资的股权比例和持有时间，检查股权投资核算方法是否正确。

（3）对于重大的投资，向被投资单位函证被审计单位的投资额、持股比例及被投资单位发放股利等情况。

（4）对于应采用权益法核算的长期股权投资，获取被投资单位经注册会计师审计的年度财务报表；如果未经注册会计师审计，则应考虑对被投资单位的财务报表实施适当的审计或审阅程序。

① 复核投资收益时，应以取得投资时被投资单位各项可辨认资产等的公允价值为基础，对被投资单位的净利润进行调整后加以确认；被投资单位采用的会计政策及会计期间与被审计单位不一致的，应当按照被审计单位的会计政策及会计期间对被投资单位的财务报表进行调整，据以确认投资损益。

② 检查按权益法核算的长期股权投资，在确认应分担被投资单位发生的净亏损时，应首先冲减长期股权投资的账面价值，其次冲减其他实质上构成对被投资单位净投资的长期权益账面价值（如长期应收款等）；如果按照投资合同和协议约定仍需承担额外损失义务，则应按预计承担的义务确认预计负债。

（5）对于采用成本法核算的长期股权投资，检查股利分配的原始凭证及分配决议等资料，确定会计处理是否正确；对被审计单位实施控制而采用成本法核算的长期股权投资，比照权益法编制变动明细表，以备合并报表使用。

（6）确定长期股权投资增减变动的记录是否完整。

（7）期末对长期股权投资进行逐项检查，以确定长期股权投资是否已经发生减值。

① 核对长期股权投资减值准备本期计提方法与以前年度是否一致，如有差异，查明政策调整的原因，并确定政策改变对本期损益的影响，提请被审计单位做适当披露。

② 对长期股权投资逐项进行检查，根据被投资单位经营政策、法律环境的变化、市场需求的变化、行业的变化、盈利能力等各种情形判断长期股权投资是否存在减值迹象。确有出现导致长期股权投资可收回金额低于账面价值的，注册会计师将可收回金额低于价面账值的差额作为长期股权投资减值准备予以计提，并与被审计单位已计提数相核对，如有差异，查明原因。

③ 将本期减值准备计提金额与利润表资产减值损失中的相应数字核对无误。

④ 长期股权投资减值准备按单项资产计提，计提依据充分，得到适当批准。减值损失一经确认，在以后会计期间不得转回。

（8）确定长期股权投资的报表披露是否恰当。注册会计师应与被审计单位人员讨论确定是否存在被投资单位由于所在国家和地区及其他方面的影响，而向被审计单位转移资金的能力受到限制的情况。

第五节 | 其他相关项目审计

一、其他应收款的审计

（一）审计目标

其他应收款的审计目标一般包括：确定其他应收款是否存在；确定所有应当列示的其他应收款是否均已列示；确定列示的其他应收款是否被审计单位拥有或控制；确定其他应收款的期末余额是否正确，计价调整是否已恰当纪录；确定其他应收款是否在财务报表上进行正确披露。

（二）其他应收款的实质性测试程序

（1）获取或编制其他应收款明细表，复核加计数是否正确，并与报表数、总账数和明细账合计数核对相符。

（2）判断选择一定金额以上、账龄较长或异常的明细账户余额发函询证，编制函证结果汇总表。

（3）对发出询证函未能收到回函的样本，采用替代审计程序，如查核下期明细账，或追踪至其他应收款发生时的原始凭证，特别注意是否存在抽逃资金、隐藏费用的现象。

（4）检查财务报表日后的收款事项，确定有无未及时入账的债权。

（5）分析明细账户，对于长期未能收回的项目，应查明原因，确定是否可能发生坏账损失。

（6）对非记账本位币结算的其他应收款，检查其采用的折算汇率是否正确。

（7）检查转作坏账损失项目是否符合规定并办妥审批手续。

（8）检查其他应收款的披露是否恰当。

二、其他应付款的审计

（一）审计目标

其他应付款的审计目标一般包括：确定其他应付款是否存在；确定所有应当列示的其他应付款是否均已列示；确定列示的其他应付款是否为被审计单位应当履行的现时义务；确定其他应付款是否以恰当的金额列示在财务报表中；确定其他应付款的报表披露是否恰当。

（二）其他应付款的实质性测试程序

（1）获取或编制其他应付款明细表，复核加计数是否正确，并与报表数、总账数和明细账合计数核对相符。

（2）在其他应付款明细表上标出截至审计日已支付的其他应付款项，抽查付款凭证、银行对账单等，并注意这些凭证发生日期的合理性。

（3）判断选择一定金额以上和异常的明细余额，检查其原始凭证，并考虑向债权人发函询证。

（4）对非记账本位币结算的其他应付款，检查其折算汇率是否正确。

（5）审核财务报表日后的付款事项，确定有无未及时入账的其他应付款。

（6）检查其他应付款中关联方的余额是否正常，如数额较大或有其他异常现象，应查明原因，追查至原始凭证并进行适当披露。

（7）检查其他应付款的报表披露是否恰当。

与筹资活动和投资活动有关的其他科目审计，还包括长期应付款审计、预计负债审计、所得税费用审计、递延所得税资产（负债）审计、资产减值准备审计、公允价值变动损益审计、营业外收入审计等。

长期应付款、预计负债属于负债类科目，审计的重点是：负债确认是否完整、计量是否合规、会计处理是否正确。所得税费用审计、递延所得税资产（负债）审计主要关注记录的完整性和合理性。资产减值准备审计主要关注完整性、核算的合规性。公允价值变动损益审计、营业外收入审计主要关注发生的真实性、完整性。

精选案例

"新增注册资本"之谜

××××年8月，注册会计师王某随同《会计法》执行情况检查小组去某企业检查。该企业财务科长在检查前的情况讲解中，对××××年为取得某特许资格增加600万元注册资本一事做了简单介绍。听后王某疑问颇多：企业这么大的事情怎能仅一个财务科长负责会计工作？为何不介绍其他新股东的有关情况？难道其他法人股和职工股也负责筹集资金？

通过第一天的检查，王某又产生了新的疑点。（1）为什么该企业的董事会仅就原股权分红形成决议，而对新增股份分红问题只字不提，新股东的意见如何？（2）该企业前几年经营状况一直不佳，一度濒临倒闭，职工每人在10多天的时间内分别拿出10多万元谈何容易？（3）为什么投股的职工个人拿不出该企业（或职工持股会）的投股收据？职业敏感提示王某该企业的财务可能有假。王某将几点疑问请财务科长做出合理的解释并察言观色，其从财务科长回答问题的逻辑性、严谨性及表情分析其中必有隐情。

王某从银行存款日记账开始调查，对新投入的600万元中的一笔140万元进行追踪检查，发现在验资后次日（明细账反映次日，但银行对账单反映为当日）汇出并借记"预收账款"科目的明细账户。这一异常的账务处理引起了王某的怀疑。王某马上举一反三，果然发现其余的460万元用同样的方法做在另外两户业务量更大的预收账款明细账户上，款项付出时间是在验资后的次日和第三天。最后，在王某要不要到这三户往来单位对账及与所谓新法人股东进行核实的提问中，财务科长只好请出了该企业老总。该老总很爽快，话里有三个重点：一是承认600万元新增注册资本及新股东（包括职工股和法人股）全部为虚假；二是对检查组的敬业精神和业务能力表示由衷敬佩；三是由于此问题关系该企业的生死存亡，请求照顾处理。至此问题终于水落石出。

分析：

1. 如果注册会计师未能审计出此案虚假出资的骗局，而该公司又因为虚假增资导致投资者或其他第三方受到损害，此时注册会计师是否会承担法律责任，为什么？

2. 你认为如何才能发现本案中的验资后又迅速"抽逃资本"的现象？

3. 对于出资人投入的资本和相关的资产、负债，注册会计师应如何验证？

重要概念

筹资与投资循环（Financing and Investing Cycle）　　应付债券（Bonds Payable）

投资协议（Investment Agreement）　　实收资本（Paid-in Capital）

债券契约（Bond Indenture）　　借款合同（Loan Contract）

思考与练习

一、单选题

1. 在审查长期债券投资时，注册会计师应查实被审计单位各种债权的溢价、折价并（ ）。

    A. 按加权平均法在债券存续期内摊销   B. 按直接法在债券存续期内摊销

    C. 按成本法在债券存续期内摊销   D. 按直线法在所审计会计年度内摊销

2. 在权益法下核算投资收益时，注册会计师应认可的投资收益增加的时间为（ ）。

    A. 被审计单位计算投资收益时   B. 被审计单位实际收到投资收益时

    C. 会计年度结算   D. 投资合同确定的日期

二、多选题

1. 注册会计师通常可以运用（ ）等方法，审查投入资本的真实存在。

    A. 核对有关原始凭证和会计记录   B. 查阅董事会会议纪要

    C. 向投资者函证实缴资本额   D. 对有关财务和实物的价值进行鉴定

2. 对于实收资本的减少，注册会计师应查明被审计单位是否（ ）。

    A. 事先通知所有债权人，债权人无异议

    B. 事先通知所有债务人，债务人无异议

    C. 经股东大会决议同意，并修改公司章程

    D. 减资后的注册资本不低于法定注册资本的最低限额

三、判断题

1. 为确定"应付债券"账户期末余额的合法性，注册会计师应直接向债权人及债券的承销人或包销人进行函证。（ ）

2. 由于有价证券的特殊性，企业在对投资进行定期盘点时，必须由内部审计人员负责。（ ）

四、思考题

1. 审计人员对鸿华股份公司 2007 年度财务报表进行审计时，发现该公司在 2007 年度注册资本增加 800 万元。

要求：（1）指出上述增加注册资本可能来源；

（2）怎样审查其合法性。

2. 注册会计师在审查 ABC 公司 2007 年度财务报表时发现，2007 年 3 月 1 日，ABC 公司经批准按面值发行了 30000 万元二年期、到期还本付息的企业债券，债券票面月利率 4‰，其中的 18000 万元用于建造生产厂房（2007 年 12 月 31 日尚未完工），12000 万元用于补充流动资金。ABC 公司对债券发行做了相应的会计处理，但未计提 2007 年度的债券利息。

要求：判断上述事项的会计处理是否恰当，提出调整建议。

五、案例分析题

1. 注册会计师对某合营企业资产负债表进行审计时，发现合营中方通过当地甲公司对该合营企业投资，具体情况如下。

（1）甲公司垫付合营企业原材料采购货款 100 000 元。借记"原材料"，贷记"其他应付款——甲公司"。

（2）甲公司为合营企业支付建筑公司工程款 1 200 000 元。借记"其他应付款——建筑公司"，贷记"其他应付款——甲公司"。

（3）甲公司汇来人民币 100 000 元。借记"银行存款"，贷记"其他应付款——甲公司"。

（4）工程完工决算 1 500 000 元。借记"固定资产"，贷记"其他应付款——建筑公司"。

（5）完工固定资产转作中方投资。借记"其他应付款——甲公司"，贷记"实收资本"。

（6）合营企业支付建筑公司工程尾款 300 000 元。借记"其他应付款——建筑公司"，贷记"银行存款"。

要求：根据上述资料，对合营中方的投入资本提出审计意见。

2. 某企业 2020 年财务决算中利润总额为 85 300 元。注册会计师经审查本年利润明细账及有关收入、费用账户，发现存在下列问题。

（1）企业产成品期初余额多计 10 000 元，期末余额少计 20 000 元。

（2）本年销售新产品 80 件，单位利润 320 元，实现利润 25 600 元，直接转入"盈余公积"科目。

（3）企业没收逾期未退出租包装物的押金 86 700 元，一直挂在"其他应付款——存入保证金"账户内不做处理。

（4）本年厂房改造工程支出 42 500 元、设备安装费 37 850 元、零星固定资产购置 25 430 元，合计 105 780 元，全部列入营业外支出。

要求：请根据以上资料提出审计处理意见，并核实该企业的利润总额。

3. 甲公司 2019 年年底挂账亏损额为 11 万元。2020 年年底决算时，该公司计算的当年实现利润为 19.5 万元。注册会计师受托于 2021 年 2 月对该公司的财务报告进行审计。在审查中，注册会计师发现下列情况。

（1）2021 年 1 月 15 日，甲公司收到某购货单位退回的甲公司于 2020 年 12 月 17 日销售的产品 4 万元。该批产品的销售成本为 3 万元。

（2）2020 年度营业外支出中含滞纳销售税金被处罚的滞纳金和罚款 14 500 元。

（3）在 2020 年度管理费用中实际支出的业务招待费超过标准 500 元。

假定该企业的所得税税率为 25%。

要求：根据上述资料计算下列各项数据。

（1）甲公司应当对 2020 年度利润的调整数。

（2）2020 年度甲公司的应纳税所得额。

（3）2020 年甲公司的应纳所得税。

4. 宏达公司 2020 年 10 月购入飞达股份有限公司的股票 50 000 股，预计持有时间为四个月。每股面值为 1 元，每股购入价 1.20 元，实际支付金额为 62 000 元，其中包含已宣告发放，但未支付的股利 2 000 元。宏达公司的会计记录如下。

借：交易性金融资产　　　　　　　　60 000

　　投资收益——股票投资收益　　　　2 000

　　　贷：银行存款　　　　　　　　　　　62 000

2021 年年底，飞达股份有限公司面值为 1 元的每股股票，市价上涨到每股为 2 元。但宏达公司在资产负债中"交易性金融资产"项目按成本列示为 60 000 元（该公司仅有飞达股份有限公司的股票短期投资）。

要求：根据上述情况，回答下列问题。

（1）宏达公司的会计处理是否正确。

（2）注册会计师应要求被审计单位对资产负债表和损益表如何调整，才能保证资产负债表和损益表相关项目的正确性？

5. A 公司 2018 年 7 月 1 日对 B 公司以固定资产进行投资。A 公司投出的固定资产的账面原值为 75 万元，已提折旧 10 万元，投资额占 B 公司注册资本的 25%。A 公司采用成本法核算。B 公司在 2019 年度的损益表中宣布当年盈利 80 万元。2020 年 4 月，B 公司宣布发放股利 40 万元（全部是对当年盈利的分配），并于 2020 年 5 月 16 日实际发放股利。A 公司的相关会计处理如下。

（1）2018 年 7 月 1 日，对 B 公司投资。

借：长期股权投资——B 企业　　　　650 000

　　累计折旧　　　　　　　　　　　100 000

　　贷：固定资产　　　　　　　　　　　　750 000

（2）2020 年 4 月，B 公司宣布发放股利。

借：应收股利——B 公司　　　　　　100 000

　　贷：投资收益　　　　　　　　　　　　100 000

（3）2020 年 5 月 16 日，实际收到股利。

借：银行存款　　　　　　　　　　　100 000

　　贷：应收股利　　　　　　　　　　　　100 000

要求：试分析该企业的会计处理是否正确？若不正确，请说明正确的会计处理及审计人员如何做调整分录。

6. 注册会计师审查某企业时发现该企业发出全新包装盒 300 个，出租给乙店，按每个出租包装盒 30 元收取押金 9 000 元，收回包装盒时收取租金 1 500 元，该企业会计处理如下。

（1）收取押金时。

借：银行存款　　　　　　　　　　　9 000

　　贷：营业外收入　　　　　　　　　　　9 000

（2）按期收回包装盒，退回押金时。

借：低值易耗品　　　　　　　　　　9 000

　　贷：银行存款　　　　　　　　　　　　9 000

（3）收取租金时。

借：银行存款　　　　　　　　　　　1 500

　　贷：其他业务收入　　　　　　　　　　1 500

要求：（1）指出上述会计处理存在的问题。

（2）分析该项业务对资产负债表和损益表的影响。

7. 注册会计师在审查伟利达股份有限公司 2020 年 12 月 31 日资产负债表的长期应付款项目时，发现该公司上年度 12 月以融资租赁方式租入设备一台，已投入使用。该固定资产公允价值为 2 500 000 元，经协商议定租金为 3 000 000 元，租期为 3 年，使用年限为 5 年，采用直线法计算折旧额。租赁期满后，该设备即归伟利达股份有限公司所有。据租约规定，租金从第二年起支付，二年内付清。该公司的财务经理认为，第一年未付租金，所以也不应计提折旧（假定贴现率为 7%）（最低租赁付款额的现值=1 500 000×P/A(2,7%)×P/F(1,7%)=2 534 635.2>250）。

要求：注册会计师能否同意该公司的会计处理，应建议该公司如何进行会计处理？

8. 审计人员审查某企业 2020 年 3 月的工资费用分配时，发现下列情况。

（1）生产工人工资 200 000 元计入生产成本。

（2）车间管理人员工资 20 000 元计入管理费用。

（3）厂房建筑人员工资 400 000 元计入生产成本。

（4）职工子弟学校人员工资 34 000 元计入应付福利费。

（5）医务人员工资 10 200 元计入管理费用。

要求：根据上述情况指出存在的问题，并予以纠正。

存货与仓储循环审计 | 第十三章

【学习目标】

掌握存货与仓储循环的内部控制和控制测试；

熟练掌握存货、应付职工薪酬、主营业务成本、其他业务成本和其他相关账户的审计目标和实质性程序。

存货与仓储循环同其他业务循环的联系非常紧密。原材料经过采购与付款循环进入存货与仓储循环，存货与仓储循环又随销售与收款循环中产成品的销售而结束。确定存货的存在，所有权和完整性认定有十分重要的意义。

第一节 | 存货与仓储循环的内部控制制度及控制测试

一、存货与仓储循环的内部控制制度

总体上看，存货与仓储循环的内部控制主要包括存货的内部控制、成本会计制度的内部控制及工薪的内部控制三项。我们主要介绍存货的相关内部控制。

（一）适当的责任分离

（1）建立存货业务的岗位责任制，明确相关部门和岗位的职责权限。

（2）确保办理存货业务的不相容岗位相互分离、制约和监督。存货业务的不相容岗位主要包括：存货的采购、验收与付款；存货的保管与清查；存货的销售与收款；存货处置的申请与审批、审批与执行；存货业务的审批、执行与相关会计记录。

（3）不得由同一部门或个人办理存货的全过程业务。

（4）单位应当配备合格的人员办理存货业务。

（二）严格的授权审批

（1）明确审批人对存货业务授权批准的方式、程序和相关控制措施，规定审批人的权限、责任。审批人应当根据存货授权批准制度的规定，在授权范围内进行审批，不得超越审批权限。

（2）明确经办人员的职责范围和工作要求。对于审批人超越授权范围审批的存货业务，经办人有权拒绝办理，并及时向审批人的上级授权部门报告。严禁未经授权的机构或人员办理存货业务。

（3）制定科学规范的存货业务流程，明确存货的取得、验收与入库，仓储与保管，领用、发出与处置等环节的控制要求，并设置相应的记录或凭证，如实记载各环节业务的开展情况，确保存货业务全过程得到有效控制。

（三）取得、验收与入库控制

（1）外购存货，应符合内部会计控制规范的有关规定。

（2）接受投资者投入的存货，其实有价值和质量状况应当经过评估和检查，并与单位筹资合同或协议的约定一致。

（3）其他单位抵顶债务的存货，取得时应经过单位有关部门和人员审核批准，其实有价值和质

量状况应当符合双方的有关协议。

（4）严格执行存货验收制度，重点是对取得存货的品种、规格、数量、质量和其他相关内容进行验收。

单位应当组织有关部门和人员对所取得的存货的品种、规格、数量、质量和其他相关内容进行验收，出具验收证明。对于验收合格的存货，应当及时办理入库手续。对验收过程中发现的异常情况，负责验收的部门和人员应当立即向有关部门报告；有关部门应当及时查明原因，视存货的不同取得方式进行相应处理。

（5）按照国家统一的会计制度的规定进行存货的会计核算。单位的财会部门应当按照国家统一的会计制度的规定，根据验收证明对验收合格的存货及时办理入账手续，正确登记入库存货的数量与金额。对会计期末货物已到、发票未到的收货，应暂估入账。

（6）设置存货实物明细账。加强对代管、代销、暂存、委托加工存货的管理。

（四）仓储与保管控制

（1）根据销售计划、生产计划、采购计划、资金筹措计划等制订仓储计划，合理确定库存存货的结构和数量。

（2）加强对存货的日常管理，严格限制未经授权的人员接触存货。

（3）建立存货的分类管理制度，对贵重物品、生产用关键备件、精密仪器、危险品等重要存货，应当采取额外控制措施，确保重要存货的保管、调用、转移等经过严格授权批准，且在同一环节有两人或两人以上同时经办。

（4）建立健全存货的防火、防潮、防鼠、防盗和防变质等措施，并建立相应的责任追究机制。

（5）建立健全存货清查盘点制度，定期或不定期地对各类存货进行实地清查和盘点。存货发生盘盈、盘亏的，应查明原因，分清责任，并及时报告有关部门。

（6）加强存货的信息化管理，提高存货运营效率。

（7）建立健全存货成本会计核算系统和存货跌价会计核算系统。

（五）领用、发出与处置控制

（1）建立健全领用原材料等存货的审批手续等制度。

（2）销售存货，应符合内部会计控制的有关规定。

（3）对外捐赠存货、对外投资投出存货，应履行审批手续，签订相应的协议或合同。

（4）建立存货处置环节的控制制度，明确存货处置的范围、标准、程序、审批权限和责任。

（5）建立健全存货取得、验收、入库、保管、领用、发出及处置等各环节凭证、资料的保管制度。

（六）监督检查

单位应当建立对存货业务内部控制的监督检查制度，明确监督检查机构或人员的职责权限，定期或不定期地进行检查。对监督检查过程中发现的存货内部控制中的薄弱环节，负责监督检查的部门应当告知有关部门，有关部门应当及时查明原因，采取措施加以纠正和完善。单位监督检查部门应当按照单位内部管理权限向上级有关部门报告存货内部控制监督检查情况和有关部门的整改情况。存货内部控制监督检查主要包括以下内容。

1. 定期检查存货业务相关岗位及人员的设置情况

重点检查是否存在不相容职务混岗的现象。

2. 定期检查存货业务授权批准制度的执行情况

重点检查授权批准手续是否健全，是否存在越权审批行为。

3. 定期检查存货收发、保管制度的执行情况

重点检查存货取得是否真实、合理，存货验收手续是否健全，存货保管的岗位责任制是否落实，

存货清查、盘点是否及时、正确。

4. 定期检查存货处置制度的执行情况

重点检查存货处置是否经过授权批准，处置价格是否合理，处置价款是否及时收取并入账。

5. 定期检查存货会计核算制度的执行情况

重点检查存货成本核算、价值变动记录是否真实、完整、及时。

二、存货与仓储循环的控制测试

注册会计师通过检查、观察、询问、重新执行等控制测试程序，确定存货与仓储的内部控制制度是否得到有效执行。

第二节 | 存货审计

存货是企业在生产经营过程中，为生产耗用或销售而储存或持有的各种具有一定实物形态的流动性资产。在多数企业中，存货不仅占用的资金大，而且品种繁杂众多，不仅包括原材料、燃料与辅助材料、在制品与半成品、产成品、包装物与低值易耗品，而且包括库存待售的各种商品。与其他各类资产相比，存货具有流动性强、周转快、变化频繁等特点，因此对存货进行审计是现代企业审计的一个重点和难点。

一、审计目标

存货审计在整个财务报表中占有十分重要的地位。对存货进行审计，需要达到如下审计目标：确定存货是否存在；确定存货是否归属被审计单位所有；确定存货和存货跌价准备增减变动的记录是否完整；确定存货的计价方式是否恰当；确定存货的品质状况，存货跌价损失是否真实、完整，存货跌价准备的计提方法是否合理；确定存货和存货跌价准备的期末余额是否正确；确定存货的列报否恰当。

二、存货的实质性测试程序

（一）核对存货项目总账与明细账的余额是否相符

如不相符，相关人员应查明原因，并记录于审计工作底稿中。

（二）存货监盘

对存货的盘点核实是一项非常重要的审计程序。如果存货数量占资产总额的比重很大，不能进行实地监盘，则注册会计师一般不能出具无保留意见的审计报告。盘点的具体步骤包括以下内容。

1. 存货实地盘点前的规划

有效的存货盘点工作，必须建立在事前周密计划的基础上。为了满足审计的要求，审计人员应该同企业制订盘点计划。这样，一方面可以使企业更加了解审计对存货盘点的要求，另一方面也有利于审计人员掌握企业存货管理的基本情况和企业对存货盘点的初步安排。制订盘点计划时，审计人员应特别关注以下内容。

（1）盘点的时间安排。盘点时间应尽量安排在厂休日或接近年终结账日，前者的目的是便于盘点工作在机器停止运转、产品处于静止状态时无干扰地进行，后者的目的在于使盘点的结果与财务报表日尽量接近。

（2）盘点参与人员。企业各级领导、主管人员都应给予协助。

（3）停止存货流动。企业各库房、各车间的存货必须停止流动，并分类摆放。

（4）编制连续编号的盘点标签或填写盘点清单。

（5）召开盘点预备会议。将盘点规划告知有关参与盘点的人员，保证盘点按计划进行。

2. 盘点调查问卷

审计人员在参与实地盘点前，应对企业的盘点组织与准备工作进行调查，以确定企业是否按照盘点计划的要求进行盘点准备工作。若认为企业的盘点准备工作达不到事前规划的要求，审计人员可以拒绝实地观察存货盘点，并要求企业另定时间，重新准备。

3. 实地观察与抽点

盘点开始时，审计人员应亲临盘点现场，密切注意企业的盘点现场及盘点人员的操作程序和盘点过程。企业盘点人员盘点过后，审计人员应根据观察的情况，在盘点标签尚未取下之前，选择数额较大、收发频繁的存货项目进行复盘抽点，并将抽查结果填入"存货抽查表"。抽点的样本一般不得低于存货总量的10%。在比较抽点结果与盘点单上的记录时，审计人员不仅要核对数量，还应核对存货的编号、品种规格及产品品质的完好程度。在抽点在产品时，审计人员还应关注其完工程度是否适当；抽点时如发现差异，为了降低检查风险，审计人员除应督促企业及时更正外，还应扩大抽点范围；如发现差错过大，则审计人员应要求企业重新盘点。

4. 盘点结果汇总

汇总后，结合其他资料整理成审计工作底稿，作为发表审计意见的依据。

【例13-1】　大华会计师事务所于2011年12月15日接受ABC公司的委托，对其年度财务报表进行审计。ABC公司总经理介绍说，公司已于11月30日对存货进行了全面盘点，但因历年为本公司进行年度审计的另一会计师事务所的注册会计师张某在本年去世，因而11月30日的存货盘点未经注册会计师现场观察，张某的去世也是本公司变更委托事务所的主要原因。ABC公司的总经理不同意再度停工盘点存货，理由是产品的交货期临近，11月30日盘点时的所有资料可提供复核。大华会计师事务所的审计人员深入研究了公司内部控制，认为是比较健全有效的；详细检查了公司的盘点资料，并于12月31日抽点了约占存货总价值10%的项目，抽点的项目经追查永续盘存记录，未发现重大差异。12月31日，ABC公司的总资产1 000万元中存货项目达500万元。

假定财务报表中其他项目的审计均为满意，请问注册会计师能否签发无保留意见的审计报告？说明理由。

（三）存货的计价测试

为了验证财务报表上存货项目余额的真实性，注册会计师还必须对年末存货的计价进行测试。若存货以计划成本计价，注册会计师还应检查"材料成本差异"账户的发生额、转销额是否正确，年末余额是否恰当。存货计价测试一般采用抽查的方法。

测试时，注册会计师应注意以下三个方面的内容。

1. 测试样本的选择

选样时，注册会计师应着重结存余额较大且价格变化较频繁的项目，同时考虑所选样本的代表性。这时，一般采用分层抽样法，抽样规模应足以判断总体的情况。

2．计价方法的确认

存货计价方法多种多样，如加权平均法、移动平均法、个别计价法、先进先出法等。审计人员除了解掌握企业存货计价方法外，还应对所选计价方法的合理性与一致性予以关注。

3．独立测试

测试时，注册会计师应排除企业已有计算程序和结果的影响，进行独立测试。待测试结果出来后，注册会计师应将该结果与企业账面记录进行对比，编制对比分析表，分析形成差异的原因。如果差异过大，注册会计师应扩大范围继续测试，并根据测试结果做出审计调整。

（四）分析性复核

实施存货分析性复核的目的是审查存货总体上的合理性，以发现年度内存货项目的重大波动和异常现象，判断存货审计的重点。存货分析性复核的主要方法包括以下内容。

（1）分类编制与上年对应的存货比较表，查找重大增减变动项目，并审查变动原因。

（2）按年分月编制全年各月存货产销计划与执行情况对照表，对于重大波动及异常情况进行调查和分析。

（3）计算存货周转率，分析存货周转速度，审查是否存在残次、过时存货和超额库存等不合理现象。

【例13-2】　查账人员在查阅某商品流通企业财务报表时，发现20×8年10月利润额较以前各期及上年同期有明显减少，主营业务成本水平较以前各期及上年同期增加。经了解，该企业市场环境近2年比较稳定，因此查账人员决定对上述异常情况做进一步调查。

查账人员进一步查证发现："库存商品"各明细账上计算出的主营业务成本总额为6 243 874元，而"库存商品"总账账户及"主营业务成本"账户记录的商品销售成本总额为9 243 874元，其记账凭证的内容如下。

借：主营业务成本　　　　9 243 874
　　贷：库存商品　　　　　9 243 874

在查账人员进一步调查核实取得有关证据后，被审计企业的会计主管人员承认该月虚转销售成本3 000 000元。请指出被审计单位存在的问题并给出年度决算后的调整分录。

（五）确认存货在财务报表上的反映是否恰当

存货是资产负债表中流动资产项目下的一个重要项目，就工业企业而言，其金额应根据"材料采购""原材料""包装物""低值易耗品""材料成本差异""库存商品"等各项目的期末借方余额填制。除此之外，注册会计师还应就财务报表附注中所披露的存货计价与产品成本计算方法及其变更情况、变更原因与变更结果等进行审计，以查明这些披露事项的恰当性。

第三节　应付职工薪酬审计

一、审计目标

应付职工薪酬的审计目标一般包括：确定期末应付职工薪酬是否存在；确定期末应付职工薪酬是否为被审计单位应履行的支付义务；确定应付职工薪酬计提和支出依据是否合理、记录是否完整；确定应付职工薪酬期末余额是否正确；确定应付职工薪酬的披露是否恰当。

二、应付职工薪酬的实质性测试程序

（一）获取或编制应付职工薪酬明细表

示例如表 13-1 所示，复核加计数是否正确，并与报表数、总账数和明细账合计数核对相符。

表 13-1　　　　　　　　　　　　　　应付职工薪酬明细表

单位名称：××公司　　　　　　　查验人员：××　　　　　日期：××××.1.16　　　索引号：A12-6
截止日：××××.12.31　　　　　复核人员：××　　　　　日期：××××.2.10　　　单位：元

月份	借方发生	贷方发生			贷方合计		
	合计	生产部门	管理部门	制造部门	人数	工资	人均工资
期初余额	0						
1 月	1 008 703	528 703	275 000	151 000	613	1 008 703	1 646
2 月	814 707	383 707	310 000	121 000	613	814 707	1 329
3 月	712 138	332 138	230 000	150 000	613	712 138	1 162
4 月	786 021	396 021	230 000	160 000	613	786 021	1 282
5 月	581 232	235 232	230 000	116 000	570	581 232	1 020
6 月	667 606	321 606	230 000	116 000	569	667 606	1 173
7 月	668 801	303 801	230 000	135 000	652	668 801	1 026
8 月	830 364	385 364	280 000	165 000	668	830 364	1 243
9 月	573 037	269 037	230 000	74 000	719	573 037	797
10 月	775 322	428 322	230 000	117 000	654	775 322	1 186
11 月	614 199	264 199	230 000	120 000	647	614 199	949
12 月	811 136	351 136	230 000	230 000	662	811 136	1 225
上期		4 860 000	2 576 000	1 577 006		9 013 006	
Total		4 253 266	2 935 000	1 655 000	7593	8 843 266	1 165

审计说明：
　　人均工资波动原因：工资的变动和产销量有着密切的联系，在销售旺季产量需跟上需求的时候，人工和计件小时也随之增加

审计结论：

（二）对本期职工薪酬执行实质性分析程序

（1）检查各月职工薪酬的发生额是否存在异常波动，若有，应查明波动原因并做出记录。

（2）将本期职工薪酬总额与上期进行比较，要求被审计单位解释大幅增减变动的原因，并取得被审计单位管理层关于职工薪酬标准的决议。

（3）了解被审计单位本期平均职工人数，计算人均薪酬水平，与上期或同行业水平进行比较。

（三）检查具体核算项目

检查本项目的核算内容是否包括工资、职工福利、社会保险费、住房公积金、工会经费、职工教育经费、解除职工劳动关系补偿、股份支付等明细项目。外商投资企业按规定从净利润中提取的职工奖励及福利基金，也应在本项目核算。

（四）检查职工薪酬的计提

确定计提是否正确，分配方法是否合理，与上期是否一致。

（五）检查应付职工薪酬的计量和确认

国家规定计提基础和计提比例的，如医疗保险费、养老保险费、失业保险费、工伤保险费、生

育保险费、住房公积金、工会教育经费等，应当按照国家规定的标准计提；国家没有规定计提基础和计提比例的，如职工福利费等，应按实列支。

（六）审阅应付职工薪酬明细账

抽查应付职工薪酬各明细账的支付和使用情况，检查是否符合有关规定，是否履行审批程序。

（七）检查被审计单位实行的职工薪酬制度

检查计提依据及计提金额、发放金额是否正确。

（八）检查拖欠职工薪酬情况

检查应付职工薪酬期末余额中是否存在拖欠性质的职工薪酬，若有了解拖欠的原因。

（九）确定应付职工薪酬的披露是否恰当

第四节　营业成本审计

【例13-3】　美国医疗用品公司于1964年成立，到1980年时，已发展成一个规模庞大，盈利丰厚的美国上市公司。该公司在20世纪70年代末至80年代初，利润和销售飞速增长，引起了美国证券交易委员会的关注，后者开始对其财务状况进行调查。调查发现，该公司在会计记录中多处滥用了会计处理和财务报告的方法，故意将构成产品成本的存货——模具作为一项固定资产。这部分存货成本本应全部作为销售成本，而该公司却只将折旧部分计入成本，从而虚减成本、虚增利润。另外，该公司滥用会计原理，将一些开发和维护专利权的诉讼费进行了资本化。1980年，美国医疗用品公司为维护专利约花费了 1 000 000 美元的诉讼费用，该公司将其资本化并逐年摊销，第二年这笔资本化费用变成 5 800 000 美元。这样，同样会虚减本期费用、虚增本期利润。

美国证券交易委员会同时指出为该公司审计的恩斯特–惠尼会计师事务所在审计中存在许多缺陷，其指出，为执行适当的分析性程序，对于 1980—1981 年待摊诉讼费的增加和其他一些主要账户的重大变动，注册会计师应引起警惕，保持应有的职业谨慎。

这一舞弊案也提醒我们对于成本、费用的审计必须谨慎。

一、审计目标

营业成本的审计目标一般包括：确定记录的营业成本是否已发生，且与被审计单位有关；确定营业成本记录是否完整；确定与营业成本有关的金额及其他数据是否已恰当记录；确定营业成本是否已记录于正确的会计期间；确定营业成本的内容是否正确；确定营业成本与营业收入是否配比；确定营业成本的披露是否恰当。

二、营业成本——主营业务成本的实质性测试程序

（1）获取或编制主营业务成本汇总明细表，复核加计数是否正确，并与报表数、总账数和明细账合计数核对相符。

（2）复核主营业务成本汇总明细表的正确性，与库存商品等科目钩稽，并编制主营业务成本倒轧表（见表13-2）。

表 13-2 主营业务成本倒轧表

被审计单位名称：　　　　　　　　　审计项目名称：　　　　　　　　　　会计期间：

日期：　　　　　　　　　　　　　　索引号：

编制人：　　　　　　　　　　　　　复核人：

项目索引号	项目	未审数	调整或重分类分录（贷）	审定数
	原材料期初余额			
	加：本期购进			
	减：原材料期末余额			
	其他发出额			
	直接材料成本			
	加：直接人工成本			
	制造费用			
	生产成本			
	加：在产品期初余额			
	减：在产品期末余额			
	产品生产成本			
	加：产成品期初余额			
	减：产成品期末余额			
	产品销售成本			

审计标识说明：

审计结论：

（3）检查主营业务成本的内容和计量方法是否符合有关规定，前后各期是否一致，并做出记录。

（4）对主营业务成本执行实质性分析程序，检查本期内各月间及前期同一产品的单位成本是否存在异常波动，是否存在调节成本的现象。

（5）抽取若干份主营业务成本结转明细清单，结合生产成本的审计，检查销售成本结转数额的正确性，比较计入主营业务成本的商品品种、规格、数量与计入主营业务收入的口径是否一致，是否符合配比原则。

（6）检查主营业务成本中重大调整事项的会计处理是否正确。

（7）确定主营业务成本的披露是否恰当。

三、营业成本——其他业务成本的实质性测试程序

（1）获取或编制其他业务收入、其他业务成本明细表，复核加计是否正确，并与总账数和明细账合计数核对相符，核查其他业务成本是否有相应的收入。

（2）与上期其他业务收入、其他业务成本比较，检查是否有重大波动，并查明原因。

（3）检查其他业务成本是否真实，计算是否正确，配比是否恰当，并选择要抽查的原始凭证予以核实。

（4）确定其他业务成本的披露是否恰当。

精选案例

道提斯食品公司审计案例

20 世纪 70 年代末，威廉·那斯温特担任了美国道提斯食品公司（以下简称"道提斯公司"）的销售员。该公司是上市公司，其总部设在美国弗吉尼亚的普茨茅斯。这位雄心勃勃的年轻销售员，以其努力工作及奉献精神，给他的上司留下了深刻印象。不久，他被提拔为格雷温斯分部的总经理，并加薪近一倍。格雷温斯分部是一个储货中心，专门负责批发冰冻食品给东海岸的零售商。

那斯温特很快发现，经营大规模批发比一般零售更复杂，而且压力更大。他升职后不久，该分部

便因业绩不佳受到总部批评。之后，那斯温特又因未能实现目标利润而备受指责。事实上，他认为，这些目标利润是相当不切实际的。最后，他决定自己来解决这些问题。为此，他在上报总部的月度业绩报告中虚增存货，并通过提高月末存货余额来降低公司产品销售成本，从而提高了毛利。

事隔多年，那斯温特声称他从未打算一直沿用上述做法。相反，他这一招只是作为缓兵之计。"我心里始终认为，我的部门终有一天能获取足够的利润以填补虚增的存货部分"。然而事与愿违，格雷温斯分部的实际经营业绩一直不尽如人意。年复一年，那斯温特欲罢不能，通过增加越来越多的虚假存货金额，来达到目标利润。最后，他不得不向公司一位行政官员承认：几年来他一直在向公司总部提供虚假的存货报告。那斯温特当即被解雇。不久，道提斯公司聘请普华会计师事务所来确定格雷温斯分部会计记录中的存货误差程度及其对公司财务报表的影响。普华会计师事务所调查显示，道提斯食品公司1980年的合并净收益由于那斯温特的造假虚增了15%，而1981年虚增更大，达到了39%。

那斯温特虚增该部存货的方法相当简单。1980年，他在该部年度实有存货报告书中，混入三页虚假的存货项目登记表。另外，那斯温特还更改了很多存货项目的计算单位。例如，某产品应为15盒，而他却在存货登记表上改为15箱。1981年，道提斯食品公司引进了存货申请电算化系统后，那斯温特造假更为简单，他只需往该部存货日记账上输入一笔虚构存货即可。

在1980年至1981年间，道提斯公司均由格特曼会计师事务所审计。汤姆斯·韦森是该事务所的审计部经理，并于1981年提升为合伙人，他担任了审计道提斯公司工作的签约人。道提斯公司审计业务的主管部门，由法莱克·波拉主持。在道提斯公司主管部门向美国证券交易委员会披露那斯温特舞弊行为后，相关机构便着手调查1980年及1981年格特曼会计师事务所对道提斯公司的审计情况。美国证券交易委员会批评了韦森及波拉在审计工作中的失职行为，尤其是对他们没有严格地审核该公司的存货账户深表不满。美国证券交易委员会始终认为，应把道提斯公司的存货项目视为高风险账户。因此，韦森及波拉在那两年对该公司的存货审计时，应采取不同于常规程序的详查方法。这是因为，第一，存货在道提斯公司资产负债表中是最大的主干科目，其金额约占总资产的40%；第二，韦森和波拉都清楚地知道，道提斯公司（特别是格雷温斯分部）的存货内部控制制度存在很多薄弱环节，而这些薄弱环节会使利用存货舞弊的可能性增加。最后，美国证券交易委员会指出，在1980年和1981年，格雷温斯分部的存货余额大量增加，使得该分部的存货周转率大大低于正常水平。

另外，美国证券交易委员会也批评韦森和波拉在1980年和1981年期间，对格雷温斯分部存货的审计中，没有深入调查他们本人及下属所发现的问题。在1980年的存货实地盘点完成后，那斯温特向韦森和波拉交来三张虚假的存货登记表，并声明是审计人员在盘点时忽略的。韦森和波拉粗略地核对之后，便把表上所有金额归入了格雷温斯分部的存货余额。在1981年，该分部存货实地盘点完成后，负责该业务的高级审计人员发现存货登记表上的数目与计算机打印出来的年末存货余额不符。他通知了韦森并给那斯温特写了一份备忘录，要求他进行解释，但那斯温特根本没有答复，而韦森本人也没有继续追查此事。波拉在复核审计人员的工作底稿时，对这一备忘录没有留意，因此也没有进一步调查登记表与计算机所列示的存货金额之间存在巨额差异的原因。

那斯温特在向美国证券交易委员会提供的证词中表示，其对格特曼会计师事务所审计人员的工作态度并不欣赏。他证实自己经常要为存货短缺和转移存货编造各种各样的借口，而审计人员显然从不证实这些借口的真伪。他还证实了审计人员们在格雷温斯分部的冷库里清点存货时马马虎虎，"审计人员们都不愿待在冷库里。那里的确太冷了"。

由于韦森和波拉在道提斯案中的失职行为，美国证券交易委员会责成他俩必须在今后的工作中，修完几门专业课程，并且要求他俩在以后出具审计报告时，应受同级别的注册会计师的监督，以确定其是否运用了恰当的审计程序。因为是韦森及波拉个人没有执行格特曼会计师事务所的质量控制标准才引发此案，所以美国证券交易委员会没有制裁格特曼事务所。1983 年，道提斯公司解聘了格特曼会计师事务所，转而聘请普华会计师事务所。为逃避惩罚，那斯温特签署了一份保证书。在保证书中，他既没有承认也未否认美国证券交易委员会的指控，但他承诺以后不会触犯联邦证券的法规。据报道，他后来受雇于道提斯公司的竞争对手。

分析：

1. 审计人员对客户进行年度存货盘点的最初目的是什么？指出实地盘点期间及其后审计人典型的主要审计程序。

2. 什么审计程序可防止那斯温特虚增 1980 年格雷温斯分部存货？又如何防止 1981 年的此行为呢？

3. 1981 年，格雷温斯分部存货周转率约是公司同类部门的一半，这对当年该公司的审计计划产生什么影响？韦森和波拉应采用什么审计程序来调查该分部这异常低的存货周转率？

4. 那斯温特显然要为改善该分部的经营业绩承受很大的压力。若这一事实让审计人员所掌握，会让他们对该客户审计风险的评价有多大影响？

重要概念

存货与仓储循环（Inventory and Storage Cycle）　　存货（Inventory）
监盘（Supervision of Counting）　　存货计价（Inventory Valuation）
应付职工薪酬（Payroll Payable）

思考与练习

一、单选题

1. 如果注册会计师认为存货数量存在舞弊导致的重大错报风险，下列做法中，通常不能应对该风险的是（　　）。
    A. 要求被审计单位在报告期末或临近期末的时点实施存货盘点
    B. 在不预先通知的情况下对特定存放地点的存货实施监盘
    C. 利用专家的工作对特殊类型的存货实施更严格的检查
    D. 扩大与存货相关的内部控制测试的样本规模

2. 下列有关存货监盘的说法中，正确的是（　　）。
    A. 注册会计师在实施存货监盘过程中不应协助被审计单位的盘点工作
    B. 注册会计师实施存货监盘通常可以确定存货的所有权
    C. 由于不可预见的情况而导致无法在预定日期实施存货监盘，注册会计师可以实施替代审计程序
    D. 注册会计师仅采用观察程序实施存货监盘

二、多选题

1. 下列有关存货监盘的说法，正确的有（　　）。
    A. 如果存货盘点在财务报表日以外的其他日期进行，注册会计师除实施监盘相关审计程序外，还应当实施其他程序，以确定盘点日与财务报表日之间的存货变动已得到恰当记录
    B. 注册会计师在制定监盘计划时，需要考虑是否在监盘中利用专家的工作
    C. 如果存货存放在不同地点，注册会计师的监盘应当覆盖所有存放地点
    D. 如果由于不可预见的情况，无法在存货盘点现场实施监盘，注册会计师应当实施替代审计程序

2. 在存货盘点现场实施监盘时，注册会计师应当实施的审计程序包括（　　）。

　　A. 执行抽盘

　　B. 检查存货

　　C. 评价管理层用以记录和控制存货盘点结果的指令和程序

　　D. 观察管理层制定的盘点程序的执行情况

三、判断题

1. 存货监盘是证实存货完整性认定、权利和义务认定的重要程序。（　　）

2. 针对被审计单位难以盘点的存货，注册会计师应当根据被审计单位存货收发制度确认期末存货数量。（　　）

四、思考题

1. ABC 会计师事务所的 A 注册会计师负责审计多家被审计单位 2017 年度财务报表。与存货审计相关的部分事项如下。

丁公司从事进口贸易，年末存货均于 2017 年 12 月购入，金额重大。A 注册会计师通过获取并检查采购合同、发票、进口报关单、验收入库单等支持性文件，认为获取了有关存货存在和状况的充分、适当的审计证据。

要求：对上述情况，指出 A 注册会计师的做法是否恰当。如不恰当，简要说明理由。

2. ABC 会计师事务所的 A 注册会计师负责审计多家被审计单位 2017 年度财务报表。与存货审计相关的部分事项如下。

丙公司采用连续编号的盘点标签纪录盘点结果，并逐项录入盘点结果汇总表。A 注册会计师将抽盘样本的数量与盘点标签记录的数量进行了核对，未发现差异，据此认可了盘点结果汇总表记录的存货数量。

要求：针对上述情况，指出 A 注册会计师的做法是否恰当。如不恰当，简要说明理由。

五、案例分析题

查账人员在查阅某商品流通企业 2020 年 12 月的"营业外支出"明细账时，发现盘亏报损 52 000 元，因报损数额较大，决定进一步查证。查账人员查阅了 2020 年 12 月 28 日 15# 记账凭证，凭证的内容如下。

借：营业外支出　　　　　　52 000

　　贷：库存商品　　　　　52 000

该凭证所附原始凭证是一张由领导审批后的存货盘亏报损单，但查账人员认为报损理由不充分，经过广泛调查取证，确定被查企业 2020 年 10 月将商品以展销会方式售出，收取现金 69 030 元存入单位"小金库"，但未开销货发票和出库凭证，在年终盘点时将价值 52 000 元的商品挤在盘亏损失中，被查企业领导承认是故意所为。

要求：请指出被查企业存在的问题并给出年度决算前的调整分录。

第十四章 | 完成审计工作与审计报告

【学习目标】

理解期初余额的含义、审计目标和审计程序，理解审计报告的含义和作用；

掌握期后事项、或有事项和获取律师声明书；

熟练掌握审计报告的基本类型和内容。

对期初余额、期后事项、或有事项等特殊项目的审计往往在完成审计工作阶段进行。完成审计工作是注册会计师在执行了对各项交易及账户余额的测试后，在编制与签发审计报告前进行的一项综合性测试工作，是财务报表审计的最后阶段。由于这些项目通常具有内容特殊、性质敏感、金额较大、情况比较复杂等特点，所以审计实务通常由审计项目的负责人或高级经理来执行。

第一节 | 期初余额审计

一、期初余额的含义

所谓期初余额，是指期初已存在的账户余额。期初余额以上期期末余额为基础，反映了以前期间的交易和上期采用的会计政策的结果。要理解这个概念，需要把握以下三点。

（一）期初余额是期初已存在的账户余额

期初已存在的账户余额是由上期结转至本期的金额，或是上期期末余额调整后的金额。期初余额与上期期末余额是一个事物的两个方面。通常，期初余额是上期账户结转至本期账户的余额，在数额上与相应账户的上期期末余额相等。但是，由于受上期期后事项、会计政策变更、前期会计差错更正等诸因素影响，上期期末余额结转至本期时，有时需经过调整或重新表达。

（二）期初余额反映了以前期间的交易和上期采用的会计政策的结果

期初余额应以客观存在的经济业务为根据，是被审计单位按照上期采用的会计政策对以前会计期间发生的交易和事项进行处理的结果。

（三）期初余额与注册会计师首次接受委托相联系

所谓首次接受委托，是指注册会计师在被审计单位财务报表首次接受审计，或上期财务报表由前任注册会计师审计的情况下接受的审计委托。

二、期初余额的审计目标

对首次接受委托业务，注册会计师应当获取充分、适当的审计证据以确定以下三个方面的内容。

（一）确定期初余额不存在对本期财务报表产生重大影响的错报

要确定期初余额是否存在对本期财务报表产生重大影响的错报，主要是判断期初余额的错报对本期财务报表使用者进行决策的影响程度，是否足以改变或影响其判断。如果期初余额存在对本期财务报表产生重大影响的错报，则注册会计师在审计中必须对此提出恰当的审计调整或披露建议；反之注册会计师无须对此予以特别关注和处理。

（二）确定上期期末余额已正确结转至本期，或在适当的情况下已做出重新表述

上期期末余额已正确结转至本期，主要是指：上期账户余额计算正确；上期总账余额与各明细账余额合计数或日记账余额合计数相等；上期各总账余额和相应明细账余额或日记账余额已经分别恰当地过入本期的总账和相应的明细账或日记账。通常上期余额直接结转至本期，但在有些情况下上期期末余额不应直接结转至本期，而应当做出重新表述，如企业会计准则和相关会计制度的要求发生变化。

（三）确定被审计单位一贯运用恰当的会计政策，或对会计政策的变更做出正确的会计处理和恰当的列报（包括披露）

会计政策是指企业在会计确认、计量和报告中所采用的原则、基础和会计处理方法。按照《企业会计准则第 28 号——会计政策、会计估计变更和差错更正》的规定，企业采用的会计政策，在每一会计期间和前后各期应当保持一致，不得随意变更，但是在有些情况下，企业可以变更会计政策。因此，在审计期初余额时，注册会计师应当按照《企业会计准则第 28 号——会计政策、会计估计变更和差错更正》的有关要求，评价被审计单位是否一贯运用恰当的会计政策，或是否对会计政策的变更做出了正确的会计处理和恰当的列报。

三、期初余额的审计程序

在确定有关期初余额的审计证据的充分性和适当性时，注册会计师应当考虑下列事项。

（1）被审计单位运用的会计政策。

（2）上期财务报表是否经过审计，如果经过审计，审计报告是否为非标准审计报告。

（3）账户的性质和本期财务报表中的重大错报风险。

（4）期初余额对于本期财务报表的重要程度。

具体而言，注册会计师对期初余额的审计程序通常包括以下内容。

（1）考虑被审计单位运用会计政策的恰当性和一贯性。

注册会计师应当考虑期初余额是否反映上期运用恰当会计政策的结果，以及这些会计政策是否在本期财务报表中得到一贯运用。当会计政策发生变更时，注册会计师应当考虑这些变更是否恰当、会计处理是否正确、列报是否恰当。

（2）如果上期财务报表由前任注册会计师审计，注册会计师应当考虑的因素如下。

① 查阅前任注册会计师的工作底稿。

② 前任注册会计师的独立性和专业胜任能力。

③ 与前任注册会计师沟通，从而获取有关期初余额的充分、适当的审计证据。

（3）如果上期财务报表未经审计，或在实施上述审计程序后对期初余额不能得出满意结论，则注册会计师应当按流动性实施以下审计程序。

① 对流动资产和流动负债，注册会计师通常可以通过本期实施的审计程序获取部分审计证据。

② 对非流动资产和非流动负债，注册会计师通常检查形成期初余额的会计记录和其他信息。在某些情况下，注册会计师可向第三方函证期初余额，或实施追加的审计程序。

四、期初余额的审计结果对审计结论和报告的影响

具体而言有四种情况。

（一）审计后无法获取有关期初余额的充分、适当的审计证据

如果实施相关审计程序后无法获取有关期初余额的充分、适当的审计证据，注册会计师应当出具保留意见或无法表示意见的审计报告。

（二）期初余额存在重大错报对审计报告的影响

如果期初余额存在对本期财务报表产生重大影响的错报，则注册会计师应当告知管理层；如果上期财务报表由前任注册会计师审计，则注册会计师还应当考虑提请管理层告知前任注册会计师。如果错报的影响未能得到正确的会计处理和恰当的列报，则注册会计师应当出具保留意见或否定意见的审计报告。

（三）会计政策变更对审计报告的影响

如果与期初余额相关的会计政策不能够在本期得到一贯运用，并且会计政策的变更未能得到正确的会计处理和恰当的列报，则注册会计师应当出具保留意见或否定意见的审计报告。

（四）前任注册会计师对上期财务报表出具了非标准审计报告

如果前任注册会计师对上期财务报表出具了非标准审计报告，则注册会计师应当考虑该审计报告对本期财务报表的影响。如果导致出具非标准审计报告的事项对本期财务报表仍然相关和重大，则注册会计师应当对本期财务报表出具非标准审计报告。

第二节 复核期后事项与或有事项

一、期后事项

期后事项，是指财务报表日至审计报告日之间发生的事项及审计报告日后发现的事项。因为期后事项很可能导致注册会计师改变对被审计单位财务报表恰当、公允的意见，所以注册会计师必须对期后事项予以充分关注。

（一）期后事项的类别

如图 14-1 所示，根据期后事项的定义，期后事项可以按时段划分为三类：第一时段是财务报表日后至审计报告日，这一期间发生的事项可称为"第一时段期后事项"；第二时段是审计报告日后至财务报表报出日，这一期间发生的事项可称为"第二时段期后事项"；第三个时段是财务报表报出日后，这一期间发生的事项可称为"第三时段期后事项"。

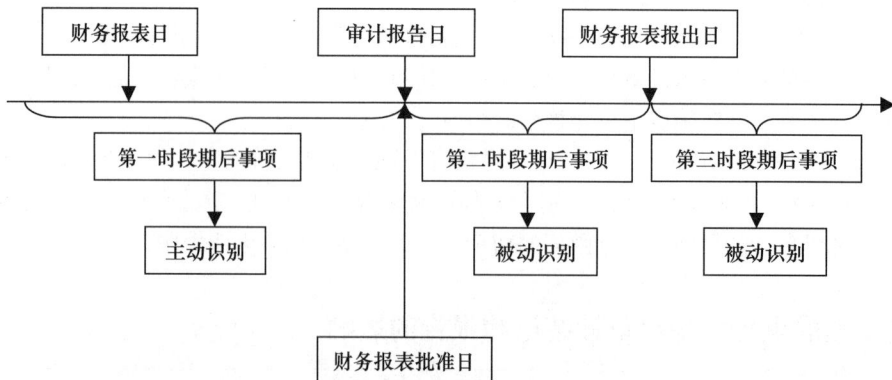

图 14-1　期后事项分段示意图

对于不同时段的期后事项，注册会计师了解或识别的责任不同。对于第一时段期后事项，注册会计师需要实施必要的审计程序去主动识别；对于第二时段期后事项，注册会计师无须实施审计程序或进行专门查询，但管理层有责任告知注册会计师可能影响财务报表的事实；对于第三时段期后事项，注册会计师没有义务进行查询，但有可能通过其他途径知悉。

注册会计师应当考虑期后事项对财务报表和审计报告的影响。有两类期后事项可能对财务报表和审计报告产生影响：一是财务报表日后调整事项，是指对财务报表日已经存在的情况提供了新的或进一步证据的事项；二是财务报表日后非调整事项，是指表明财务报表日后发生的情况的事项。

（二）第一时段期后事项的审计目标和审计程序

1. 第一时段期后事项的审计目标

注册会计师应当实施必要的审计程序，获取充分、适当的审计证据，以确定截至审计报告日发生的、需要在财务报表中调整或披露的事项是否均已得到识别。

2. 第一时段期后事项的审计程序

注册会计师应当尽量在接近审计报告日时，实施旨在识别需要在财务报表中调整或披露事项的审计程序。这些程序包括以下内容。

（1）复核被审计单位管理层建立的用于确保识别期后事项的程序。

（2）查阅股东大会、董事会及其专门委员会在财务报表日后举行的会议的纪要，并在不能获取会议纪要时询问会议讨论的事项。

（3）查阅最近的中期财务报表；如认为必要和适当，还应当查阅预算、现金流量预测及其他相关管理报告。

（4）向被审计单位律师或法律顾问询问有关诉讼和索赔事项。

（5）向管理层询问是否发生可能影响财务报表的期后事项。

在向管理层询问可能影响财务报表的期后事项时，注册会计师询问的内容主要包括：根据初步或尚无定论的数据做出会计处理的项目的现状；是否发生新的担保、借款或承诺；是否出售或购进资产，或者计划出售或购进资产；是否已发行或计划发行新的股票或债券，是否已签订或计划签订合并或清算协议；资产是否被政府征用或因不可抗力而遭受损失；在风险领域和或有事项方面是否有新进展；是否已做出或考虑做出异常的会计调整；是否已发生或可能发生影响会计政策适当性的事项。

如果被审计单位的分支机构、子公司等组成部分的财务信息由其他注册会计师审计，则注册会计师应当考虑其他注册会计师对财务报表日后事项所实施的审计程序，并考虑是否需要向其告知计划的审计报告日。

通过实施以上程序，如果知悉对财务报表有重大影响的期后事项，注册会计师应当考虑这些事项在财务报表中是否得到恰当的会计处理和充分披露。如果所知悉的期后事项属于调整事项，注册会计师应当考虑被审计单位是否已对财务报表做出适当调整。如果所知悉的期后事项属于非调整事项，注册会计师应当考虑被审计单位是否在财务报表附注中予以充分披露。

（三）第二时段期后事项的审计责任和相应考虑

1. 第二时段期后事项的审计责任

在审计报告日后，注册会计师没有责任针对财务报表实施审计程序或进行专门查询。在审计报告日至财务报表报出日期间，管理层有责任告知注册会计师可能影响财务报表的事实。所谓财务报表报出日，是指被审计单位对外披露已审计财务报表的日期。

2. 知悉第二时段期后事项时的考虑

在审计报告日后至财务报表报出日前，如果知悉可能对财务报表产生重大影响的事实，注册会计师应当考虑是否需要修改财务报表，并与管理层讨论，同时根据具体情况采取适当措施。

（1）如果被审计单位的管理层修改了财务报表，则注册会计师应当根据具体情况实施必要的审计程序，并针对修改后的财务报表出具新的审计报告和索取新的管理层声明书。新的审计报告日期不应早于被审计单位的董事会或类似机构批准修改后的财务报表的日期。

（2）如果被审计单位的管理层没有修改财务报表，并且审计报告尚未提交给被审计单位，则注册会计师应当出具保留意见或否定意见的审计报告。

（3）如果被审计单位的管理层没有修改，并且审计报告已提交给被审计单位，则注册会计师应当通知被审计单位的管理层不要将财务报表和审计报告向第三方报出。如果财务报表仍被报出，则注册会计师应当采取措施防止财务报表使用者信赖该审计报告，采取的措施取决于自身的权利和义务及征询的法律意见。

（四）第三时段期后事项的审计责任和相应考虑

1. 第三时段期后事项的审计责任

在财务报表报出后，注册会计师没有义务针对财务报表做出查询。

2. 知悉第三时段期后事项时的考虑

在财务报表报出后，注册会计师只有在发生以下情况时才应当考虑是否需要修改财务报表，并与管理层讨论，同时根据具体情况采取适当措施：知悉的期后事项应当是在审计报告日已存在的；如果该事项注册会计师在审计报告日前知道，可能会修改审计报告。针对以下三种情况，注册会计师采取的措施不同。

（1）被审计单位的管理层修改财务报表时的处理：注册会计师应当根据具体情况实施必要的审计程序，复核被审计单位的管理层采取的措施能否确保所有收到原财务报表和审计报告的人士了解这一情况，并针对修改后的财务报表出具新的审计报告。

（2）被审计单位的管理层未采取任何行动时的处理：注册会计师应当采取措施防止财务报表使用者信赖该审计报告，并将拟采取的措施通知管理层，采取的措施取决于自身的权利和义务及征询的法律意见。

（3）临近公布下一期财务报表时的处理：注册会计师应当根据法律法规的规定确定是否仍有必要提请被审计单位修改财务报表，并出具新的审计报告。

二、或有事项

（一）或有事项的含义

或有事项，是指过去的交易或事项形成的，其结果须由某些未来事项的发生或不发生才能决定的不确定事项。常见的或有事项主要包括：未决诉讼或仲裁、债务担保、产品质量保证（含产品安全保证）、承诺、亏损合同、重组义务、环境污染整治等。或有事项本质上属于不确定事项，其重大错报风险较高，需要注册会计师予以充分关注。

（二）或有事项的审计

之所以将或有事项的审计放入完成审计阶段，是因为有两方面的考虑：一是有利于注册会计师掌握有关或有事项的最新信息，以提高审计效率和效果；二是在完成审计阶段，需要专门实施一些程序，验证或复核或有事项的完整性。需要指出的是，在实施其他程序的过程中，注册会计师可能已经获取了有关或有事项的部分审计证据。例如，注册会计师在函证被审计单位的银行存款时，可能已经同时函证了被审计单位向其他企业提供担保的情况或掌握了银行存款已被用于担保的事实。

注册会计师对或有事项进行审计所要达到的审计目标一般包括：确定或有事项是否存在和完整；

确定或有事项的确认和计量是否符合企业会计准则的规定；确定或有事项的列报是否恰当。

在审计或有事项时，注册会计师尤其要关注财务报表反映的或有事项的完整性。由于或有事项的种类不同，注册会计师在审计被审计单位的或有事项时，所采取的程序也各不相同。但总结起来，针对或有事项完整性的审计程序通常包括以下内容。

（1）了解被审计单位与识别或有事项有关的内部控制。

（2）审阅截至审计工作完成日被审计单位历次董事会会议纪要和股东大会会议记录，确定是否存在未决诉讼或仲裁、未决索赔、税务纠纷、债务担保、产品质量保证、财务承诺等方面的记录。

（3）向与被审计单位有业务往来的银行函证，或检查被审计单位与银行之间的借款协议和往来函件，以查找有关票据贴现、背书、应收账款抵借、票据背书和担保。

（4）检查与税务征管机构之间的往来函件和税收结算报告，以确定是否存在税务争议。

（5）向被审计单位的法律顾问和律师进行函证，分析被审计单位在审计期间所发生的法律费用，以确定是否存在未决诉讼、索赔等事项。

（6）向被审计单位管理层获取书面声明，声明其已按照企业会计准则的规定，对全部或有事项进行了恰当反映。

注册会计师还应当确定或有事项的确认、计量和列报是否符合企业会计准则的规定。

（三）获取律师声明书

在对被审计单位期后事项和或有事项等进行审计时，注册会计师往往要向被审计单位的法律顾问和律师进行函证，以获取与资产负债表日业已存在的，以及财务报表日至他们复函日这一时期内存在的期后事项和或有事项等有关的审计证据。被审计单位律师对函证问题的答复和说明，就是律师声明书。

对律师的函证，通常以被审计单位的名义，通过寄发审计询证函的方式实施。律师声明书所用的格式和措辞并没有定式。单位不同或情况不同，律师出具的声明书也不相同。下面列示了律师询证函的范例，供参考。

律 师 询 证 函

_____律师事务所：

_____律师：

本公司已聘请××会计师事务所对本公司　年　月　日（以下简称"财务报表日"）的资产负债表及截至与财务报表日的该年度利润及利润分配表和现金流量表进行审计。为配合该项审计，谨请贵律师基于受理本公司委托的工作（诸如常年法律顾问、专项咨询和诉讼代理等），提供下述资料，并函告××会计师事务所。

一、请说明存在于财务报表日并且自该日起至本函回复日止本公司委托贵律师代理进行的任何未决诉讼。该说明中谨请包含以下内容。

1. 案件的简要事实经过与目前的发展进程。

2. 在可能范围内，贵律师对于本公司管理层就上述案件所持看法及处理计划（如庭外和解设想）的了解，及您对可能发生结果的意见。

3. 在可能范围内，您对可能发生的损失或收益的可能性及金额的估计。

二、请说明存在于财务报表日并且自该日起至本函回复日止，本公司曾向贵律师咨询的其他诸如未决诉讼、追索债权、被追索债务及政府有关部门对本公司进行的调查等可能涉及本公司法律责任的事件。

三、请说明截至财务报表日，本公司与贵律师事务所律师服务费的结算情况（如有可能，请依服务项目区分）。

四、若无上述一及二事项，为节省您宝贵的时间，烦请填写本函背面《律师询证函复函》并签章后，按以下地址，寄往××会计师事务所（地址：××市××路××号；邮编：××××××）。

谢谢合作！

××公司（盖章）

公司负责人（盖章）

年　月　日

注册会计师应根据律师的职业水准和声誉情况来确定律师声明书的可靠性。如果注册会计师对代理被审计单位重大法律事务的律师并不熟悉，则其应查询诸如该律师的职业背景、声誉及其在法律界的地位等情况，并考虑从律师协会获取信息。

如果律师声明书表明或暗示律师拒绝提供信息，或隐瞒信息，则注册会计师应将其视为审计范围受到限制。

第三节　审计报告

一、审计报告的含义、作用与种类

（一）审计报告的含义

审计报告是指注册会计师根据审计准则的规定，在执行审计工作的基础上对财务报表发表审计意见的书面文件。审计报告是注册会计师在完成审计工作后向委托人提交的最终产品。

（二）审计报告的作用

委托人将注册会计师签发的审计报告分送给各个不同的使用单位，可以起到鉴证、保护和证明的作用。

1. 鉴证作用

注册会计师签发审计报告，是以超然独立的第三者身份，对被审计单位财务报表所反映的财务状况、经营成果等是否合法、公允发表意见。这种意见，具有鉴证作用，已经得到了政府各部门和社会各界的普遍认可。

2. 保护作用

注册会计师通过审计，可以对被审计单位出具不同类型审计意见的审计报告，以提高或降低财务报表信息使用者对财务报表的信赖程度，能够在一定程度上对被审计单位的财产、债权人和股东的权益及企业利害关系人的利益起到保护作用。

3. 证明作用

审计报告是对注册会计师审计任务完成情况及其结果所做的总结，它可以表明审计工作的质量并明确注册会计师的审计责任。因此，审计报告可以对审计工作质量和注册会计师的审计责任起证明作用。审计报告可以证明注册会计师在审计过程中是否实施了必要的审计程序，是否以审计工作底稿为依据发表审计意见，发表的审计意见是否与被审计单位的实际情况相一致，审计工作的质量是否符合要求。审计报告可以证明注册会计师审计责任的履行情况。

（三）审计报告的种类

审计报告可以按不同的标准，划分为不同的类型。

1. 按照使用审计报告的目的，审计报告可分为公布目的的审计报告和非公布目的的审计报告

（1）公布目的的审计报告一般是用于对企业股东、投资者、债权人等非特定利益关系者公布的附送财务报表的审计报告。

（2）非公布目的的审计报告一般是用于经营管理、合并或业务转让、融通资金等特定目的而实施审计的审计报告。这类审计报告是分发给特定使用者的，如经营者、合并或业务转让的关系人、提供信用的金融机构等。

2. 按审计报告的格式，审计报告可分为标准审计报告和非标准审计报告

（1）标准审计报告是指格式和措辞基本统一的审计报告，一般适用于对外公布的审计报告。

（2）非标准审计报告是指格式和措辞不统一，可以根据具体项目的问题来决定的审计报告。它包括一般审计报告和以综合审计为基础编制的财务报表的审计报告，对财务报表中某些特定项目、账户等发表意见的审计报告、对是否符合契约规定或管理法规规定发表意见的审计报告等特殊审计报告。一般适用于非公布目的的审计报告。

3. 按审计报告的详略程度，审计报告可分为简式审计报告和详式审计报告

（1）简式审计报告，又称短式审计报告。它是指注册会计师对应公布的财务报表进行审计后所编制的简明扼要的审计报告。简式审计报告的内容是非特定多数的利害关系人共同认为的必要审计事项，具有记载事项为法定或审计准则所规定的特征，具有标准格式。因而，简式审计报告一般适用于公布目的的审计报告，具有标准审计报告的特点。

（2）详式审计报告，又称长式审计报告。它是指对审计对象所有重要的经济业务和情况都要做详细说明和分析的审计报告。详式审计报告主要用于指出企业经营管理存在的问题和帮助企业改善经营管理，故其内容要较简式审计报告丰富得多、详细得多。详式审计报告一般适用于非公布目的的审计报告，具有非标准审计报告的特点。

二、审计报告的内容

审计报告应当包括下列要素：①标题；②收件人；③审计意见；④形成审计意见的基础；⑤管理层对财务报表的责任段；⑥注册会计师的责任段；⑦按照相关法律法规的要求报告的事项；⑧注册会计师的签名和盖章；⑨会计师事务所的名称、地址及盖章；⑩报告日期。此外还可能包含关键审计事项。

（一）标题

审计报告的标题应当统一规范为"审计报告"。

（二）收件人

审计报告的收件人是指注册会计师按照业务约定书的要求致送审计报告的对象，一般是指审计业务的委托人。审计报告应当载明收件人的全称。

（三）审计意见

审计意见由两部分构成。

第一部分指出已审计财务报表，应当包括下列内容。

（1）指出被审计单位的名称。

（2）说明财务报表已经审计。

（3）指出构成整套财务报表的每一财务报表的名称。

（4）提及财务报表附注。

（5）指明构成整套财务报表的每一财务报表的日期或涵盖的期间。

为体现上述要求，审计报告可说明："我们审计了被审计单位的财务报表，包括［指明适用的财务报告编制基础规定的构成整套财务报表的每一财务报表的名称］，日期或涵盖的期间，以及财务报表附注，包括重大会计政策和会计估计。"审计意见涵盖由适用的财务报告编制基础所确定的整套财务报表。例如，在许多通用的编制基础中，财务报表包括资产负债表、利润表、现金流量表、所有者权益变动表和相关附注（通常包括重大会计政策和会计估计及其他解释性信息）。

第二部分应当说明注册会计师发表的审计意见。如果注册会计师对财务报表发表无保留意见，除非法律法规另有规定，则审计意见应当使用"我们认为，财务报表在所有重大方面按照［适用的财务报告编制基础（如企业会计准则等）］编制，公允反映了［……］"的措辞。审计意见说明财务报表在所有重大方面按照适用的财务报告编制基础编制，公允反映了财务报表旨在反映的事项。例如，对于按照企业会计准则编制的财务报表，这些事项是"被审计单位期末的财务状况，截至期末某一期间的经营成果和现金流量"。

（四）形成审计意见的基础

审计报告应当包含标题为"形成审计意见的基础"的部分。该部分提供关于审计意见的重要背景，应当紧接在审计意见部分之后，并包括下列内容。

（1）说明注册会计师按照审计准则的规定执行了审计工作；

（2）提及审计报告中用于描述审计准则规定的注册会计师责任的部分；

（3）声明注册会计师按照与审计相关的职业道德要求对被审计单位保持了独立性，并履行了职业道德方面的其他责任。声明中应当指明适用的职业道德要求，如中国注册会计师职业道德守则；

（4）说明注册会计师是否相信获取的审计证据是充分、适当的，为发表审计意见提供了基础。

（五）管理层对财务报表的责任段

管理层对财务报表的责任段应当说明，按照适用的会计准则和相关会计制度的规定编制财务报表是管理层的责任，具体如下。

（1）按照适用的财务报告编制基础编制财务报表，并使其实现公允反映。

（2）设计、执行和维护必要的内部控制，以使财务报表不存在由于舞弊或错误导致的重大错报。

（3）评估被审计单位的持续经营能力和使用持续经营假设是否适当，并披露与持续经营相关的事项（如适用）。对管理层评估责任的说明应当包括描述在何种情况下使用持续经营假设是适当的。

（六）注册会计师的责任段

审计报告应当包含标题为"注册会计师对财务报表审计的责任"的部分，其中应当包括下列内容。

（1）说明注册会计师的目标是对财务报表整体是否不存在由于舞弊或错误导致的重大错报获取合理保证，并出具包含审计意见的审计报告。

（2）说明合理保证是高水平的保证，但按照审计准则执行的审计并不能保证一定会发现存在的重大错报。

（3）说明错报可能由于舞弊或错误导致。在说明错报可能由于舞弊或错误导致时，注册会计师应当从下列两种做法中选取一种。

① 描述如果合理预期错报单独或汇总起来可能影响财务报表使用者依据财务报表做出的经济决策，则通常认为错报是重大的。

② 根据适用的财务报告编制基础，提供关于重要性的定义或描述。

注册会计师对财务报表审计的责任部分还应当包括下列内容。

（1）说明在按照审计准则执行审计工作的过程中，注册会计师运用职业判断，并保持职业怀疑。

（2）通过说明注册会计师的责任，对审计工作进行描述。这些责任如下。

① 识别和评估由于舞弊或错误导致的财务报表重大错报风险,设计和实施审计程序以应对这些风险,并获取充分、适当的审计证据,作为发表审计意见的基础。由于舞弊可能涉及串通、伪造、故意遗漏、虚假陈述或凌驾于内部控制之上,未能发现由于舞弊导致的重大错报的风险高于未能发现由于错误导致的重大错报的风险。

② 了解与审计相关的内部控制,以设计恰当的审计程序,但目的并非对内部控制的有效性发表意见。当注册会计师有责任在财务报表审计的同时对内部控制的有效性发表意见时,应当略去上述"目的并非对内部控制的有效性发表意见"的表述。

③ 评价管理层选用会计政策的恰当性和做出会计估计及相关披露的合理性。

④ 对管理层使用持续经营假设的恰当性得出结论,同时,根据获取的审计证据,就可能导致对被审计单位持续经营能力产生重大疑虑的事项或情况是否存在重大不确定性得出结论;如果注册会计师得出结论认为存在重大不确定性,审计准则要求注册会计师在审计报告中提请报表使用者关注财务报表中的相关披露;如果披露不充分,则注册会计师应当发表非无保留意见。注册会计师的结论基于截至审计报告日可获得的信息,然而,未来的事项或情况可能导致被审计单位不能持续经营。

⑤ 评价财务报表的总体列报、结构和内容(包括披露),并评价财务报表是否公允反映相关交易和事项。

注册会计师对财务报表审计的责任部分还应当包括下列内容。

(1)说明注册会计师与治理层就计划的审计范围、时间安排和重大审计发现等事项进行沟通,包括沟通注册会计师在审计中识别的值得关注的内部控制缺陷。

(2)对于上市实体财务报表审计,指出注册会计师就已遵守与独立性相关的职业道德要求向治理层提供声明,并与治理层沟通可能被合理认为影响注册会计师独立性的所有关系和其他事项,以及相关的防范措施(如适用)。

(3)对于上市实体财务报表审计,以及决定按照《中国注册会计师审计准则第 1504 号——在审计报告中沟通关键审计事项》的规定沟通关键审计事项的其他情况,说明注册会计师从已与治理层沟通的事项中确定哪些事项对本期财务报表审计最为重要,因而构成关键审计事项。注册会计师应当在审计报告中描述这些事项,除非法律法规禁止公开披露这些事项,或在极少数情形下,注册会计师合理预期在审计报告中沟通某事项造成的负面后果超过在公众利益方面产生的益处,因而决定不应在审计报告中沟通该事项。

(七)按照相关法律法规的要求报告的事项(如适用)

除审计准则规定的注册会计师对财务报表出具审计报告的责任外,相关法律法规可能对注册会计师设定了其他报告责任。例如,如果注册会计师在财务报表审计中注意到某些事项,可能被要求对这些事项予以报告。此外,注册会计师可能被要求实施额外的规定的程序并予以报告,或对特定事项(如会计账簿和记录的适当性)发表意见。

在某些情况下,相关法律法规可能要求或允许注册会计师将对这些其他责任的报告作为对财务报表出具的审计报告的一部分。在另外一些情况下,相关法律法规可能要求或允许注册会计师在单独出具的报告中进行报告。

这些责任是注册会计师按照审计准则对财务报表出具审计报告的责任的补充。例如,如果注册会计师在财务报表审计中注意到某些事项,可能被要求对这些事项予以报告。此外,注册会计师可能被要求实施额外规定的程序并予以报告,或对特定事项(如会计账簿和记录的适当性)发表意见。如果注册会计师在对财务报表出具的审计报告中履行其他报告责任,应当在审计报告中将其单独作为一部分,并以"按照相关法律法规的要求报告的事项"为标题。此时,审计报告应当区分为"对财务报表出具的审计报告"和"按照相关法律法规的要求报告的事项"两部分，以便将其同注册会计师的财务报表报告责任明确区分。在另外一些情况下，相关法律法规可能要求或允许注册会计师在单独出具的报告中进行报告。

（八）注册会计师的签名和盖章

审计报告应当由项目合伙人和另一名负责该项目的注册会计师签名并盖章。

（九）会计师事务所的名称、地址及盖章

审计报告应载明会计师事务所的名称和地址，并加盖会计师事务所公章。

（十）报告日期

审计报告应当注明报告日期。审计报告的日期不应早于注册会计师获取充分、适当的审计证据，并在此基础上对财务报表形成审计意见的日期。注册会计师在确定审计报告日期时，应当考虑以下因素：（1）构成整套财务报表的所有报表（包括相关附注）已编制完成；（2）被审计单位的董事会、管理层或类似机构已经认可其对财务报表负责。

三、审计报告的基本类型

（一）无保留意见审计报告

如果认为财务报表符合下列所有条件，注册会计师应当出具无保留意见的审计报告。

（1）财务报表已经按照适用的会计准则和相关会计制度编制。

（2）注册会计师已经按照中国注册会计师审计准则的规定计划和实施审计工作，在审计过程中未受到限制。

当出具无保留意见的审计报告时，注册会计师应当以"我们认为"作为意见段的开头，并使用"在所有重大方面""公允反映"等术语。发表无保留意见的审计报告意味着，注册会计师通过实施审计工作，认为被审计单位财务报表的编制符合合法性和公允性的要求，合理保证财务报表不存在重大错报。

无保留意见审计报告的格式举例说明如下。

【例14-1】 无保留意见审计报告（对上市实体财务报表出具的无保留意见审计报告）

背景信息如下。

（1）对上市实体整套财务报表进行审计。该审计不属于集团审计（即不适用《中国注册会计师审计准则第1401号——对集团财务报表审计的特殊考虑》）。

（2）管理层按照企业会计准则编制财务报表。

（3）审计业务约定条款体现了《中国注册会计师审计准则第1111号——就审计业务约定条款达成一致意见》关于管理层对财务报表责任的描述。

（4）基于获取的审计证据，注册会计师认为发表无保留意见是恰当的。

（5）适用的相关职业道德要求为中国注册会计师职业道德守则。

（6）基于获取的审计证据，根据《中国注册会计师审计准则第1324号——持续经营》，注册会计师认为可能导致对被审计单位持续经营能力产生重大疑虑的相关事项或情况不存在重大不确定性。

（7）已按照《中国注册会计师审计准则第1504号——在审计报告中沟通关键审计事项》的规定沟通了关键审计事项。

（8）负责监督财务报表的人员与负责编制财务报表的人员不同。

（9）除财务报表审计外，按照法律法规的要求，注册会计师负有其他报告责任，且注册会计师决定在审计报告中履行其他报告责任。

审计报告

ABC 股份有限公司全体股东：

一、对财务报表出具的审计报告

（一）审计意见

我们审计了 ABC 股份有限公司（以下简称"ABC 公司"）的财务报表，包括 20×1 年 12 月 31 日的资产负债表及 20×1 年度的利润表、现金流量表、股东权益变动表和相关财务报表附注。

我们认为，后附的财务报表在所有重大方面按照企业会计准则的规定编制，公允反映了 ABC 公司 20×1 年 12 月 31 日的财务状况及 20×1 年度的经营成果和现金流量。

（二）形成审计意见的基础

我们按照中国注册会计师审计准则的规定执行了审计工作。审计报告的"注册会计师对财务报表审计的责任"部分进一步阐述了我们在这些准则下的责任。按照中国注册会计师职业道德守则，我们独立于 ABC 公司，并履行了职业道德方面的其他责任。我们相信，我们获取的审计证据是充分、适当的，为发表审计意见提供了基础。

（三）关键审计事项

关键审计事项是根据我们的职业判断，认为对本期财务报表审计最为重要的事项。这些事项是在对财务报表整体进行审计并形成意见的背景下进行处理的，我们不对这些事项提供单独的意见。

［按照《中国注册会计师审计准则第 1504 号——在审计报告中沟通关键审计事项》的规定描述每一关键审计事项］

（四）管理层和治理层对财务报表的责任

管理层负责按照企业会计准则的规定编制财务报表，使其实现公允反映，并设计、执行和维护必要的内部控制，以使财务报表不存在由于舞弊或错误导致的重大错报。

在编制财务报表时，管理层负责评估 ABC 公司的持续经营能力，披露与持续经营相关的事项（如适用），并运用持续经营假设，除非计划清算 ABC 公司、停止营运或别无其他现实的选择。

治理层负责监督 ABC 公司的财务报告过程。

（五）注册会计师对财务报表审计的责任

我们的目标是对财务报表整体是否不存在由于舞弊或错误导致的重大错报获取合理保证，并出具包含审计意见的审计报告。合理保证是高水平的保证，但并不能保证按照审计准则执行的审计在某一重大错报存在时总能发现。错报可能由于舞弊或错误导致，如果合理预期错报单独或汇总起来可能影响财务报表使用者依据财务报表做出的经济决策，则通常认为错报是重大的。

在按照审计准则执行审计的过程中，我们运用了职业判断，保持了职业怀疑。我们同时执行如下程序。

（1）识别和评估由于舞弊或错误导致的财务报表重大错报风险；对这些风险有针对性地设计和实施审计程序；获取充分、适当的审计证据，作为发表审计意见的基础。由于舞弊可能涉及串通、伪造、故意遗漏、虚假陈述或凌驾于内部控制之上，因此，未能发现由于舞弊导致的重大错报的风险高于未能发现由于错误导致的重大错报的风险。

（2）了解与审计相关的内部控制，以设计恰当的审计程序，但目的并非对内部控制的有效性发表意见。

（3）评价管理层选用会计政策的恰当性和做出会计估计及相关披露的合理性。

（4）对管理层使用持续经营假设的恰当性得出结论。同时，根据获取的审计证据，就可能导致对 ABC 公司持续经营能力产生重大疑虑的事项或情况是否存在重大不确定性得出结论。如果我们得出结论认为存在重大不确定性，则审计准则要求我们在审计报告中提请报表使用者注意财务报表中的相关披露；如果披露不充分，则我们应当发表非无保留意见。我们的结论基于审计报告日可获得的信息。

然而，未来的事项或情况可能导致 ABC 公司不能持续经营。

（5）评价财务报表的总体列报、结构和内容（包括披露），并评价财务报表是否公允反映相关交易和事项。

我们与治理层就计划的审计范围、时间安排和重大审计发现（包括我们在审计中识别的值得关注的内部控制缺陷）等事项进行沟通。

我们还就遵守关于独立性的相关职业道德要求向治理层提供声明，并就可能被合理认为影响我们独立性的所有关系和其他事项，以及相关的防范措施（如适用）与治理层进行沟通。

从与治理层沟通的事项中，我们确定哪些事项对本期财务报表审计最为重要，因而构成关键审计事项。我们在审计报告中描述这些事项，除非法律法规禁止公开披露这些事项，或在极其罕见的情形下，如果合理预期在审计报告中沟通某事项造成的负面后果超过在公众利益方面产生的益处，我们确定不应在审计报告中沟通该事项。

二、按照相关法律法规的要求报告的事项

[本部分的格式和内容，取决于法律法规对其他报告责任的性质的规定。法律法规规范的事项（其他报告责任）应当在本部分处理，除非其他报告责任与审计准则所要求的报告责任涉及相同的主题。如果涉及相同的主题，其他报告责任可以在审计准则所要求的同一报告要素部分列示。当其他报告责任和审计准则规定的报告责任涉及同一主题，并且审计报告中的措辞能够将其他报告责任与审计准则规定的责任予以清楚地区分（如差异存在）时，允许将两者合并列示（即包含在"对财务报表出具的审计报告"部分中，并使用适当的副标题）。]

××会计师事务所　　　　　　　　　　中国注册会计师：×××（项目合伙人）
　　（盖章）　　　　　　　　　　　　　　（签名并盖章）
中国注册会计师：×××
　　（签名并盖章）
中国××市　　　　　　　　　　　　　二〇×二年×月×日

（二）非无保留意见审计报告

非无保留意见是指保留意见、否定意见或无法表示意见。

当存在下列情形之一时，注册会计师应当在审计报告中发表非无保留意见。

（1）根据获取的审计证据，得出财务报表整体存在重大错报的结论。

（2）无法获取充分、适当的审计证据，不能得出财务报表整体不存在重大错报的结论。

如果注册会计师能够通过实施替代程序获取充分、适当的审计证据，则无法实施特定的程序并不构成对审计范围的限制。

下列情形可能导致注册会计师无法获取充分、适当的审计证据（也称为审计范围受到限制）。

（1）超出被审计单位控制的情形。

（2）与注册会计师工作的性质或时间安排相关的情形。

（3）管理层施加限制的情形。

（三）确定非无保留意见的类型

注册会计师确定恰当的非无保留意见类型，取决于下列事项。

（1）导致非无保留意见的事项的性质，是财务报表存在重大错报，还是在无法获取充分、适当的审计证据的情况下，财务报表可能存在重大错报。

（2）注册会计师就导致非无保留意见的事项对财务报表产生或可能产生影响的广泛性做出的判断。

注意

第一，在承接审计业务后，如果注意到管理层对审计范围施加了限制，且认为这些限制可能导致对财务报表发表保留意见或无法表示意见，注册会计师应当要求管理层消除这些限制。如果管理层拒绝消除限制，则除非治理层全部成员参与管理被审计单位，注册会计师应当就此事项与治理层沟通，并确定能否实施替代程序以获取充分、适当的审计证据。

如果受到的限制产生的影响重大且具有广泛性，则注册会计师应当在可行时解除业务约定。如果在出具审计报告之前解除业务约定被禁止或不可行，则注册会计师应当发表无法表示意见。注册会计师可能认为需要在审计报告中增加其他事项段（解释不能解约的原因）。

第二，如果认为有必要对财务报表整体发表否定意见或无法表示意见，则注册会计师不应在同一审计报告中对按照相同财务报告编制基础编制的单一财务报表或者财务报表特定要素、账户或项目发表无保留意见。

（四）非无保留意见的审计报告的格式和内容

非无保留意见的审计报告包含下列内容。

（1）导致非无保留意见的事项段。

（2）审计意见段。

（3）非无保留意见对审计报告要素内容的修改。

1. 保留意见审计报告

保留意见审计报告的格式说明如下。

【例14-2】 由于财务报表存在重大错报而发表保留意见的审计报告

背景信息如下。

（1）对上市实体整套财务报表进行审计。该审计不属于集团审计（即不适用《中国注册会计师审计准则第1401号——对集团财务报表审计的特殊考虑》）。

（2）管理层按照企业会计准则编制财务报表。

（3）审计业务约定条款体现了《中国注册会计师审计准则第1111号——就审计业务约定条款达成一致意见》关于管理层对财务报表责任的描述。

（4）存货存在错报，该错报对财务报表影响重大但不具有广泛性（即保留意见是恰当的）。

（5）适用的相关职业道德要求为中国注册会计师职业道德守则。

（6）基于获取的审计证据，根据《中国注册会计师审计准则第1324号——持续经营》，注册会计师认为可能导致对被审计单位持续经营能力产生重大疑虑的相关事项或情况不存在重大不确定性。

（7）已按照《中国注册会计师审计准则第1504号——在审计报告中沟通关键审计事项》的规定沟通了关键审计事项。

（8）负责监督财务报表的人员与负责编制财务报表的人员不同。

（9）除财务报表审计外，按照法律法规的要求，注册会计师还承担法律法规要求的其他报告责任，且注册会计师决定在审计报告中履行其他报告责任。

审计报告

ABC股份有限公司全体股东：

一、对财务报表出具的审计报告

（一）保留意见

我们审计了ABC股份有限公司（以下简称"ABC公司"）的财务报表，包括20×1年12月31日的资产负债表及20×1年度的利润表、现金流量表、股东权益变动表和相关财务报表附注。

我们认为，除"形成保留意见的基础"部分所述事项产生的影响外，后附的财务报表在所有重大方面按照企业会计准则的规定编制，公允反映了 ABC 公司 20×1 年 12 月 31 日的财务状况及 20×1 年度的经营成果和现金流量。

（二）形成保留意见的基础

ABC 公司 20×1 年 12 月 31 日资产负债表中存货的列示金额为×元。管理层根据成本对存货进行计量，而没有根据成本与可变现净值孰低的原则进行计量。这不符合企业会计准则的规定。ABC 公司的会计记录显示，如果管理层以成本与可变现净值孰低来计量存货，存货列示金额将减少×元。相应地，资产减值损失将增加×元，所得税、净利润和股东权益将分别减少×元、×元和×元。

我们按照中国注册会计师审计准则的规定执行了审计工作。审计报告的"注册会计师对财务报表审计的责任"部分进一步阐述了我们在这些准则下的责任。按照中国注册会计师职业道德守则，我们独立于 ABC 公司，并履行了职业道德方面的其他责任。我们相信，我们获取的审计证据是充分、适当的，为发表保留意见提供了基础。

（三）关键审计事项

关键审计事项是我们根据职业判断认为其对本期财务报表审计最为重要的事项。这些事项是在对财务报表整体进行审计并形成意见的背景下进行处理的。我们不对这些事项提供单独的意见。除"形成保留意见的基础"部分所述事项外，我们确定下列事项是需要在审计报告中沟通的关键审计事项。

［按照《中国注册会计师审计准则第 1504 号——在审计报告中沟通关键审计事项》的规定描述每一关键审计事项］

（四）管理层和治理层对财务报表的责任

［按照《中国注册会计师审计准则第 1501 号——对财务报表形成审计意见和出具审计报告》的规定报告，具体参考例 14-1]

（五）注册会计师对财务报表审计的责任

［按照《中国注册会计师审计准则第 1501 号——对财务报表形成审计意见和出具审计报告》的规定报告，具体参考例 14-1]

二、按照相关法律法规的要求报告的事项

［按照《中国注册会计师审计准则第 1501 号——对财务报表形成审计意见和出具审计报告》的规定报告，具体参考例 14-1］

××会计师事务所　　　　　　　　　　中国注册会计师：×××（项目合伙人）
　（盖章）　　　　　　　　　　　　　　（签名并盖章）
中国注册会计师：×××
　（签名并盖章）
中国××市　　　　　　　　　　　　　二○×二年×月×日

2．否定意见的审计报告

如果认为财务报表没有按照适用的会计准则和相关会计制度的规定编制，未能在所有重大方面公允反映被审计单位的财务状况、经营成果和现金流量，注册会计师应当出具否定意见的审计报告。

只有当注册会计师认为财务报表存在重大错会会误导使用者，财务报表的编制不符合适用的会计准则和相关会计制度的规定，未能从整体上公允反映被审计单位的财务状况、经营成果和现金流量时，注册会计师才出具否定意见的审计报告。

当发表否定意见时，注册会计师应当根据适用的财务报告编制基础在审计意见段中说明：注册会计师认为，由于形成否定意见的基础部分所述事项的重要性，财务报表没有在所有重大方面按照适用的财务报告编制基础编制，未能实现公允反映。

3. 无法表示意见的审计报告

如果审计范围受到限制可能对审计产生的影响非常重大和广泛，由于不能获取充分、适当的审计证据，以致无法对财务报表发表审计意见，注册会计师应当出具无法表示意见的审计报告。

无法表示意见的审计报告的格式举例说明如下。

【例 14-3】 由于注册会计师无法针对财务报表多个要素获取充分、适当的审计证据而发表无法表示意见的审计报告

背景信息如下。

（1）对非上市实体整套财务报表进行审计。该审计不属于集团审计（即不适用《中国注册会计师审计准则第 1401 号——对集团财务报表审计的特殊考虑》）。

（2）管理层按照企业会计准则编制财务报表。

（3）审计业务约定条款体现了《中国注册会计师审计准则第 1111 号——就审计业务约定条款达成一致意见》关于管理层对财务报表责任的描述。

（4）对财务报表的多个要素，注册会计师无法获取充分、适当的审计证据。例如，对被审计单位的存货和应收账款，注册会计师无法获取审计证据。这一事项对财务报表可能产生的影响重大且具有广泛性。

（5）适用的相关职业道德要求为中国注册会计师职业道德守则。

（6）负责监督财务报表的人员与负责编制财务报表的人员不同。

（7）按照审计准则要求在注册会计师的责任部分进行更有限的表述。

（8）除财务报表审计外，按照法律法规的要求，注册会计师负有其他报告责任，且注册会计师决定在审计报告中履行其他报告责任。

审计报告

ABC 股份有限公司全体股东：

一、对财务报表出具的审计报告

（一）无法表示意见

我们接受委托，审计 ABC 股份有限公司（以下简称"ABC 公司"）财务报表，包括 20×1 年 12 月 31 日的资产负债表及 20×1 年度的利润表、现金流量表、股东权益变动表和相关财务报表附注。

我们不对后附的 ABC 公司财务报表发表审计意见。由于"形成无法表示意见的基础"部分所述事项的重要性，我们无法获取充分、适当的审计证据以作为对财务报表发表审计意见的基础。

（二）形成无法表示意见的基础

我们于 20×2 年 1 月接受 ABC 公司的审计委托，因而未能对 ABC 公司 20×1 年年初金额为×元的存货和年末金额为×元的存货实施监盘程序。此外，我们也无法实施替代审计程序获取充分、适当的审计证据。另外，ABC 公司于 20×1 年 9 月采用新的应收账款电算化系统，由于系统缺陷导致应收账款出现大量错误。截至报告日，管理层仍在纠正系统缺陷并更正错误，我们也无法实施替代审计程序，以对截至 20×1 年 12 月 31 日的应收账款总额×元获取充分、适当的审计证据。因此，我们无法确定是否有必要对存货、应收账款及财务报表其他项目进行调整，也无法确定应调整的金额。

（三）管理层和治理层对财务报表的责任

［按照《中国注册会计师审计准则第 1501 号——对财务报表形成审计意见和出具审计报告》的规

定报告，具体参考例 14-1]

（四）注册会计师对财务报表审计的责任

我们的责任是按照中国注册会计师审计准则的规定，对 ABC 公司的财务报表执行审计工作，以出具审计报告。但由于"形成无法表示意见的基础"部分所述的事项，我们无法获取充分、适当的审计证据以作为发表审计意见的基础。

按照中国注册会计师职业道德守则，我们独立于 ABC 公司，并履行了职业道德方面的其他责任。

二、对其他法律和监管要求的报告

［按照《中国注册会计师审计准则第 1501 号——对财务报表形成审计意见和出具审计报告》的规定报告，具体参考例 14-1］

××会计师事务所　　　　　　　　　　　　中国注册会计师：×××（项目合伙人）

　　（盖章）　　　　　　　　　　　　　　　　（签名并盖章）

中国注册会计师：×××

　　（签名并盖章）

中国××市　　　　　　　　　　　　　　　二○×二年×月×日

四、在审计报告中增加强调事项段

（一）强调事项段的含义

审计报告的强调事项段是指审计报告中含有的一个段落。该段落提及已在财务报表中恰当列报或披露的事项，根据注册会计师的职业判断，该事项对财务报表使用者理解财务报表至关重要。

（二）增加强调事项段的情形

如果认为有必要提醒财务报表使用者关注已在财务报表中列报或披露，且根据职业判断认为对财务报表使用者理解财务报表至关重要的事项，在同时满足下列条件时，注册会计师应当在审计报告中增加强调事项段。

（1）按照《中国注册会计师审计准则第 1502 号——在审计报告中发表非无保留意见》的规定，该事项不会导致注册会计师发表非无保留意见。

（2）当《中国注册会计师审计准则第 1504 号——在审计报告中沟通关键审计事项》适用时，该事项未被确定为在审计报告中沟通的关键审计事项。

按照《中国注册会计师审计准则第 1504 号——在审计报告中沟通关键审计事项》，被确定为关键审计事项的事项，根据注册会计师的职业判断，也可能对财务报表使用者理解财务报表至关重要。这时，按照《中国注册会计师审计准则第 1504 号——在审计报告中沟通关键审计事项》的规定将该事项作为关键审计事项沟通时，注册会计师可能希望突出或提请进一步关注其相对重要程度。在关键审计事项部分，注册会计师可以使该事项的列报更为突出（如作为第一个事项），或在关键审计事项的描述中增加额外信息，以指明该事项对财务报表使用者理解财务报表的重要程度。

某一事项可能不符合《中国注册会计师审计准则第 1504 号——在审计报告中沟通关键审计事项》的规定，因而未被确定为关键审计事项（即该事项未被重点关注过），但根据注册会计师的判断，其对财务报表使用者理解财务报表至关重要（如期后事项）：如果注册会计师认为有必要提请财务报表使用者关注该事项，则根据审计准则的规定，该事项将包含在审计报告的强调事项段中。

某些审计准则对特定情况下在审计报告中增加强调事项段提出具体要求。这些情形如下。

（1）法律法规规定的财务报告编制基础不可接受，但其是法律或法规的规定。

（2）提醒财务报表使用者注意财务报表按照特殊目的的编制基础编制。

（3）注册会计师在审计报告日后知悉了某些事实（即期后事项），并且出具了新的审计报告或修改了审计报告。

除上述审计准则要求增加强调事项的情形外，注册会计师可能认为需要增加强调事项段的情形举例如下。

（1）异常诉讼或监管行动的未来结果存在不确定性。

（2）提前应用（在允许的情况下）对财务报表有广泛影响的新会计准则。

（3）存在已经或持续对被审计单位财务状况产生重大影响的特大灾难。

强调事项段的过多使用会降低注册会计师沟通所强调事项的有效性。此外，与财务报表中的列报或披露相比，在强调事项段中包括过多的信息，可能隐含着这些事项未被恰当列报或披露。因此，强调事项段应当仅提及已在财务报表中列报或披露的信息。

（三）在审计报告中增加强调事项段时注册会计师采取的措施

如果在审计报告中增加强调事项段，注册会计师应当采取下列措施。

（1）将强调事项段作为单独的一部分置于审计报告中，并使用包含"强调事项"这一术语的适当标题。

（2）明确提及被强调事项以及相关披露的位置，以便能够在财务报表中找到对该事项的详细描述。强调事项段应当仅提及已在财务报表中列报或披露的信息。

（3）指出审计意见没有因该强调事项而改变。

在审计报告中包含强调事项段不影响审计意见。包含强调事项段不能代替下列情形。

① 根据审计业务的具体情况，按照《中国注册会计师审计准则第 1502 号——在审计报告中发表非无保留意见》的规定发表非无保留意见。

② 适用的财务报告编制基础要求管理层在财务报表中做的披露，或为实现公允列报所需的其他披露；

③ 按照《中国注册会计师审计准则第 1324 号——持续经营》的规定，当可能导致对被审计单位持续经营能力产生重大疑虑的事项或情况存在重大不确定性时出具的报告。

【例 14-4】 由于偏离适用的财务报告编制基础的规定导致的带强调事项段的保留意见审计报告

背景信息如下。

（1）对非上市实体整套财务报表进行审计。该审计不属于集团审计（即不适用《中国注册会计师审计准则第 1401 号——对集团财务报表审计的特殊考虑》）。

（2）管理层按照企业会计准则编制财务报表。

（3）审计业务约定条款体现了《中国注册会计师审计准则第 1111 号——就审计业务约定条款达成一致意见》关于管理层对财务报表责任的描述。

（4）由于偏离企业会计准则的规定导致发表保留意见。

（5）适用的相关职业道德要求为中国注册会计师职业道德守则。

（6）基于获取的审计证据，根据《中国注册会计师审计准则第 1324 号——持续经营》，注册会计师认为可能导致对被审计单位持续经营能力产生重大疑虑的相关事项或情况不存在重大不确定性。

（7）在财务报表日至审计报告日之间，被审计单位的生产设备发生了火灾，被审计单位已将其作为期后事项披露。根据注册会计师的判断，该事项对财务报表使用者理解财务报表至关重要，但在本期财务报表审计中不是重点关注过的事项。

（8）注册会计师未被要求，并且也决定不沟通关键审计事项。

（9）负责监督财务报表的人员与负责编制财务报表的人员不同。

（10）除财务报表审计外，按照法律法规的要求，注册会计师负有其他报告责任，且注册会计师决定在审计报告中履行其他报告责任。

审计报告

ABC 股份有限公司全体股东：

一、对财务报表出具的审计报告

（一）保留意见

我们审计了 ABC 股份有限公司（以下简称"ABC 公司"）财务报表，包括 20×1 年 12 月 31 日的资产负债表及 20×1 年度的利润表、现金流量表、股东权益变动表和相关财务报表附注。

我们认为，除"形成保留意见的基础"部分所述事项产生的影响外，后附的财务报表在所有重大方面按照企业会计准则的规定编制，公允反映了 ABC 公司 20×1 年 12 月 31 日的财务状况及 20×1 年度的经营成果和现金流量。

（二）形成保留意见的基础

ABC 公司 20×1 年 12 月 31 日资产负债表中列示的以公允价值计量且其变动计入当期损益的金融资产为×元，管理层对这些金融资产未按照公允价值进行后续计量，而是按照其历史成本进行计量。这不符合企业会计准则的规定。如果按照公允价值进行后续计量，ABC 公司 20×1 年度利润表中公允价值变动损益将减少×元，20×1 年 12 月 31 日资产负债表中以公允价值计量且其变动计入当期损益的金融资产将减少×元。相应地，所得税、净利润和股东权益将分别减少×元、×元和×元。

我们按照中国注册会计师审计准则的规定执行了审计工作。审计报告的"注册会计师对财务报表审计的责任"部分进一步阐述了我们在这些准则下的责任。按照中国注册会计师职业道德守则，我们独立于 ABC 公司，并履行了职业道德方面的其他责任。我们相信，我们获取的审计证据是充分、适当的，为发表保留意见提供了基础。

（三）强调事项——火灾的影响

我们提醒财务报表使用者关注，财务报表附注×描述了火灾对 ABC 公司的生产设备造成的影响。本段内容不影响已发表的审计意见。

（四）管理层和治理层对财务报表的责任

［按照《中国注册会计师审计准则第 1501 号——对财务报表形成审计意见和出具审计报告》的规定报告，具体参考例 14-1。］

（五）注册会计师对财务报表审计的责任

［按照《中国注册会计师审计准则第 1501 号——对财务报表形成审计意见和出具审计报告》的规定报告，具体参考例 14-1。］

二、按照相关法律法规的要求报告的事项

［按照《中国注册会计师审计准则第 1501 号——对财务报表形成审计意见和出具审计报告》的规定报告，具体参考例 14-1。］

××会计师事务所　　　　　　　　　　中国注册会计师：×××（项目合伙人）
（盖章）　　　　　　　　　　　　　　　（签名并盖章）
中国注册会计师：×××
（签名并盖章）
中国××市　　　　　　　　　　　　二○×二年×月×日

精选案例

福达公司存货估价之争

福达公司是一家以生产、批发、销售服装为主业的公司。该公司几乎不存在会计制度，因此，审计工作量非常大。会计师事务所实习生维克已经完成了报表初审工作。

（1）会计师事务所项目经理在审查维克的审计工作底稿时，认为除存货项目之外，其他一切正常，要求维克提供一份有关存货的简要说明。表14-1所示是维克提供的有关资料。

表14-1　　　　　　　　　　福达公司1987年12月31日存货情况　　　　　　　　　　单位：美元

	1987年	1986年
原材料：		
棉花	3 060	2 179
毛织紧身上衣	1 075	1 535
丝线、拉链等	1 013	1 853
完工产品		
牛仔衣		3 599
套装		6 900
T恤	39 000	—
	44 148	16 066

注：①1987年4月，库存19500件T恤为利达公司所定制。存货盘点期间，我曾仔细清检过，一切完好。该批产品被利达退回是由于其与利达1987年夏季款式服装的色彩不搭配。双方曾一直交换意见到9月，最后福达公司不再要求利达公司为该批T恤付款，并承认其因为染色失误与双方协议不相符。

②由于寄希望于利达公司会做出让步，福达整个夏季都没有另外为该批T恤寻找买主。该批T恤单位成本为0.9美元，但在资产负债表上，它以与利达公司的协议价每件2美元入账。

（2）福达有限公司1987年12月31日的损益表如表14-2所示。

表14-2　　　　　　　　　　　　　　损益表　　　　　　　　　　　　　　单位：美元

	1987年	1986年
销售收入	181 640	176 132
营业成本	161 213	149 137
营业利润	20 427	26 995
利息费用	300	—
税前利润	20 127	36 885
税金	8 000	9 500
净利润	12 127	17 495
上年利润	40 116	22 621
本年利润	12 127	17 495
利润总计	52 243	40 116

（3）福达有限公司1987年12月31日的资产负债表如表14-3所示。

表14-3　　　　　　　　　　　　　　资产负债表　　　　　　　　　　　　　　单位：美元

	1987年	1986年
流动资产		
货币资金	750	13 000

续表

	1987 年	1986 年
应收账款	6 520	16 300
存货	44 148	16 066
固定资产	<u>33 500</u>	<u>25 000</u>
资产合计	84 918	70 366
流动负债：		
银行借款	5 000	—
应付账款	9 675	10 750
应付税金	8 000	9 500
所有者权益		
股本	10 000	10 000
留存收益	<u>52 243</u>	<u>40 116</u>
负债和所有者权益合计	84 918	70 366

（4）维克给项目经理的一封信。

昨天，我已经按照您的吩咐与福达公司的执行董事比特商讨关于存货的评估价值问题。但是，我一提及此问题，比特就暴跳如雷。等他稍微平静之后，他告诉我如下几点情况。

① 利达公司滥用其主动地位，故意拒收 T 恤，如果福达公司获得资料，就可以立即起诉利达公司，并迫使其履行合同。因为事实上，T 恤的颜色与合同上规定的颜色之间几乎没有什么差别。

② 如果福达公司没有浪费整个夏天与利达公司谈判，它完全可另外找到该批 T 恤的买主，那么关于年终估价的问题也就不会产生了。

③ 作为福达公司的董事，比特认为自己应该比审计人员更知道如何决定存货的估价，如果对他的估价质疑即是对他本人的不信任。他明显暗示，如果我们不能达成一个可行的解决方案，他将更换审计人员，那就意味着我不得不采用他的评估价。

分析：

1. 在项目经理起草其审计报告之前。还需另外进行哪些审计工作？

2. 该审计报告的意见类型为什么？为什么？

重要概念

期后事项（Subsequent Events）

律师声明书（Legal Representation Letters）　　审计报告（Auditor Report）

无保留意见（Unqualified Opinion）　　保留意见（Qualified Opinion）

否定意见（Adverse Opinion）　　无法表示意见（Disclaimer of Opinion）

思考与练习

一、单选题

1. 下列有关注册会计师对错报进行沟通和更正的说法中，错误的是（　　）。

　A. 注册会计师应当要求管理层更正审计过程中发现的超过明显微小错报临界值的错误

　B. 除非法律法规禁止，注册会计师应当与治理层沟通未更正错报

C. 注册会计师应当与治理层沟通与以前期间相关的未更正错报对相关类别的交易、账户余额或披露以及财务报表整体的影响

D. 除非法律法规禁止，注册会计师应当及时将审计过程中发现的所有错报与适当层级的管理层进行沟通

2. 下列有关审计报告日的说法中，错误的是（　　　）。

A. 审计报告日可以晚于管理层签署已审计财务报表的日期

B. 审计报告日不应早于管理层书面声明的日期

C. 在特殊情况下，注册会计师可以出具双重日期的审计报告

D. 审计报告日应当是注册会计师获取充分、适当的审计证据，并在此基础上对财务报表形成审计意见的日期

二、多选题

1. 下列有关期后事项审计的说法中，正确的有（　　　）。

A. 期后事项是指财务报表日至财务报表报出日之间发生的事项

B. 期后事项是指财务报表日至审计报告日之间发生的事项，以及注册会计师在审计报告日后知悉的事实

C. 注册会计师仅需主动识别财务报表日至审计报告日之间发生的期后事项

D. 审计报告日后，如果注册会计师知悉某项若在审计报告日知悉将导致修改审计报告的事实，且管理层已就此修改了财务报表，应当对修改后的财务报表实施必要的审计程序，出具新的或经修改的审计报告。

2. 下列各项中，应当列入书面声明的有（　　　）。

A. 管理层认为，未更正错报单独或汇总起来对财务报表整体的影响均不重大

B. 被审计单位已向注册会计师披露了管理层注意到的、可能影响被审计单位与舞弊或舞弊嫌疑相关的所有信息

C. 所有交易均已记录并反映在财务报表中

D. 被审计单位将及时足额支付审计费用

三、判断题

1. 管理层已提供可靠书面声明的事实，可能影响注册会计师就具体认定获取的审计证据的性质和范围。（　　　）

2. 对与在审计中遇到的困难或有争议事项相关的判断不应当由项目合伙人复核，而是应当有项目质量复核人符合。（　　　）

四、思考题

1. 甲公司是 ABC 会计师事务所的常年审计客户，主要从事轨道交通车辆配套产品的生产和销售。A 注册会计师负责审计甲公司 2018 年度财务报表，确定财务报表整体的重要性为 1000 万元，实际执行的重要性为 500 万元。A 注册会计师在审计工作底稿中记录了重大事项的处理情况，部分内容摘录如下：

甲公司 2018 年度财务报表存在一笔未更正错报 400 万元，系少计提企业所得税所致。因该错报金额小于财务报表整体的重要性，A 注册会计师认为该错报不重大，不影响审计结论。

要求：针对上述情况，假定不考虑其他条件，指出 A 注册会计师的做法是否恰当。如不恰当，简要说明理由。

2. ABC 会计师事务所的 A 注册会计师负责审计多家上市公司 2016 年度财务报表，遇到下列与

审计报告相关的事项。

（6）A 注册会计师拟对乙公司 2016 年度财务报表发表或出具无保留意见，并确定不存在需要在审计报告中沟通的关键审计事项，因此，在审计报告中拟不包含关键审计事项部分。

要求： 针对上述情况，指出 A 注册会计师的做法是否恰当。如不恰当，简要说明理由。

五、案例分析题

1. 2020 年 12 月，某公司原材料计价方法由于价格上升而做了变更，将原来的先进先出法变更为加权平均法。由于这一方法的变动，使本年年末原材料成本减少了 18.2 万元。年末试算平衡表按变更后的方法编制完成，会计方法的变更及对财务报表的影响已在报表附注中进行了说明。

要求： 假定上述原材料计价方法的变动是合理的，审计人员应发表哪些审计意见？试编制一份恰当的审计报告（引言段和责任段略）。

2. 注册会计师李德、王刚于 2020 年 4 月 10 日完成了对宇宙股份有限公司 2019 年度财务报表的审计。除以下几个事项李德、王刚在编制审计报告时予以考虑外，其他条件符合出具无保留意见审计报告的要求。

（1）审计过程中发现的需要调减利润 200 万元的调整事项，宇宙股份有限公司已进行调整。

（2）A 公司诉讼宇宙股份有限公司的赔偿案中，宇宙股份有限公司被判决赔偿 100 万元。宇宙股份有限公司拒绝在年度财务报表中反映。

（3）宇宙股份有限公司对其下属的各子公司除按股分利外，还按公司合同规定，要求各子公司每年上缴 5 万元的管理费。

（4）宇宙股份有限公司存放在外地的存货，因受客观条件的限制，未予监督盘点，但已使用其他审计程序进行了查实。

根据上述资料，李德、王刚草拟的审计报告如下。

审计报告

宇宙股份有限公司董事会：

我们接受委托，对贵公司 2019 年度财务报表进行了审计。我们的审计是根据《企业会计制度》进行的。

我们认为，贵公司应赔偿 A 公司 100 万元，应增加 2019 年度的其他应付款和减少 2019 年度的实现利润各 100 万元。贵公司根据合同有关条款收取各子公司的管理费，属明显侵害子公司利益，应予以纠正。此外，在审计过程中发现包括调减利润 200 万元的其他调整事项，贵公司已做调整。

我们认为，除上段所述存在的问题以外，贵公司的上述财务报表符合《企业会计制度》的规定，在所有重大方面公允地反映了贵公司 2019 年度的财务状况、经营成果和现金流量。

注册会计师：李德、王刚
2020 年 4 月 15 日

要求： 根据上述资料，指出李德、王刚草拟的审计报告中存在的问题。

3. 注册会计师甲、乙两人根据会计师事务所与华夏公司签订的 2021 年第 8 号委托书于 2 月 10 日对其财务报表进行审计，于 2 月 28 日完成全部实地审查工作。除下列事项外，华夏公司财务报表其他内容均符合会计准则的规定，恰当地反映了其财务状况、经营成果和资金变动情况。注册会计师均已认可。

（1）华夏公司 2019 年年末产成品期末余额多计 3 万元，影响 2019 年利润，注册会计师提请该公司调整，但未予接受。

（2）华夏公司 7 月起对产成品发出计价由先进先出法改为加权平均法，使 2020 年主营业务成本上升 8 万元，这一变化未在财务报表中说明，确定应纳税所得额时也未做调整。

要求： 确定注册会计师表示审计意见的类型，并写出审计报告。

4. 注册会计师对 A 企业进行审计。A 企业该年度实现利润总额 60 万元。注册会计师审查有关年度总账、明细账时，发现下列疑点。

（1）11 月 5 日，A 企业收到甲单位预付购买产品款 22 600 元（包含增值税税额 2 600 元），存入银行并计入销售收入。

（2）11 月 10 日，A 企业收到当年 8 月 7 日销售给乙单位的产品，因质量问题退货。A 企业已将所收到的货款 30 000 元（成本 20 000 元）及增值税税额 3 900 元，退还乙单位，收到退回的产品入库。A 企业 11 月 10 日就该业务的会计处理如下。

借：库存商品　　　　　　　　　20 000
　　贷：主营业务成本　　　　　　　　　20 000

（3）12 月 1 日，A 企业将一台设备出租给丙单位，租期一年，收到出租保证金 20 000 元，会计处理如下。

借：银行存款　　　　　　　　　20 000
　　贷：其他业务收入　　　　　　　　　20 000

（4）12 月 15 日，一台车床提前报废，A 企业将提前报废的净损失 5 万元计入管理费用，另外补提折旧 300 元，计入管理费用。

（5）12 月 20 日，A 企业支付下一年财产保险费 24 000 元，全部计入管理费用。

（6）该企业营业外支出中有产成品因管理不善造成的净损失 2 500 元，支付罚款 1 万元（未做纳税调整）。

（7）对于一项长期股权投资（占被投资企业 40%），该企业为简化核算采用了成本法。被投资企业当年实现利润 50 万元，分配了利润 30 万元。

（8）12 月 25 日，发出产品（成本 4 万元）给不独立核算的销售门市部，未做账务处理。

要求： 针对上述疑点，指出正确的会计处理方法，并对利润总额进行更正。

参考文献

［1］卞毓宁．审计学原理与实务．北京：清华大学出版社，2010.

［2］企业内部控制研究组．企业内部控制配套指引讲解与案例分析．大连：东北财经大学出版社，2010.

［3］邓川．审计．4版．大连：东北财经大学出版社，2017.

［4］高翠莲．基础审计．北京：高等教育出版社，2009.

［5］李晓慧，郑海英．审计教学案例精选．北京：北京大学出版社，2018.

［6］李晓慧．审计学实务与案例．4版．北京：中国人民大学出版社，2018.

［7］李小娟．审计学．北京：科学出版社，2009.

［8］刘静．审计案例与模拟实验．3版．北京：经济科学出版社，2019.

［9］刘静．审计学．4版．北京：经济科学出版社，2017.

［10］吕先锫，刘新琳．审计学．成都：西南财经大学出版社，2010.

［11］彭俊英，陈艳芳，幸倞．审计实务教学案例研究．北京：中国人民大学出版社，2018.

［12］秦荣生，卢春泉．审计学．10版．北京：中国人民大学出版社，2020.

［13］盛永志．审计学．北京：北京交通大学出版社，2010.

［14］王砚书，董丽英．审计案例．3版．大连：东北财经大学出版社，2019.

［15］张淑芳．市场经济下审计的职能与作用探讨．当代经济管理，2016（11）.

［16］中国注册会计师协会．审计．北京：中国财政经济出版社，2020.